U0928035

本著作受西南大学中央高校基本科研业务费专项资金资助
项目批准号：SWU1709208

低碳视角下
重庆市循环经济
发展管理研究

孙顺强 / 著

DITAN SHIJIAO XIA
CHONGQING SHI XUNHUAN JINGJI
FAZHAN GUANLI YANJIU

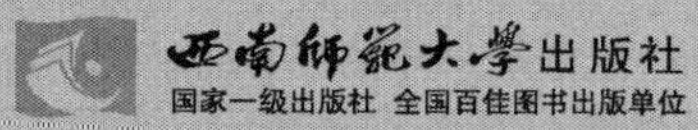

西南师范大学出版社
国家一级出版社 全国百佳图书出版单位

图书在版编目(CIP)数据

低碳视角下重庆市循环经济发展管理研究 / 孙顺强著. — 重庆 :西南师范大学出版社，2018.8
ISBN 978-7-5621-9543-6

Ⅰ. ①低… Ⅱ. ①孙… Ⅲ. ①循环经济－区域经济发展－研究－重庆 Ⅳ. ①F127.719

中国版本图书馆 CIP 数据核字(2018)第 173300 号

低碳视角下重庆市循环经济发展管理研究

孙顺强 著

责任编辑:李　炎
封面设计:元明设计
排　　版:重庆大雅数码印刷有限公司・张祥
出版发行:西南师范大学出版社
地址:重庆市北碚区天生路 2 号
邮编:400715　市场营销部电话:023－68868624
http://www.xscbs.com
经　　销:新华书店
印　　刷:重庆大雅数码印刷有限公司
幅面尺寸:185mm×260mm
印　　张:12
字　　数:226 千字
版　　次:2018 年 12 月　第 1 版
印　　次:2018 年 12 月　第 1 次印刷
书　　号:ISBN 978-7-5621-9543-6

定　　价:38.00 元

目　录

绪 论

一、本书的研究意义

大力发展循环经济(Circular Economy)已成为我国的基本战略。循环经济和低碳经济研究是我国哲学社会科学"十二五"规划研究的重点之一,重庆市是国家循环经济和低碳经济试点城市,深入系统地从低碳化发展的视角研究循环经济发展的管理机制和管理制度创新体系具有很强的理论和现实针对性。本书可以为国内外相关系统研究做出贡献,为重庆市循环经济科学低碳化发展提供管理理论基础和管理制度创新建设体系。

二、本书的研究思路和技术路线

本书的基本思路是以研究循环经济低碳化发展的管理机制为核心,以重庆循环经济发展的"经济—社会—环境"复合生态经济系统为研究对象,首先分析循环经济低碳化发展的理论基础,根据相关理论和循环经济实践案例,分析研究制约循环经济低碳化发展的因素;其次从循环经济的国内外实践中重点考察循环经济低碳化发展的管理制度变迁问题,分析研究循环经济的管理制度变迁过程、条件和基础,研究构建循环经济低碳化发展的评价指标体系,基于构建的循环经济低碳化发展的评价指标体系,把循环经济低碳化发展的管理机制分为物质流管理机制、能量流管理机制、信息流管理机制、技术流管理机制、人力流管理机制和价值流管理机制等六大管理机制,研究每一管理机制的机理和特征;最后根据这六大管理机制的机理,结合循环经济低碳化发展的制约因素,提出和分析具有可操作性的六大管理制度创新体系。

三、本书的研究内容

(一)本书研究的主要内容

本书基于“理性生态人”人性假设,主要从低碳发展视角研究循环经济发展的管理机制和管理制度创新体系两大基本问题,分为以下九章展开研究。

第一章是研究循环经济低碳化发展管理的理论基础。涉及生态经济学理论、制度经济学理论、资源经济学理论、环境经济学、可持续发展管理等。

第二章是研究循环经济低碳化发展管理的制约因素。重点研究资源制约因素、生态环境制约因素、经济制约因素、技术制约因素、社会制约因素、文化制约因素、制度制约因素和生态伦理等。

第三章是研究循环经济低碳化发展管理的制度变迁。重点研究循环经济低碳化发展的强制性管理制度变迁和诱致性管理制度变迁。无论是强制性管理制度变迁还是诱致性管理制度变迁,这个过程的顺利实现,必然需要健全的循环经济低碳化发展的六大管理机制体系的支撑。

第四章是研究构建循环经济低碳化发展管理的评价指标体系。低碳化循环经济评价指标体系是由反映这个复杂系统的多个指标所组成的相互联系、相互依存的统计指标群。评价指标体系既反映现实的结果状态,又反映低碳化循环经济系统演替的过程。

第五、六、七章是基于循环经济低碳化发展的评价指标体系,研究分析循环经济低碳化发展的管理机制内容和管理制度创新体系。

第八章是基于熵值法的循环型农业发展管理评价分析。

第九章是根据上述研究形成的结论和启示。

(二)本书的基本观点

1.循环经济是一种深化的生态可持续发展理念模式,为应对气候变化问题,循环经济低碳化发展可以从根本上缓解和解决经济和社会发展中的资源环境问题,更好、更快地促进我国经济发展方式的转变,实施和强化循环经济低碳化管理是目前重庆市资源环境管理的核心。

2.循环经济低碳化发展是一个管理制度创新演化变迁的过程,其动态演化发展管理机制由六大管理机制构成。

3.循环经济低碳化发展的管理制度创新是由循环经济低碳化发展的内在管理机制决定的。

4.循环经济低碳化发展的管理制度创新体系由相应的六大管理制度创新体系构成。

5.循环经济低碳化发展要遵循生态经济规律和市场经济规律,需要科学的管理制度体系创新。

(三)本书研究的创新之处

1.提出重庆市应进入循环经济低碳化规模发展推进阶段的观点。

2.引入碳排放强度指标,研究构建重庆市循环经济低碳化发展的评价指标体系。

3.从重庆可持续经济社会发展管理角度系统研究,并提出循环经济低碳化发展的六大管理机制。

4.系统研究并提出重庆市循环经济低碳化发展的六大管理制度创新体系。

(四)本书研究的重点和难点

1.研究重点:一是研究探索重庆市循环经济低碳化发展的管理机制体系涉及六大管理机制。二是据此研究提出循环经济低碳化发展的六大管理制度创新体系。

2.研究难点:一是从低碳视角构建重庆市循环经济低碳化发展的评价指标体系问题,尤其是相关统计指标和碳排放强度指标的科学设定问题。二是在循环经济低碳化发展的六大管理机制体系分析中涉及的循环经济低碳化发展的物质流平衡核算管理,以及能量梯度利用管理分析、信息传递管理机制分析、人力资源配置机制分析、技术创新激励机制分析、价值链管理模型分析、关键资源(如水、大气、耕地等)环境管理激励约束机制等。

第一章

重庆市循环经济低碳化发展管理的理论基础

第一节　低碳经济的背景和理论

一、低碳经济的背景

人类经过工业革命后，每年排放的温室气体（CO_2、CH_4、N_2O 等）与日俱增，这造成了全球范围内的气候变暖。近年来，全球气候变暖的后果日益显现，冰川融化、海平面上升、洪水增多、干旱频发、生物多样性遭到破坏等现象一次又一次地刷新着人类对灾害频次和强度的认知。要缓解甚至扼制住全球气候变暖，必须千方百计地减少温室气体的排放，降低大气中温室气体的浓度。基于这种严峻形势，在 2003 年发布的英国能源白皮书《我们能源的未来：创建低碳经济》中，第一次提出了“低碳经济”（Low-carbon Economy）的概念，并把实现低碳经济作为英国能源政策的战略性目标。白皮书将气候变化威胁和能源安全挑战视为从根本上把英国变成一个低碳国家的新机遇，并以此为导向提出了新的能源政策目标，即在 2050 年前使英国的 CO_2 排放量较现有水平减少 50%左右，并在 2020 年前取得实质性进展。紧随英国之后，美国、澳大利亚、法国、日本等国纷纷结合本国实际情况提出了未来发展低碳经济的目标、规划和具体措施。

美国作为世界第二大温室气体排放国，虽然在乔治·沃克·布什（小布什）任总统期间就退出了《京都议定书》，但其国内依旧高度重视发展低碳经济。小布什任上签署了《2007 年能源独立和安全法案》（Energy Independence and security Act of 2007），虽然该法案是为了保障能源安全，但提出了要提高燃料效率和开发可替代能源，计划今后 10 年将削减 20%的汽油消费量。小布什提出 2002—2012 年温室气体减排 18%的目标（不具约束力);联邦政府推出了"行业自主创新行动计划"(Climate VISION)、"气候领袖"(Climate Leaders)、"能源之星"(Energy Star)和"高速运输伙伴计划"(Smart Way Transport Partnership)等项目,通过企业与政府合作的方式,减少温室气体的排放量。奥巴马上任后,推动通过了《美国复苏和再投资法案》(American Recovery and Reinvestment Act),该法案投资总额达到7871亿美元,其中约有580亿美元投入环境与能源领域,实施以能源战略转变为核心的经济刺激计划;还推动通过了《美国清洁能源和安全法案》(American-clean Energy and Security Act),该法案2009年6月以微弱优势获得美国众议院通过,原定于2009年秋天举行的参议院投票搁置至今。该法案明确设定了美国的减排目标:2020年比2005年减排17%,2050年的排放量比2005年减少83%,如果获得通过,将具有对内的约束力。另外,该法案在美国联邦层面引入了温室气体排放权交易机制,还大量投资能效和清洁能源,提出"可再生电力标准",要求2020年前,所有年供能超过40亿千瓦·时的电力供应商所提供的电力,20%以上必须来自风能、太阳能、地热能等可再生能源。该法案还提出国家燃油经济性标准,以及对高碳排产品征收"碳关税"。除此之外,美国民间也建立了一系列有利于低碳经济发展的制度。2003年建立了美国芝加哥气候交易所,这是世界上第一个以温室气体减排为目标和贸易内容的市场平台,也是独立于政府机构以外的民间平台,其建立的碳排放权交易体系是自愿参加但具有法律约束力的体系。根据芝加哥气候交易所推出的一期计划,所有的会员必须在2006年12月前使减排量在1998—2001年的基础上下降4%,二期计划持续到2010年,企业的目标是在1998—2001年的基础上减排6%,如果在期限内达不到目标就必须付费购买排放权。

澳大利亚全国电力供应的80%来自以煤炭为燃料的火力电站,其碳排放量占全国温室气体排放总量的37%,是发达国家中人均温室气体排放量最多的国家之一,节能减排一直是澳大利亚政府的一块心病。2007年,澳大利亚正式签署了《京都议定书》,2010年在低碳能源方面的投资达到了2430亿美元。2010年澳大利亚政府决定从2011年7月起对矿产、交通、能源等行业的500家大型企业开征碳税,伴随该计划的实施,澳大利亚政府预计可在2020年削减1.59亿吨的碳排放量,与2000年相比减排5%。这是继欧盟和新西兰之后第三个有望在全境范围内引入碳交易的发达组织或国家。

法国在低碳经济建设方面成效显著。2000年,法国出台了"预防气候变化全国行动计划"和"全国改善能源消耗效率行动",根据这两项计划,同年,法国政府通过了节能规范标准,该标准旨在以不同区位的光照、温度和湿度等自然条件为依据,对不同建筑材料的能源利用效能进行评估。2008年4月30日,法国政府出台了一系列新的环保法律草案,该法案涉及建筑、交通、农业和能源等多个方面:一是对建筑业提出了对旧房进行大规模改造要求，力争到2020年降低至少38%的建筑能耗；二是在交通方面，加强高速铁路的修建，在2020年前新建2000千米高速铁路，完善主要城市之间的公共交通，同时可以降低至少20%的交通碳排放量；三是在农业方面，大力发展生态农业，计划在2020年将生态农业的比重提高到20%。2008年12月，法国环境部公布了一系列发展可再生能源的计划，该计划涵盖生物能、风能、地热能、太阳能以及水力发电等多个领域。除了能源开发外，2009年，法国政府投资4亿欧元用于清洁能源汽车的研发。同时作为全球核电占比最高的国家之一，继续支持核电也是法国"低碳经济"政策的重要举措。

日本作为《京都议定书》的发起国和倡导国，其在2004年就提出了"面向2050年的日本低碳社会情景"的研究计划，并为此提出了具体对策。2007年6月，日本内阁会议制定的《21世纪环境立国战略》指出：为克服地球变暖等环境危机，实现可持续社会的目标，需要综合推进低碳社会、循环型社会和与自然和谐共生的社会建设。2008年，日本环境省全球环境研究基金项目组发布了《面向低碳社会的12大行动》，其中对住宅、工业、交通、能源转换等都提出了预期减排目标，并提出了相应的技术和制度的支持。同年6月，时任日本首相福田康夫提出了日本新的防止全球气候变暖的政策，即著名的"福田蓝图"，该蓝图是日本低碳战略正式形成的标志，提出到2050年将温室气体排放量降低到目前水平的60%～80%；该蓝图还提出，要让2020年日本太阳能发电量达到2008年的10倍，2030年达到2008年的40倍。

我国政府历来也十分重视节能减排和气候变化问题。2007年6月，中国正式发布了《中国应对气候变化国家方案》。2007年12月，我国发表《中国的能源状况与政策》白皮书，提出要推进能源多元化发展，将可再生能源发展列为国家能源发展战略的重要组成部分，降低对煤炭等高碳能源的依赖。2008年1月，清华大学成立低碳经济研究院，着重对低碳经济、政策及战略等开展系统和深入的研究。2009年6月5日，国家应对气候变化领导小组暨国务院节能减排工作领导小组会议提出，要严控"两高"行业盲目扩张，大力发展循环经济，加快高效节能产品推广。2009年8月24日，《国务院关于应对气候变化工作情况的报告》提出，要研究制定《关于发展低碳经济的指导意见》。2008年和2009年，我国在各地相继成立了碳交易所，从事清洁发展机制下的碳交易，包括北京环境交易所、上海环境能源交易所、天津排放权交易所、湖北环境资源交易所和昆明环境能源交易所。2009年，中国在丹麦哥本哈根举行联合国气候变化会议的前夕，承诺到2020年温室气体排放较2005年下降40%，这是中国首次宣布温室气体减排的清晰量化目标。2010年8月，国家发改委确定在广东、辽宁、湖北、陕西、云南、天津、重庆7省(直辖市)和深圳、厦门、杭州、南昌、贵阳、保定6个副省级城市(地级市)开展建设低碳产业、建设低碳城市、倡导低碳生活的试点工作。在党的十八大报告中，首次提出“推进绿色发展、循环发展、低碳发展”和“建设美丽中国”的蓝图。国家能源局发布的《能源发展“十三五”规划》提出，要大力发展清洁能源，在“十三五”期间将非化石能源消费比重提高到15%以上，天然气消费比重力争达到10%，煤炭消费比重降低到58%以下，按照规划相关指标推算，非化石能源和天然气消费增量是煤炭增量的3倍多，约占能源消费总量增量的68%以上。2017年国务院印发《“十三五”节能减排综合工作方案》，要求到2020年，全国万元GDP能耗较2015年下降15%，能源消费总量控制在50亿吨标准煤以内。全国化学需氧量、氨氮、SO_2、氮氧化物排放总量分别比2015年下降10%、10%、15%和15%。全国挥发性有机物（VOCs）排放总量比2015年下降10%以上。这也是VOCs排放总量下降比例首次纳入规划目标中。

气候变化是制约经济和社会发展的主要因素之一，也是人类面临的共同挑战。人类活动所排放的温室气体使大气温室气体浓度快速增加，成为引起气候变化的主要因素。全球气候变暖威胁生态安全、水资源安全以及粮食安全，因此气候变化和温室气体减排问题成为全世界越来越关注的焦点，在低碳约束下寻求经济社会的可持续发展模式也成为各国政府制定政策的出发点。

二、低碳经济发展的理论基础

（一）可持续发展理论

长期以来的无序开发已严重透支人类的生存环境，人类的发展面临资源瓶颈和环境容量的严重制约。1962年美国生物学家莱切尔·卡逊发表了一部名为《寂静的春天》的环境科普著作，该著作描绘了一幅由农药污染所引起的可怕景象，惊呼人们将会失去“阳光明媚的春天”，同时阐述了自工业革命以来所发生的重大公害事件，首次将环境污染这一严肃问题摆在世人面前，这在全世界范围内引发了关于人类发展观念的争论。1972年，美国两名著名学者巴巴拉·沃德和雷内·杜博斯的著作《只有一个地球》问世，让人类开始思考使用可持续发展的方式来处理人与环境的关系。同年，国际著名学术团体“罗马俱乐部”发表了一篇题为《增长的极限》的报告，该报告通过数学模型预言：在未来一个世纪里，人口和经济需求的增长将导致地球资源耗竭、生态破坏和环境污染等问题。该报告认为要防止世界大系统崩溃则必须放慢经济增长及停止人口膨胀。这篇报告发出的警告启发了后来者。1972 年在瑞典首都斯德哥尔摩召开的联合国人类环境会议通过了《联合国人类环境宣言》,该宣言指出环境问题主要是发展不足的问题,提出不仅发达国家要对环境资源问题负责,发展中国家在发展过程中也要重视对环境的保护,因为任何国家的发展都伴随着资源的减少,尤其是工业化生产加剧了环境的恶化程度。这是联合国组织首次把环境问题与发展联系起来,第一次明确提出发展中国家要致力于环境保护。1980 年,世界自然保护同盟和全球多个国家的政府专家联合制定了《世界自然保护大纲》,提出应该把资源保护和人类发展结合起来考虑 ,第一次较明确地表述了既要发展又要保护的思想。该大纲提出了“可持续发展”的概念,强调不能将“可持续发展”与“持续增长”“持续利用”概念混为一谈,可持续发展是强调发展中环境保护的重要性,这是“可持续发展”一词最早出现在国际文件中。1983 年联合国成立了世界环境与发展委员会(WCED),1987 年受联合国委托,以挪威前首相布伦特兰夫人为首的 WCED 成员们,把经过 4 年研究和充分论证的报告——《我们共同的未来》(*Our Common Future*)提交联合国大会,正式提出了“可持续发展”(Sustainable Development)的概念和模式。

随着经济的发展,人类社会对环境的冲击力大大增强,全球范围的环境污染和破坏日益严重,环境问题开始作为一个重大的科学技术问题由一些科学家提出。“环境问题”的提出,人们首先根据传统理论研究治理方法和技术,同时人们进一步体会到,仅靠科技手段,以工业文明方式作为定式去修补环境是不能从根本上解决环境问题的,必须在各个层次上去调控人类社会的行为和支配人类社会行为的、打着工业文明烙印的思想和观念。可持续发展作为一种新发展观悄然兴起,并日益引起国际社会的关注。进入 20 世纪 90 年代以来,可持续发展以其崭新的价值观和光明的发展前景,被正式列入国际社会议程。① 1992 年世界环境与发展会议是官方对可持续发展讨论的一个高峰,大会通过了《里约环境与发展宣言》《21 世纪议程》。其中《里约环境与发展宣言》确定了可持续发展的观点,在承认发展中国家拥有发展权利的同时,制定了环境与发展相结合的方针;而《21 世纪议程》则为各国领导人提供了下一世纪在环境问题上的战略行动。1994 年,国际人口与发展会议通过的《国际人口与发展大会行动纲领》确定了未来 20 年世界人口发展的战略目标,该《纲领》指出,随着国际和区域紧张关系的减少,使得采取适当社会经济政策促进经济可持续发展,调动人力和财政资源解决全球问题出现了前所未有的机会。该《纲领》全面系统地阐述了人口、持续经济增长和可持续发展之间的关系,会议所确定的国际人口和发展综合战略已经成为全球可持续发展战略的一个重要组成部分。

---

①朱文玉.我国生态农业政策和法律研究[D].哈尔滨:东北林业大学,2009.

什么是可持续发展？按照世界环境与发展委员会在《我们共同的未来》中的表述，即“既满足当代人的需要，又对后代人满足其需要的能力不构成危害的发展”。具体来说，就是谋求经济、社会与自然环境的协调发展，维持新的平衡，制衡出现的环境恶化和环境污染，控制重大自然灾害的发生。[①] 该定义包含了可持续发展的公平性原则、持续性原则、共同性原则。该定义强调了两个基本观点，一是人类要发展，尤其是穷人要发展；二是发展有限度，不能危及后代人的生存和发展。这一表述实际上已进一步成为一种国际通行的对可持续发展概念的解释，既实现经济发展的目标，又实现人类赖以生存的自然资源与环境的和谐，使子孙后代安居乐业。

在此基础上，《里约环境与发展宣言》将这一概念进一步阐述为：“人类应享有以与自然相和谐的方式过健康而富有生产成果的生活的权利并公平地满足今世后代在发展与环境方面的需要，求取发展的权利必须实现。”它强调了四个原则：第一，公平性原则。这里指的公平包括代际公平、代内公平、资源利用和发展机会的公平等方面。实现“代际公平”的核心问题是如何使自然资源的拥有量相对稳定在某一水平上；“代内公平”指当代人享有平等的发展机会，人类在享有地球资源的权利上是人人平等的。第二，协调性原则。即要求人们根据生态系统持续性的条件和限制因子调整自己的生活方式和对资源的要求，经济和社会的发展不能超越资源和环境的承载能力。第三，质量原则。可持续发展更强调经济发展的质，要以尽可能低的资源代价去达到提高人民生活质量的目的，还要提高经济运行的效率。第四，发展原则。发展是可持续发展的核心，必须通过发展来提高当代人的福利水平，必须具有长远的发展眼光。

如何实现可持续发展？根据《21世纪议程》的要求，1992年7月，中国政府决定由国家计划委员会和国家科学技术委员会牵头，组织52个部门、机构和社会团体编制《中国21世纪议程——中国21世纪人口、环境与发展白皮书》(以下简称《中国21世纪议程》)。1994年3月25日，国务院第16次常务会议通过了《中国21世纪议程》。《中国21世纪议程》对中国实施可持续发展战略做了以下六点描述：第一，可持续发展的核心是发展，这是正确认识和理解可持续发展的关键所在。第二，可持续发展的主体是社会发展系统，其目标是实现社会发展系统的可持续性，实现当前发展、未来发展以及当代人利益、后代人利益的均衡协调发展。第三，可持续发展的重要标志是资源的永续利用和生态环境的改善。第四，可持续发展的关键是处理好经济建设与人口、资源、环境的关系，这是实施可持续发展战略的关键。第五，实施可持续发展战略必须转变思想观念和行动规范，正确认识和处理

---

①世界环境与发展委员会.我们共同的未来[M].长春：吉林人民出版社，1997：13-21.

人与自然的关系。第六，可持续发展必须重视能力建设，要从国家战略的层面上整体把握。《中国21世纪议程》认为，实施可持续发展战略主要是在保持经济快速增长的同时，依靠科技进步和提高劳动者素质，不断改善发展质量，提倡适度消费和清洁生产，控制环境污染，改善生态环境，保持可持续发展的资源基础，建立"低消耗、高收益、低污染、高效益"的良性循环发展模式。[①] 我国2010年远景目标规划把可持续发展作为跨世纪的战略任务，同时，可持续发展也已成为人类迈向21世纪的行动纲领。

随着对可持续发展的认识和实践的提高，关于可持续发展理论的研究也日益深入，目前对可持续发展理论的研究的主要内容包括以下五个方面：

1.可持续发展模式与评价指标体系

可持续发展的目标是要建设和创造一个可持续发展的社会、经济和环境，核心是可持续发展的科技和教育。从思想实质上看，持续发展包括三方面的含义，即人类与自然界共同进化的思想、世代伦理思想和效率与公平目标思想。持续发展的战略目标是：恢复经济增长，改善增长质量，满足人类基本需求，确保稳定的人口水平，保护和加强资源基础，改善技术方向，在决策中协调经济与生态关系。

可持续发展理论的提出，摒弃了过去过于强调环保和过于强调经济增长的偏激思想，主张"既要生存、又要发展"，这一点对于发展中国家是非常重要的。作为人类可持续发展研究领域中一个重要组成部分的可持续发展指标体系研究，其发展源于1992年的世界与环境发展大会。20世纪90年代以来，可持续发展研究的热点已经从可持续发展的定义转向可持续发展的评价，特别是指标体系的构建。可持续发展的指标体系是可持续发展评价的关键，它的建立对实施可持续发展战略十分重要。20多年来，可持续发展指标体系的研究已经出现了从理论探讨走向了实际应用的趋势。《21世纪议程》把制定可持续发展的指标和促进全球使用可持续发展指标作为可持续发展研究的主要任务之一，指出："必须制定出可持续发展的指标，以便为各级决策提供坚实的基础，并促进一体化环境与发展体系能自我调节的可持续发展能力。"

1994年，联合国可持续发展委员会召开的国际会议着重鼓励世界各国为制定评价可持续发展的指标体系做出自己的贡献。评价指标体系是将资源核算、环境核算与国民经济核算相关联进行研究，从而克服传统国民经济核算体系（SNA）的缺陷，建立可持续发展目标导向的"资源—环境—经济"一体化管理体制。目前主要的方法是建立反映资源、环

① 国务院环境保护委员会.中国21世纪议程——中国21世纪人口、环境与发展白皮书[M].北京：中国环境科学出版社，1994.

境和经济之间关系的独立账户体系，将其作为核心账户的“卫星账户”体系，间接地将环境资源因素纳入国民经济核算。20 世纪 80 年代中期，联合国就推出了“环境—经济”一体化核算体系(SEEA)及新 SNA 框架体系。截至目前，各国际组织、各国家、各区域，甚至各城市均根据自身所面临的实际情况制定了相应的可持续发展评价指标体系。

在国际组织制定可持续发展评价指标体系层面，1995 年，联合国可持续发展委员会依据《21 世纪议程》构建了可持续发展指标体系，建立了包含有 134 个指标的“驱动力—状态—响应”的框架(DSR)，该框架突出了环境受到的压力和环境退化之间的因果关系。但由于该指标体系框架存在着缺陷，2001 年，可持续发展委员会重新设计了一个由 58 个指标构成的，包括 15 个主题和 38 个子题的最终框架，为国家的可持续发展战略计划的目的和目标提供了一个健全的启动平台。1995 年 9 月，世界银行公布了其独立设计出的一套可持续发展指标体系。该体系认为，可持续发展是一种产生和维持所持有财富的过程。这一体系在确定国家发展战略时，用财富作为出发点，使财富的概念超越了货币和投资的范畴，有史以来第一次以三维的方式展示世界各国、各地区的真正财富。该体系综合了 4 组要素：自然资本、社会资产、人力资源和社会资源，用于判断各国或地区的实际财富以及可持续发展能力随时间的动态变化。该指标体系虽然有其合理性和全面性，但这一体系在衡量国家财富净值随时间变化的同时，忽略了不同国家、不同发展阶段和不同文化背景，对相应国家应承担的责任和义务没有进行表达。其虽然注重对时间过程动态变化的衡量，但地理空间的不均衡性没有得到体现。

在国家制定可持续发展评价指标体系层面，不同国家构建指标体系方面的关注重点不同，也由此形成了各具特色的国家尺度上的可持续发展指标体系。德国和芬兰等国把构建可持续发展指标体系的重点主要放在项目上。

德国通过 1996—2000 年的 CSD 试验项目(UN-CSD 可持续发展指标的试验阶段)、2000 年联邦环境局和联邦环境部启动的 UFOPLAN 研究项目以及后来的 NAPSIR 因果链(Needs-Activities-Pressures-State-Impact-Response)项目研究，全面推动而且也进一步深化了德国可持续发展指标体系的研究，把可持续发展指标和项目紧密地结合起来，有的放矢地进行指标的选取和指标体系的构建。2001 年德国开始了国家可持续发展战略，即“德国展望——我国的可持续发展战略”，确定了未来的优先发展领域并提出了具体的目标和措施，指出可持续发展战略的核心部分应该是一个透明且有序的监测系统，同时还是一个评价阶段目标执行状况和实现程度的系统。为确定德国在可持续发展的进程中处于何等位置，德国构建了自己的可持续发展评价指标体系，并强调可持续发展指标必须与具体目标和任务联系起来，即具体目标一旦确定，指标就是有用和切实可行的。

芬兰为了承担联合国可持续发展指标工作项目建立的指标测试工作，于 1996 年开始了可持续发展指标的研究，1998 年芬兰建立了国家可持续发展指标。1998 年 6 月芬兰公布了政府可持续发展项目作为“国家促进生态可持续性评估原则”，定义了可持续发展的战略目标和行动准绳及芬兰在国际合作中的定位等。芬兰政策框架和指标选择显示出了芬兰可持续发展指标体系和联合国方法上的密切联系，但同时也说明联合国指标不完全适用于衡量芬兰国家可持续发展现状，芬兰政府需要确立更适合芬兰条件的指标。2003 年经过修改后，芬兰可持续发展指标被分为 19 个主题或者说代表可持续发展 3 个方面（即生态、经济和社会文化）的横向问题。当然，主题和指标的选择也可由可持续发展政府项目、单个部门和国家研究所的类似项目和环境保护目标指导。

英国对可持续发展指标的构建则主要集中在社会层面。1999 年 5 月英国政府出版了《更好的生活质量：英国的可持续发展战略》报告，认为可持续发展的核心就是保证当代和后代的每一个人具有更好的生活质量。在英国，可持续发展意味着同时达到 4 个目标：社会进步、有效的环境保护、资源分类使用、经济高速持续发展。为此，英国建立叫作“生活质量评估”的可持续发展指标体系。这个指标体系直接与英国可持续发展战略联系起来。其主要方法特征是指标和政策之间紧密的联系以及将目标定量化。高水平的政策约束强调指标作为监督政策实施的工具作用。英国可持续发展指标是根据可持续发展战略的目标而设置，可以帮助确定关键问题并刻画总体趋势，完成联合国可持续发展委员会交给的任务，促使公众考虑其行为对环境造成的影响。

瑞典则从效率和公平及关注对后代发展等角度出发构建本国的指标体系。2001 年瑞典统计局为瑞典环境部汇编了瑞典第一套可持续发展指标体系。瑞典选择了效率、公平和参与、适应性、价值和给后代的资源 4 个主题来组织他们的 30 个主要指标。选取指标的标准非常实际，强调一个指标应该具有相应的信息，并与某种形式的可持续性相关；数据应该容易从官方统计数据库中得到，而且应该是长期的年度数据；在社会、经济和环境之间应该有一个合理的平衡；指标的总数应该尽量控制，最好是 30 个左右；报告的主要对象是政治家和公务员，他们需要简练的和内容集中的报告，而不是探究其深度的研究。

丹麦的可持续发展指标体系主要根据丹麦可持续发展的国家级战略“共享未来——平衡发展”中的目标和行动而确定，同时还基于公众关于可持续发展争论的观点与建议。2002 年丹麦出版了第一部可持续发展指标报告，报告主要由两部分组成，概括性指标体系描述了与可持续发展总体战略目标相一致的发展和成果，由 14 个指标组成，数据每年都在更新；详细具体的指标体系反映了每个行动领域的相关内容，描述了一些与战略目标和行动相关的发展及其成果，数据同样每年都在更新。从此，丹麦从自己的国情出发建立起了适合自己的可持续发展指标体系。

中国作为一个发展中国家，坚持从自己的实际情况出发，构建有中国特色的可持续发展指标体系。我国最早在20世纪80年代初期由区域环境质量评价开始了有关指标体系的讨论和一些初步的研究，后来对指标体系的研究逐步向大范围、大区域和全面而综合方向发展。1996年6月，原国家计委、原国家科委在《关于进一步推动实施〈中国21世纪议程〉的意见》中指出："有条件的地区和部门可根据实际情况，制定可持续发展指标体系，并在本地区、本部门试行"。国家和地区政府部门为推进可持续发展战略的实施，立足于各自的部门特点和发展阶段提出了指标体系。

代表性的研究或个案有：(1)叶文虎、栾胜基研究探讨了可持续发展的基本概念、指标体系的概念、指标体系的建立原则及框架建议，提出了全球、国家(或地区)可持续发展指标体系的框架图。(2)张世秋指出可以用4个指标来衡量发展的可持续性：污染排放和环境排放是否超过了环境的承载力、对可更新资源的利用是否超过了它的可再生速率、对不可再生资源的利用是否超过了其他资本形式对它的替代速率、可持续收入是否增加了。他同时指出，要使这些评价指标具有可操作性，还需做出许多努力和探索。(3)谢洪礼等人提出了中国的可持续发展评判指标体系。该指标体系由4层组成，第1层是总目标层；第2层是影响可持续发展的6大领域——经济、社会、人口、资源、环境及科技；第3层是6大领域中影响可持续发展的主要方面；第4层是具体指标，分别设置了描述性指标体系和评价性指标体系。该体系子系统与指标中出现了一定的重复和交叉，还需进一步的提炼和创新。(4)牛文元等人应用系统理论和方法构建了中国可持续发展战略指标体系，指标体系由总体层、系统层、状态层、变量层和要素层5个层次组成。总体层代表着实施可持续发展战略的总体态势和总体效果。系统层分为生存支持系统、发展支持系统、环境支持系统、社会支持系统和智力支持系统：生存支持系统是可持续发展的基础条件；发展支持系统是可持续发展的动力条件；环境支持系统是可持续发展的限制条件；社会支持系统是可持续发展的保证条件；智力支持系统是可持续发展的持续条件。状态层是在5大系统内能够代表各系统行为的关系结构。变量层从本质上反映状态的行为、关系、变化等的原因和动力。要素层是具体指标或指标群。该指标体系在世界可持续发展领域中仍属于研究级别的体系，特别是作为精粹的5大支持系统的划分，现已逐渐被国际同行认可。(5)中科院生态环境中心从人类需求、自愿利用、经济和社会4个方面，提出了具体衡量的60项指标。(6)对于社会发展综合实验区，张林泉等人提出了从发展水平、经济基础、发展能力和满意程度4个方面来设立可持续发展的度，下设45项指标，基于模糊集理论对单项指标进行评价，并用算术平均与几何平均相结合的方法进行了综合评价。(7)针对城市的可持续发展研究，高林等人用社会(人口)、经济和环境3大类指标，构建了城市可持续发展指标体系；曹风中提出了以真实储蓄率、多元综合指标、复合价值和可持续发展度对城市可持续发展进行判定的概念和模型。(8)中国科学院制定了主要针对可持续发展指标体系应用和发展的《中国区域发展报告》和《中国可持续发展战略报告》。[①]

在各区域制定可持续发展评价指标体系层面。云南省可持续发展指标体系框架考虑到了层次性和地域性，将可持续发展指标体系设计为省(18 项指标)、地级市(18 项指标)、县(16 项指标)3 级 3 类指标体系，因此在现有的国内外众多的指标体系当中其兼容性最强，体现了人类建立可持续发展指标体系的目的，在实践中具有很强的可操作性。海南省可持续发展指标体系具有明确的层次结构，不按传统的范畴即经济、社会、资源与环境等来划分第 1 层次，而是将发展潜力、发展潜力变化水平、发展效益、发展活力、发展水平共 5 类作为第 1 层次；第 2 层次再按影响发展的因素即人、自然资源、环境进行划分；第 3 层次为具体的 38 个指标。因此，海南省的指标体系到最后一个层次还存在大量难以量化的描述性指标或等级性指标，未用进一步的模型进行综合评价，各层次指标权重不明，只对第 1 层次进行了分类分析。所以，指标体系的可操作性较弱。山东省可持续发展指标体系具有明确的层次结构，第 1 层次为经济增长、社会进步、资源环境支持和可持续发展能力 4 大类；第 2 层次包括了 15 个方面，绝大部分指标用指数形式表示；第 3 层次为 89 个基础指标，其中 85 个指标是量化指标，其余 4 个指标是描述性指标。因此，该指标体系基本都是直接量化并可测度的指标，而且山东省的指标体系不仅明确了层次，而且使用了层次分析法，建立了判断矩阵，计算了各指标的权重，所以比较容易进行综合评价。云南省山地民族行政村可持续发展指标体系共有 19 项指标，该指标体系从云南山地民族社区环境容量小、资源承载力弱的特点出发，围绕社区贫困与发展这个中心问题而展开，而且重在发展。以上内容体现出了指标和国家政策结合的紧迫性、必要性和指标要最大限度地体现发展的阶段性(避免指标的滞后和过于超前)以及指标不仅要体现区域可持续发展的最大限制因子，还应同时体现出区域可持续发展的最大潜力所在等原则，因此该指标体系可应用于云南山区民族行政村可持续发展评价。

在城市制定可持续发展评价指标体系层面。欧洲可持续性城镇宪章中出现的政策组成了建立指标的基本框架，一项指标可以作为每一项政策主题的先验。欧洲城市可持续发展指标体系由 16 个指标构成，强调指标应该能反映发展的关键问题；应有助于进行发展进程的比较、评价和预测，应该有助于城市的建设和协调发展，使各个层次的决策能够促进地方的信息公开、权力机构的民主；还应该有利于城市变得更加透明而健康；还应有

---

①李天星.国内外可持续发展指标体系研究进展[J].生态环境学报，2013，22(6)：1085-1092.

象征性的作用，应该包括所有的有利于促进不同部门及其领域可持续发展的协同进步；由于不断革新，建立的指标也将因为存在一个永远创新的氛围而不断完善。因为与政策结合紧密，所以该指标体系具有很强的可操作性和现实性。

新西兰玛努卡市围绕着归属感、安全的社区、建筑环境的质量、健康的社区、当地经济增长、教育和就业、健康的环境 7 个方面（目的）来选择指标，强调指标的选取能够被社区和委员会选举的成员接受，与玛努卡市的关键问题相关，与国际指标相联系，在更大的社区范围内透明决策，收取数据的费用最小化，能衡量和再现变化，能与政府管理、经济、社会和环境要素联系起来，能预测趋势和评价现状。因此，指标体系可操作性强，容易被公众所理解和接受。

美国西雅图市的社区负责人通过创建“可持续的西雅图”研究项目，并使其成为一个致力于促进地区长期健康发展的非营利性组织和市民志愿者网络，建立起了西雅图可持续发展社区指标体系，对于指标体系中从未量度的指标，给出一个本底值。把经济、环境、文化及社会发展有效地结合起来，确定了测度西雅图可持续发展的由 32 个具体指标构成的 10 个专题的指标。强调指标的选取能够反映文化、经济、生态环境长期健康的发展趋势；可以用统计方法进行衡量，容易获得过去 10～20 年的数据；对地方媒体有吸引力；普通民众容易理解。因此，该指标体系具有很强的可操作性，容易很快被公众所理解和接受。

南京市可持续发展指标体系是一个由目标层、准则层、领域层和要素层组成的，包括了 30 个具体指标的层次体系。指标的选取强调客观科学性、系统整体性、可操作性和动态性，采用层次分析法，把客观判断与主观推理、定性描述与定量分析结合起来，因此该指标体系兼容性大，可操作性强。

哈尔滨市可持续发展指标体系由 4 个层次、4 个指标要素和 27 个具体指标组成，强调可持续发展指标体系反映的是“社会—经济—资源—环境”复合系统内 4 大子系统的发展水平与现状，以及 4 大子系统间的协调状况。强调指标体系的建立要能反映出经济发展的质量、规模和社会系统运行现状，要高度重视主要资源类型的开发利用程度以及现有资源丰富程度，反映出环境特别是资源生态环境容量和区域可持续发展能力。因此，该指标体系能较为客观地反映出区域发展的阶段性和系统各组分间的协调性。

2.环境与可持续发展

到 20 世纪 60 年代末，随着人类活动对环境影响的深度和广度扩大，各种环境问题逐步暴露出来，人类逐渐认识到环境问题的实质在于：人类索取资源的速度超过了资源及其替代品的再生速度，人类向环境排放废弃物的速度超过了环境的自净速度。而可持续发展的目标之一就是人与自然的关系的协调，于是，环境稀缺论应运而生，认为环境是一种稀缺资源，那么就存在一个如何合理、持续利用环境的问题。因此，对环境稀缺性的认识是可持续发展理论发展的基本前提。20 世纪 70 年代以后，环境经济学家提出了“外部不经济内在化”的观点，并提出利用价格机制、税收、信贷、赔偿等经济杠杆，以使社会损失继任私人厂商的生产成本，把外部因素内在化，使环境资源得到保护。诺贝尔经济学奖获得者华西里·里昂惕夫根据这一理论利用投入产出法，进行了把“外部性”纳入常规的国民经济投入产出中的探索。

20 世纪 80 年代以后，人类又进行了大量的环境价值论研究及价值评估，环境资源价值论的逐步完善标志着环境经济学的成熟。环境经济学在可持续发展中的作用除了将环境资源核算纳入国民经济核算中以外，还有在微观层次上的建设项目的持续发展的费用效益分析，中观层次的产业结构和生产力布局调整和宏观层次的政策研究。国家原环保总局副局长张坤民认为，可持续发展的基本思想应该包括以下 5 个方面：(1)不否定经济增长，但需要重新审视如何实现经济增长，包括使用能源和原料的方式，同时，由于环境问题是产生于经济发展过程中的，也应解决于经济发展过程之中，还要研究解决经济上的扭曲与误区；(2)以自然资产为基础，同承载能力相协调，包括使资源的消耗速度低于其再生速率，提倡清洁生产及可持续的生产方式和消费方式；(3)发动群众参与，建立真正的全球伙伴关系；(4)自然环境的价值应体现在对于经济的支撑和服务价值上，也应体现在对生命支持系统的存在价值上，产品价格应当完整反映以下三部分：资源开采获取成本、环境净化和损害成本、后代人成本；(5)以适宜的政策和法律体系为条件，强调综合决策与参与。

3.经济与可持续发展

在经济学领域，主流经济学与非主流经济学都对可持续发展问题进行过研究。主流经济学中的新古典经济学认为资本、资源和人力资本三者之间存在着可替代性，因此生态环境的破坏不会损害人类未来的福利，新古典增长理论的代表人物索洛(R.Solow)的增长模型认为，技术进步是经济增长的决定因素，环境、资源等不再构成对经济增长的约束。西蒙·库兹涅茨甚至认为经济增长不可能受到自然资源绝对缺乏的阻碍，生态环境问题是外部性的，是市场机制的故障，不能用市场方式来解决。非主流经济学中的生态经济学、环境经济学、资源经济学、产权经济学都从不同角度对此问题进行过研究。生态经济学家 Pearce 和 Barbier 提出了自然资本(Kn)的概念，并且认为自然资本与人造资本(Km)之间存在着不可替代性，可持续发展就是在对自然资本中某些关键要素以实物量的形式加以保护和约束的条件下，使总资本价值在经济发展过程中保持不变。

环境经济学起源于20世纪五六十年代，"它从理性、最优化、均衡等基本假定出发，构筑环境资源的供求曲线和均衡价格，以福利经济学的外部性作为分析的理论工具，并把宏观经济理论引入环境问题的研究"，在总量关系上研究绿色GNP和绿色国民账户体系等；资源经济学则从资源的稀缺性出发，来研究资源的定价、租赁等问题，从而求得资源的永续利用；产权经济学则以产权界定为分析工具，主张通过产权界定来研究公地悲剧等生态环境问题的解决。

经济学的各个流派虽然从不同角度研究了生态环境的保护和资源的合理利用，并都围绕经济的可持续性来进行研究，却没有体现出发展的目标，使可持续发展经济学的研究缺乏统一的理论基础。由于缺乏统一的理论基础，可持续发展经济学的研究缺乏统一性和整体性，普遍存在着"头痛医头，脚痛医脚"的现象。同时由于缺乏统一的理论基础，可持续发展对未来实施的风险难以预期，"在实施可持续发展上存在着一种不确定性"；由于可持续发展本身缺乏统一的理论基础，这些风险难以有效预期，由此造成可持续发展在理论与实践上存在严重的反差。因此，可持续发展经济学的研究急需建立一个统一的理论基础，并统一在发展经济学的理论框架之下，抓住可持续发展的本质和基本问题，提高可持续发展经济学的研究层次，从新的角度来寻找更为有效的可持续发展的实施途径。

可持续发展则是基于经济利益的"零和博弈"，其核心思想是要把经济发展的负面效应和代价降低到最低程度，既达到发展经济的目的，又保护人类赖以生存的自然资源和环境。因此，可持续发展模式的提出并不能也不可能完全消除经济发展成本，只能将经济发展成本降低到一定的范围内。在这个范围内，一方面，生态系统自身能得到恢复；另一方面，经济发展的收益大于经济发展的成本，符合成本—收益法则。因此，经济发展成本是可持续发展的基本问题，经济发展成本的最小化是可持续发展的理论基础。从这一理论基础出发，可持续发展就是要治理环境污染，进行生态环境的保护，合理地利用资源，控制人口的过分膨胀，从而使经济发展对环境损害所形成的经济发展成本达到最小状态。①

经济与可持续发展的关系主要体现在两个方面：一是经济活动的生态环境成本问题，二是作为基础产业的农业协调生产优化问题。在经济活动的外部效果即社会成本方面，可持续发展理论把它从过去的宏观和微观分别考虑，转向宏微观结合。宏观上，以综合环境与经济核算体系（System of Integrated Environmental and Economic Accounting，SEEA）作为环境经济一体化的指标，该体系主要用于在考虑环境因素的影响条件下实施国民经济核算；微观上，是将生态环境成本纳入微观核算，利用有效的监测机制和价格机

①任保平.可持续发展实现途径的制度分析[J].求是学刊，2005(3)：53-59.

制，使微观生产单位对外部效果承担经济责任。罗纳德·科斯从“产权界定”入手，探讨了外部性的治理，认为只有当交易成本足够小，并且收入影响忽略不计时，通过私人谈判和产权的适当界定将会有效地治理环境污染之类的外部性，经济学上把通过“产权界定”来治理外部性的办法称为科斯手段。在农业可持续发展方面，农业可持续发展的实质是谋求农业生态系统中各要素及其相关各系统之间、系统与外部环境之间的有序化与整体性持续运作，其核心是保持农业系统的良性循环和生产力的可持续性。从可持续发展的视角来看，现代农业的发展应当实现生态可持续、生产可持续、经济可持续和社会发展可持续；是一种保持环境不退化、技术上可行、经济上能生存下去以及被社会所接受的发展模式；是在尽可能满足粮食需求的前提下，能促进农业经济效益的持续稳定提高和农村生态环境的改善，增加农民经济收入和提高农村居民的物质与文化生活水平，并保证农业生产系统的协调与平衡以及与社会经济文化水平、资源生态环境基础相适应的高效持续发展的农业。农业的可持续发展主要包含 4 个方面：

(1)耕作方式与种植制度要与环境相适应；

(2)利用生态位共享的原理进行生产；

(3)利用共生、共克的补偿原理，降低成本，减轻污染，节省农业资源；

(4)利用物质与能量在农业生态系统中多途径多层次的转化，可以重新建立最优的食物链或食物网制度。

4.社会与可持续发展

社会可持续发展理论是在由于不可持续的生产、消费和旧的国际秩序引起的全球问题日益恶化的历史条件下产生的一种新的社会发展理论。它主张在维护自然界所提供的资源和环境的基础上，实现社会经济文化价值观念的综合协调发展。它是一种面向人类未来、维护人类健康持久发展的新发展观。要实现社会可持续发展，必须寻求新的发展战略。社会可持续发展概念最早出现在 20 世纪 80 年代中期发达国家的一些文章和报告中。1989 年 5 月，第十五届联合国环境署理事会通过的《关于可持续发展的声明》，正式提出社会可持续发展理论。此后，这一概念便以极大的频率出现在各国及国际社会关于社会发展的文件和报告中，而成为当代世界人们普遍关注的热点问题。

社会可持续发展在西方国家具有多重含义，主要观点有：社会可持续发展是考虑生态代价的发展；社会可持续发展是为将来保护自然资源的发展；社会可持续发展是必须把经济发展、生态发展、社会发展综合起来的发展。发展中国家使用持续发展，用来指连续若干年的发展。总之，社会可持续发展理论的提出表明人类对自身长久发展的关注，是着眼于未来，立足于现实的发展。概括地说，社会可持续发展是以维持地球经济和生态潜力，维护自然界所提供的资源和环境为基础的社会经济、文化、价值观念等的协调发展。

社会可持续发展作为21世纪世界各国社会发展的共同战略，它的实现必须在以社会可持续发展理论为指导，以社会、生态、经济、文化道德的协调发展为目标的基础上，探寻建立可持续发展社会的战略途径。对人口资源的正确估计是可持续发展战略考虑的前提之一。在这方面，应考虑以下6个问题：

(1)人口的绝对数量与粮食问题；

(2)人口老化及养老保障问题；

(3)城市化带来的农业人口过剩问题；

(4)妇女问题和社会分工问题；

(5)人口素质、教育和社会结构的完善问题；

(6)人口信息的开发与利用及家庭结构问题。

另外灾害防治和环境法制的研究也是社会可持续发展的重要方面。

5.区域的可持续发展

区域可持续发展是国家乃至全球可持续发展的基础，也是比区域更小的地域生产系统可持续发展的综合，具有承上启下的作用。由于区域社会经济活动环境的相对稳定性和独立性，区域可持续发展的研究和实际调控过程便具有较强的针对性和实际意义。① 关于区域可持续发展的研究有很多，吕鸣伦和刘卫国(1998)将区域可持续发展定义为：特定的区域在对人类有意义的时间跨度内，不以破坏本区域或其他区域现实的或将来的满足公众需求的能力的发展过程。区域可持续发展的核心就是经济增长点。增长点也叫增长极，是指某些特定的产业部门或地区在经济增长中起着特殊重要的作用和占据支撑区域的作用。第一，其规模应相对地大，才能产生充分的直接效应和间接效应；第二，应当是增长最快的产业和地区；第三，应同其他产业部门之间具有高强度的投入产出关系，能够使增长效应被传递分散；第四，它应是创新的“朝阳式”产业或企业。新经济增长点的作用已被我国经济发展的实际所证实。

从以上内容可以看出，可持续发展理论的研究有以下几个特点：

(1)发展理论是当前可持续发展理论的基础，可持续发展的前提是发展，但此时的发展不是单纯的经济发展，而是要提高生产力水平，是社会的整体发展。

---

①马海昌，安放舟.中国西北干旱区土地利用/覆盖变化与区域可持续发展[J].安徽农学通报，2013，19(4)：108-110，151.

(2)区域的可持续发展问题是城市、城乡、省域乃至国际指定发展战略首要问题，区域的经济、社会、环境和资源的协调发展是推动整个世界发展的前提。

(3)技术创新和技术支撑体系的建立是目前可持续发展的关键内容，应大力发展有关技术及监测手段。

(4)科教效益的作用逐步在社会进步和发展中显露出来，最终形成社会效益、环境效益、经济效益和科教效益的统一。

(5)微观单元企业的运行机制和内部要素结构正在逐渐向可持续发展方向靠拢。

可持续发展理论主要研究经济发展与环境保护协调发展的战略理论。由于地球上总体的自然资源(不可再生资源)相对于人类经济发展的需求增长是极为有限的，所以，现在各国经济增长和环境保护之间的矛盾都是尖锐的。要解决这一问题我们应当考虑两个方面：一是效率问题，即研究经济发展和环境保护的内在运行机制，提出如何才能在保持经济发展的同时，保护和改善环境质量，以及它们之间协调发展的衡量标准与方法；二是公平问题，即研究在各个经济主体之间如何合理分担环境成本和如何合理分享环境效益问题。

从上述研究重点中可以看出，规模循环经济的实践和发展是走可持续发展之路的有效途径。一方面，规模循环经济通过“资源—产品—再生资源—再生产品”的经济运行方式和规模经济效应有效地提高了资源的利用效率，同时其清洁生产也有效地减少了废弃物的污染问题，在经济发展的同时也做到了保护环境；另一方面，在规模循环经济的运行方式下，由于规模集成效益的存在，经济主体需要共同承担的环境成本远远低于其产生的环境效益，所以各主体之间能够公平、公正地解决环境成本的分摊和环境效益的共享问题。

(二)生态经济理论

20世纪20年代中期，美国科学家麦肯齐首次运用生态学概念对人类群落和社会进行了研究。第二次世界大战后，人口爆炸、粮食不足、环境污染、生态退化、资源短缺等一系列社会问题开始敲响工业文明的警钟，不仅严重威胁着人类的生存，而且制约着社会经济的进一步发展。20世纪中期，人们开始对经典经济增长方式进行了全面而深刻的反思与批判，并意识到只有将生态学和经济学有机结合，才能科学揭示自然和社会之间的本质联系和规律。在这种背景下，生态经济学应运而生。1962年美国生物学家莱切尔·卡逊所写的《寂静的春天》一书引起人们的广泛关注，它的问世客观上催化了公众环境意识的快速形成，越来越多的经济学家和生态学家试图重新考量传统经济学的局限性。①

①李怀政.生态经济学变迁及其理论演进述评[J].江汉论坛，2007(2)：32-35.

"生态经济学"的概念最早由美国经济学家肯尼斯·鲍尔丁(Kenneth Boulding)于1968年在他的重要论文《一门科学——生态经济学》中提出。在文中,鲍尔丁对利用市场机制控制人口和调节消费品的分配、资源的合理利用、环境污染以及用国民生产总值衡量人类福利的缺陷等做了有创见性的论述。① 在反思传统经济学的基础上,作者明确阐述了生态经济学的研究对象,进而首次提出了"生态经济协调理论"。经济系统的运行机制是"增长型"的,而生态系统的运行是"稳定型"的,因此,在生态经济系统中,不断增长的经济系统对自然资源需求的无止境性与相对稳定的生态系统的资源供应的有限性之间就产生了矛盾,而且在今天人类经济活动的范围和强度逐渐加大的情况下,这两者之间的矛盾也在逐渐加剧。在此基础上,鲍尔丁阐述了"生态经济协调"理论,指出现代经济社会系统是建立在自然生态系统的基础上的巨大开放系统,以人类经济活动为中心的社会经济运动都在大自然的生物圈中进行。一方面,任何经济社会活动都要有作为主体的人和作为客体的环境,这两者都是以生态系统运行与发展作为基础和前提条件的;同时,任何生产都需要来自生态系统的物质和来自太阳的能量。另一方面,在生态系统和经济系统的矛盾中,人类既有自然属性又有社会属性,因此人类只有积极促进生态系统与经济系统的协调发展,才能实现人类经济社会的可持续发展。肯尼斯·鲍尔丁的理论思想标志着生态经济学正式成为一门独立的学科。②

1972年6月5日第一次联合国人类环境会议在瑞典的斯德哥尔摩召开,由美国经济学家芭芭拉·沃德、生物学家勒内·杜博斯合著的《只有一个地球——对一个小行星的关怀和维护》一书受到与会者广泛关注,成为当时生态经济学领域最有开创性的文献之一。1973年英国经济学家舒马赫提出小型化经济发展理论,主张大规模生产是由于现代科学技术的发展而引起的,它促进了消费需求的不断增长,从而造成不可再生资源的严重短缺,同时还加剧了人和自然的矛盾。Herman Daly在1974年曾提出稳态经济的思想,其中已经具有生态经济的含义,他的表述是:稳态经济就是稳定的物质财富(人造物)和稳定的人口,每一种都保持同样的选择,需要低的通量水平,即低的出生率等于低的死亡率,低的物质生产率等于低的折旧率,以使人民长寿和物质存量保持高水平。通量可以看作维持存量的成本,以低熵物质的开采投入端开始到等量的高熵废物(污染物)产出端结束。通量是维持人口和人造物的不可逆成本,相对于所选择的维持成本应最小化。1974年,美国著名生态经济学家莱斯特·R.布朗出版了一系列《环境警示丛书》,掀起了全球环境

①徐雪松,徐守松.基于生态经济的可持续发展经济模式的构建[J].安徽农业科学,2006(6):1219-1220,1223.

②董志勇,罗卫军.城镇化与生态经济市建设研究进展综述[J].技术经济与管理研究,2009(2):95-98.

运动的高潮。1976 年日本学者坂本藤良撰写的《生态经济学》成为世界上第一部以"生态经济学"命名的著作。这一时期还涌现出不少"乐观派"生态经济学成果，譬如法国学者加博的《跨越浪费的时代》，美国学者埃里克·爱克霍姆的《回到现实——环境与人类需要》，美国未来学家卡恩的《目前和未来的经济——令人兴奋的 1978—2000 年》和《即将到来的繁荣》，以及朱利安·西蒙的《最后的资源》等。①

20 世纪 80 年代，生态经济学作为一门新兴科学开始备受世人瞩目。1984 年美国学者爱迪·布朗·韦丝发表《行星托管：自然保护与代际公平》一文，首次提出代际公平理论和"行星托管"的理论主张，认为人类的上一代、这一代和下一代共同掌管地球这颗行星上的资源，而我们作为这一代的人，受上一代的委托为下一代掌管地球，同时我们也是受益者，有使用和受益于地球的权利。

20 世纪 80 年代生态经济学研究的另一个显著成就是生态经济学家初步成功地根据能量系统理论利用能量单位诠释了自然环境资源系统与社会经济系统间的本质关系，其中影响最大的成果是美国著名生态经济学家奥德姆(Odum H.T.)的理论思想。经过长期研究，整合系统生态、能量生态和生态经济原理，奥德姆于 1987 年首次阐述了"能值"理论以及太阳能值转换率等一系列概念，论述了能值与能质、能量等级、信息、资源财富等的关系，继而基于生态系统和经济系统的特征以及热力学定律，又提出了以能量为核心的生态经济系统能值分析方法，终于在 1996 年出版了世界第一部能值专著 *Environmental Accounting:Energy and Environmental Decision Making*。奥德姆的能值理论以及能值分析方法为生态经济学这一阶段的研究提供了很重要的理论基础和研究方法。②

2001 年 11 月美国布朗教授在《生态经济——有利于地球的经济构想》一书中提出经济系统是生态系统的一个子系统的观点，这一思想在生态经济学界掀起轩然大波，给人们提供了一种全新的视角。2003 年布朗撰写的《B 模式：拯救地球延续文明》一书问世，这一研究成果尽管带有一定悲观色彩，但对人类社会经济的发展仍有较强的警示作用和积极意义。

(三)清洁生产理论

清洁生产是实现经济和环境协调持续发展的重要手段之一。清洁生产的实现手段是新技术、新工艺的采用和先进的管理。清洁生产不仅致力于减少污染，同时也致力于提高效益；不仅涉及生产领域，也涉及整个管理活动，从这个意义上讲，清洁生产也可称为清洁管理。

---

①李怀政.生态经济学变迁及其理论演进述评[J].江汉论坛，2007(2):32-35.

②剧宇宏.中国绿色经济发展的机制与制度研究[D].武汉理工大学，2009.

清洁生产起源于1960年的美国化学行业的污染预防审计。而“清洁生产”的概念最早可追溯到1976年，欧共体在巴黎举行了“无废工艺和无废生产国际研讨会”，会上提出“消除造成污染的根源”的思想；1979年4月欧共体理事会宣布推行清洁生产政策；1984年、1985年、1987年欧共体环境事务委员会三次拨款支持建立清洁生产示范工程。自1989年联合国开始在全球范围内推行清洁生产以来，全球先后有8个国家建立了清洁生产中心，推动着各国清洁生产不断向深度和广度拓展。1989年5月联合国环境署工业与环境规划活动中心(UNEP IE/PAC)根据UNEP理事会会议的决议，制定了《清洁生产计划》，在全球范围内推进清洁生产。1992年6月在巴西里约热内卢召开的“联合国环境与发展大会”上，通过了《21世纪议程》，号召工业提高能效，开展清洁技术，更新替代对环境有害的产品和原料，推动实现工业可持续发展。中国政府亦积极响应，于1994年提出了《中国21世纪议程》，将清洁生产列为“重点项目”之一。

自1990年以来，联合国环境署已先后在坎特伯雷、巴黎、华沙、牛津、汉城(现首尔)、蒙特利尔等地举办了六次国际清洁生产高级研讨会。在1998年10月韩国汉城第五次国际清洁生产高级研讨会上，出台了《国际清洁生产宣言》，包括13个国家的部长及其他高级代表和9位公司领导人在内的64位签署者共同签署了该宣言，参加这次会议还有各大国际机构、商会、学术机构和专业协会等组织的代表。《国际清洁生产宣言》的主要目的是提高公共部门和私有部门中关键决策者对清洁生产战略的理解及该战略在他们中间的形象，它也将激励对清洁生产咨询服务的更广泛的需求。《国际清洁生产宣言》是对作为一种环境管理战略的清洁生产公开的承诺。

20世纪90年代初，经济合作和开发组织(OECD)在许多国家采取不同措施鼓励采用清洁生产技术。例如在原联邦德国，将70%投资用于清洁工艺的工厂可以申请减税；在英国，税收优惠政策是导致风力发电增长的重要原因。自1995年以来，经合组织国家的政府开始把它们的环境战略针对产品而不是工艺，以此为出发点，引进生命周期分析，以确定在产品寿命周期(包括制造、运输、使用和处置)中的哪一个阶段有可能削减或替代原材料投入，并可以最低费用消除污染物和废物。这一战略刺激和引导生产商和制造商以及政府政策制定者去寻找更富有想象力的途径来实现清洁生产和产品。进入21世纪后，发达国家清洁生产政策有两个重要的倾向：一是着眼点从清洁生产技术逐渐转向清洁产品的整个生命周期；二是从大型企业在获得财政支持和其他种类对工业的支持方面拥有优先权转变为更重视扶持中小企业进行清洁生产，包括提供财政补贴、项目支持、技术服务和信息等措施。

联合国环境规划署将清洁生产定义为：将综合性预防的环境战略持续地应用于生产过程、产品和服务中，以提高资源利用效率，降低对环境和人类身体健康的危害。清洁生产主要包括三方面的内容：清洁的能源及原材料、清洁的生产过程和清洁的产品。一是要求生产者使用清洁的能源，如对常规能源清洁利用、使用沼气等再生资源、研发节能技术、开发使用新能源(风能、太阳能、潮汐能等)。二是要求生产者选用节约资源、少废、无废工艺和高效且易于操作的生产设备，最大限度地实现物料的内部循环利用；在生产过程中，优先选用低毒或无毒无害的原材料，减少有毒有害原料的使用量；完善安全生产管理，不断提高科学管理水平，尽量减少生产过程中的各种危险性因素，如高温、高压、低温、低压、易燃、易爆、强噪声、强振动等。三是对产品应采用生态设计，以节约资源和能源，减少废物的排放为基本原则；产品包装应追求简单而不是豪华浪费；产品在使用过程中以及使用后不对生态环境和人体健康造成危害；产品使用后要易于回收和再循环使用；产品的设计和加工应使用标准尺寸，便于设备的维修和升级换代，以延长其使用寿命。

清洁生产自提出以来，便在国外得到了不少实践。1996 年，欧盟委员会通过的"综合污染预防与控制"(IPPC)指令，要求将污染预防和污染控制综合起来考虑以减少对环境的总危害，通过建立协调一致的一体化工业污染防治系统，防治或减少企业向大气、水体和土壤中排放污染物。工业生态园区模式也是进行清洁生产的一种有效模式。丹麦的卡伦堡(Kalundborg)工业园区是一个工业生态园区，这个园区的企业，除了共享基础设施和其他设施，也没其他过多的浪费。该工业生态园区的做法把清洁生产的含义推到最高层，即清洁生产不停留在解决生产过程中的污染问题，而要谋求将工业系统纳入生物圈之中。这一做法已被视为清洁生产的趋势，美国、加拿大、荷兰、法国、日本等工业发达的国家普遍进行了生态工业园区理论和实践方面的探索，越来越多发展中国家也开始进行生态工业园区的建设。清洁生产、污染预防的主体终究是企业，美国特别注重通过加强政府对企业的行政指导和服务，促进企业自愿清洁生产。美国国家环保局及其他联邦政府机构制订和实施了一系列指导性计划，支持企业基于自愿的多项污染预防项目，特别是引导和支持清洁技术的开发与扶持，它是美国政府各项污染预防计划的核心内容之一。此外，支持清洁生产技术产学研一体化、注重清洁生产技术的信息交流、发挥环保组织等民间力量的监督和献计献策作用也是许多国家推行清洁生产总结出来的好经验。

在世界范围内来看，国外在发展清洁生产时主要从以下 5 个方面着手：

(1)以经济政策推进清洁生产。经济手段在实现环境政策的目标时兼具灵活性、效果和效率，能够对进一步减少排污量和采用对环境无害的清洁工艺技术产生持续的压力并刺激创新，可弥补法律措施等直接行政控制手段的种种不足，从而有利于预防性环境政策的实现，有利于促进可持续发展。因此，目前从世界范围看，主张以经济手段促进清洁生产的呼声很高，环境保护税、资源税、排污权交易、环境损害责任险等措施和手段备受重视。目前几乎所有国家在推行清洁生产项目时都施行了经济政策。

(2)以科技发展推动清洁生产。只有在自然—社会—经济—技术系统内以更广的角度将环境和技术因素集成起来才是通向可持续发展的必由之路。企业只有避免过分关注针对污染源的“边角技术”，强调真正的技术革新，才能实现清洁生产。以科技发展推动清洁生产的目的在于加强技术创新和传播，增强清洁生产项目实施和设计的创新强度。

荷兰的清洁生产实践活动为此提供了良好的例子。在这段时间里，荷兰政府起草了“第一环境状态”和国家环境政策计划，建立了优先废物总量的削减和管理协议。此外，在可持续技术的开发、清洁生产在服务和零售行业中的应用、清洁生产和生态设计技术工具的开发等方面展开了一系列探索性研究。①

(3)加强教育和宣传，促进社会广泛参与。信息的交流和获取是清洁生产得以成功实施的基本要素之一。利用互联网进行清洁生产信息的交换和传播已经为各级组织广泛采用。例如，中国—加拿大国际清洁生产合作项目将网站建设作为项目的主要内容之一。在强化信息交流硬件建设的同时，强调环境协商、加强民主参与对于清洁生产的推行将起到重要的作用。如公众参与环境决策、日本公害防止协定的制定、美国代替性纠纷处理制度在环境保护中的运用等都发挥了理想的效果。

(4)多途径推动清洁生产。清洁生产涉及环境和经济等诸多方面的特性决定了清洁生产在推进过程中的多途径性，目前，许多国家都采用了环境行政控制、环境经济手段、环境信息手段、环境刑事制裁、环境协商等多种对策并存推动清洁生产的机制，并且借助于市场推动不同政府部门进行协作，如英国实施的环境技术最佳行动项目以及澳大利亚实施的清洁生产和生态效率项目。

(5)加强世界范围内的清洁生产合作行动。到目前为止，在联合国环境规划署(UNEP)等国际组织的努力下世界范围的清洁生产合作取得了瞩目的成就，主要表现在以下几个方面：发表了《国际清洁生产宣言》、定期开展清洁生产高级国际研讨会、建立国家或地区清洁生产中心、举行圆桌会议、开展区域性的活动等。

在我国，清洁生产的实施已经历了三个阶段：1983—1992 年是清洁生产理念的形成阶段，该阶段是我国对清洁生产的理论研究阶段，且将清洁生产作为实现环境与经济协调发展的重要手段；20 世纪 80 年代清洁生产在我国的一些环保会议中有所体现。1992 年

---

①石磊，钱易.国际推行清洁生产的发展趋势[J].中国人口资源与环境，2002(1)：66-69.

5月，中国原国家环保总局和联合国环境规划署工业与环境办公室联合在我国组织了国际清洁生产研讨会第一次会议，在会上中国第一次发布了《中国清洁生产行动计划(草案)》。1993—2002年是应用实践阶段，该阶段将清洁生产确立为实现工业可持续发展的重要手段，同时完成了清洁生产的立法工作，研究制定了促进清洁生产的政策，加大了以清洁生产为主要内容的工业结构调整和技术工艺改造，开展了清洁生产的示范试点工作。1993年10月，在上海召开了第二次全国工业污染防治会议。会议上，国务院、原国家经贸委及原国家环保总局的领导一致高度评价推行清洁生产的重要意义和作用，确定了清洁生产在我国工业污染控制中的地位。1996年8月，国务院颁布了《关于环境保护若干问题的决定》，要求在进行大、中、小型项目的新建、扩建、改建以及技术改造过程中，要采用技术起点高、耗能少、污染排放小的清洁生产技术。1997年4月，原国家环保总局发布了《关于推行清洁生产的若干意见》，要求地方环境保护主管部门将清洁生产纳入已有的环境管理政策体系中，以便更深入地促进清洁生产发展。① 1999年5月，原国家经贸委发布了《关于实施清洁生产示范试点的通知》，选择北京、上海等10个城市和石化、冶金等5个行业开展清洁生产示范和试点。2002年6月29日第九届全国人大常委会第28次会议审议通过了《中华人民共和国清洁生产促进法》，这是我国首部专门致力于污染预防的法律，标志着我国清洁生产开始走上法制化和规范化管理的轨道。在此期间，国家经贸委在全国10个城市的5个行业开展了清洁生产示范试点，原国家环保总局通过国际合作项目开展了企业清洁生产试点，截至2001年底，全国试点工作已达700多家，为我国全面推行清洁生产积累了大量的经验。2003年至今，是全面依法推广清洁生产阶段。在此阶段，政府有计划、有步骤地继续在重点领域、重点区域、重点城市和重点企业实施清洁生产试点。充分运用市场机制，实施企业资源清洁生产行动、对"双超"企业强制清洁生产审核和清洁生产区域示范试点工作，在工业企业较集中的区域，建立了清洁生产示范园区，推动清洁生产工作由点到面逐步展开。工作中充分发挥大型企业和企业集团的带动作用，促进清洁生产在中小企业的全面实施。

(四)绿色经济理论

绿色经济这一概念由英国经济学家皮尔斯于1989年出版的《绿色经济蓝皮书》中首先提出。英国绿色经济研究所(GRI)是目前国际上唯一以"绿色经济学"为主题的研究机构。根据它的定义，绿色经济学是一种支持人类与自然和谐互动，并尝试同时满足双方需

---

①汪苹，李汉平.中国清洁生产在制浆造纸行业实施十年回顾[J].北京工商大学学报(自然科学版)，2004，22(1)：1-6.

要的经济学方法。绿色经济理论包括一系列处理人与环境的内在相互关系的思想。绿色经济学家断言，所有经济决定的基础均应与生态系统有某种方式的联系，绿色经济是对正统的主流经济学的挑战，已逐渐被公认为是气候变化问题、信贷紧缩、贫困和生物多样性损失的最佳替代解决办法。

从20世纪90年代开始，联合国环境规划署和其他一些国际组织（如世界银行、联合国亚洲及太平洋经济社会委员会、联合国统计署）就开展了绿色财富、绿色增长、绿色GDP核算等相关研究，但没有形成相应的分析技术方法、建立相关的模拟和预测模型，以科学合理地界定绿色经济的概念和绿色经济对经济增长的贡献和潜力进行分析。2008年10月，联合国环境规划署为应对金融危机，提出绿色经济和绿色新政倡议，试图通过加大绿色投资等手段催生世界新一次的产业革命，既培育新的经济增长点，又对世界经济中的资源配置系统性偏差进行修正。2008年12月，联合国环境规划署召开了“绿色经济行动倡议”项目启动会和联合国环境规划署“全球绿色新政”专家会议。2009年，联合国环境规划署国家环境部长会议正式提出绿色经济倡议，认为绿色经济可以在解决金融危机、创造就业机会和保护环境方面发挥更大作用。随后，绿色经济得到了G20金融峰会的支持，并写入了G20金融峰会的联合声明。至此，绿色经济已经从学术研究层面走向国际和国家政策操作层面。

绿色经济作为一个较新的概念，尚未形成统一认可的内涵和外延。目前，学界多从两个角度界定绿色经济：第一种是从学术理论层面对绿色经济进行定义，考虑的大多是生态效率、资源效率、生态足迹、碳足迹等。从经济总量和成本角度看，资源消耗和环境消耗成本最小化的经济就是绿色经济。例如，从传统的GDP核算中扣除资源环境成本所得，就可以看作绿色经济的产出，也就是绿色GDP。第二种服务于实践操作层面，直接定义绿色经济的产业部门和领域。例如，联合国环境规划署给出的绿色经济范畴主要包括环境和生态系统的基础设施建设、清洁技术、可再生能源、废物管理、生物多样性、绿色建筑和可持续交通等8个领域。根据联合国环境规划署的定义推理，这些部门的经济产出越大，说明经济体中绿色的成分也越高。

绿色经济是以市场为导向、以传统产业经济为基础、以经济与环境的和谐为目的而发展起来的一种新的经济形式，是产业经济为适应人类环保与健康需要而产生并表现出来的一种发展状态。北京工商大学世界经济研究中心主任、遂宁绿色经济研究院院长季铸教授是绿色经济系统理论的创建者和实践者之一，他认为：绿色经济是以效率、和谐、持续为发展目标，以生态农业、循环工业和持续服务产业为基本内容的经济结构、增长方式和社会形态。绿色经济是一种全新的三位一体思想理论和发展体系，其中包括“效率、和谐、持续”三位一体的目标体系,“生态农业、循环工业、持续服务产业”三位一体的结构体系,“绿色经济、绿色新政、绿色社会”三位一体的发展体系。历史表明,绿色经济是人类社会继农业经济、工业经济、服务经济之后新的经济结构,是更加有效率、和谐、持续的增长方式,也是继农业社会、工业社会和服务经济社会之后人类最高的社会形态,绿色经济、绿色新政、绿色社会是21世纪人类文明的全球共识和发展方向。毫无疑问,绿色经济是一种新的发展理念、新的发展目标、新的经济结构和新的发展方式,新的人本自然的理念替代了以人为本的旧理念,新的效率、和谐、持续的发展目标替代了传统的单一增长目标,新的绿色经济结构替代传统的白色农业、黑色工业为主体的旧经济结构,新的效率、和谐、持续的增长方式替代了低效、冲突、不可持续的旧的增长方式,新的绿色经济、绿色新政、绿色社会也替代了传统社会。① 目前,绿色经济正以其强大的逻辑力量推动全球经济转变,发达国家普遍转向了绿色经济,在传统经济向绿色经济转变中实现结构增长。

绿色经济发展是一个历史进程。英国经济学家皮尔斯在1989年出版的《绿色经济蓝皮书》中首次提出“绿色经济”。Jacobs与Postel等人在20世纪90年代所提出的绿色经济学中倡议在传统经济学三种生产基本要素,即劳动、土地及人造资本之外,必须再加入一项社会组织资本,并将其他三项成本的定义略作修正:人类资本被解释为强调“人力”的健康、智识、技艺及动机;将土地成本扩充成为生态资本或自然资本;人造资本保持不变或称制造资本。绿色经济特别提出的社会组织资本,指的是从地方小区、商业团体、工会乃至国家的法律、政治组织,到国际的环保条约(如《海洋法公约》)等。他们认为,这些社会组织不只是单纯的个人的总和,无论哪一种层级的组织,都会衍生出其个别的习惯、规范、情操、传统、程序、记忆与文化,从而培养出相异的效率、活力、动机及创造力,投身于人类福祉的创造。

2001年,中国生态经济学会会长刘思华在《绿色经济论》一书中界定了绿色经济概念:“绿色经济是可持续经济的实现形态和形象概括,它的本质是以生态经济协调发展为核心的可持续发展经济。”绿色经济既指具体的一个微观单位经济,又指一个国家的国民经济,甚至是全球范围的经济。绿色经济与传统产业经济的区别在于:传统产业经济是以破坏生态平衡、大量消耗能源与资源、损害人体健康为特征的经济,是一种损耗式经济;绿色经济则是以维护人类生存环境、合理保护资源与能源、有益于人体健康为特征的经济,是一种平衡式经济。②

①郭和.绿色经济与新能源[A].中国可持续发展研究会.2011中国可持续发展论坛2011年专刊(一)[C].中国可持续发展研究会,2011:4.

②王雅静.绿色经济初探固安县环境保护局[A].中国环境科学学会.2012中国环境科学学会学术年会论文集(第一卷)[C].中国环境科学学会,2012:4.

目前，许多发达国家已在大力发展绿色经济。为了有效应对金融危机、能源危机和气候变化，美国政府推出了通过发展绿色经济的方式来提升其国际竞争力的经济刺激计划。[①] 其中关于绿色经济的最重要内容就是“绿色新政”。美国的绿色新政主要有两部分内容，分别是大力发展绿色能源以及积极应对气候变化。在发展绿色能源方面，美国政府颁布了《绿色能源法案》。该法案包括可再生能源、CO_2 回收与储藏、低碳交通和智能电网四方面。在可再生能源方面，为促进清洁可再生能源的发展，法案要求，在电力公司发电量中，风能、生物能、太阳能和地热能等可再生清洁能源必须要占一定的比例。在 CO_2 的回收与储藏方面，该法案规定，政府应该在促进 CO_2 回收与储藏技术广泛应用方面积极制定相关鼓励政策和行业标准。在低碳交通方面，该法案规定政府需要制定一个有关低碳交通运输燃料方面的标准，以促进先进的生物质燃料和其他清洁交通运输方式的发展。在智能电网领域，该法案规定政府应加大力度促进智能电网的发展。在应对气候变化方面，《绿色能源法案》参照“美国气候行动伙伴”的相关条款，制定了应对气候变化的主要规则。具体来讲，应对气候变化的规则主要包括以下四方面内容：缓解全球变暖效应方案、追加减排、碳抵消和碳市场的保障与监管。[②] 芬兰在发展绿色经济方面也走在了世界甚至欧盟的前面，其绿色经济发展主要有两个方面。首先在能源和气候政策方面，芬兰能源和气候政策是遵循欧盟的，但有些政策甚至已经超越了欧盟的相关标准。近年来，芬兰对可再生能源，特别是生物质能源的利用，在工业国家中一直处于领先地位，能源生产中，可再生能源的比例已经达到 30%，这是由于芬兰的森林产业很发达，其衍生的生物质副产品为能源生产提供了充足的原料。另外，很多芬兰公司在开发各种各样的燃烧技术方面一直领先，芬兰的热电联产技术及高能效的集中供热系统也处于世界领先地位，知名的公司有：美卓、瓦锡兰、奥林等。有鉴于此，芬兰设定了高于欧盟标准的目标，芬兰的目标是到 2020 年，可再生能源要占能源生产的 38%，为此，芬兰颁布了一项新的生产能源税收政策，提高传统能源的税收而降低可再生能源的税收，包括生物质能源和风能，这意味着风能的装机容量和森林衍生品的运用都将有三倍的增长。欧盟的另一项目标是到 2020 年，汽车燃料的 10%应该来源于可再生能源，而芬兰的目标更高，到 2020 年这一指标要达到 20%。在降低住宅能耗方面，芬兰要求新建住宅要严格执行住宅的能耗标准，现有住宅也被要求不断改进其能耗，政府也在税收方面奖励房主主动改进其现有住宅的能耗；到 2020 年以后，芬兰只允许建造“零能耗”或“正能耗”的住宅，这将使芬兰的建筑能耗降

①蓝虹.奥巴马政府绿色经济新政及其启示[J].中国地质大学学报(社会科学版)，2012(1)：13-18，138.
②陈亚雯.西方国家低碳经济政策与实践创新对中国的启示[J].经济问题探索，2010(8)：1-7.

低60%～80%。芬兰实行了生态税制改革，以对公司和个人投资和消费行为进行指导，从而有效降低温室气体排放。芬兰拥有非常完善而成熟的创新机构，其中最重要的是芬兰国家技术创新局（TEKES），TEKES每年有6亿欧元的资金支持创新，其中40%投向环保和能源领域。

日本作为主要发达国家之一，其国土面积小，资源相对匮乏，并且自20世纪70年代石油危机起，日本政府就深刻认识到能源的重要性，由此开始发展本国的节能产业，建设资源节约型的低碳社会，并取得了良好的成效。在发展绿色经济上，日本在碳足迹、碳抵消、激励制度与经济创新等三个方面采取措施，取得了良好成效。其中，碳足迹制度是一种使二氧化碳排放量"可视化"的有效手段。而碳抵消制度则是指在某场所排放的二氧化碳，通过另一场所的节能与减排活动被直接或间接吸收（抵消）掉。碳抵消制度主要涉及四个方面的内容，即绿色积分制度、企业二氧化碳排放可视化、家庭二氧化碳排放可视化和实施低碳化教育。另外，为发展绿色经济，日本还对激励制度和经济手段两方面进行了创新，创新角度主要是以下五个方面："在家电领域普及现有节能技术""促进办公大楼和住宅的低碳化""促进交通运输领域的低碳化""促进可再生能源的开发和普及"和"建立绿色金融体系"。日本谋求绿色经济的整体发展，将各方面所得资金用来大力发展绿色科技创新技术，促进了低碳社会的发展。

随着中国在经济发展中对环境问题的日益重视，中国政府也在发展绿色经济方面出台了一系列政策和措施。1990年农业部召开了绿色食品工作会议，推出绿色食品工程，批准并命名了271项128种绿色食品。1996年我国开始实施一项为期15年的"跨世纪绿色工程计划"。2004年，国家环保总局和国家统计局联合发布了中国第一份经过环境污染调整的GDP核算报告《中国绿色GDP核算报告2004》，指出由于污染造成的损失占当年GDP的3.05%，加入治理环境污染应该投入的虚拟成本，当年的GDP要再增加消耗1.8%。2009年6月17日，国务院常务委员会议明确提出："做好节能减排工作，大力发展环保产业、循环经济和绿色经济。"这是我国政府首次把发展绿色经济纳入国务院日常工作。2009年9月22日，胡锦涛在联合国气候变化峰会上提出："要大力发展绿色经济，积极发展低碳经济和循环经济，研发和推广气候友好技术。"2012年6月份在巴西召开的"联合国可持续发展大会"上，我国政府推出了《中华人民共和国可持续发展国家报告》。①

①李正图.中国发展绿色经济新探索的总体思路[J].中国人口·资源与环境，2013，23(4)：11-17.

（五）“脱钩”发展理论

脱钩(Decoupling)理论是经济合作与发展组织(OECD)提出的形容阻断经济增长与资源消耗或环境污染之间联系的基本理论。脱钩发展论主要是反映经济发展与碳资源消耗的关联关系，其深刻地阐述了低碳经济发展的可能性。从20世纪90年代开始，大量经济实证研究表明，一国或地区工业发展初期，物质消耗总量随经济总量的增长而同比增长，甚至更高；但在某个特定阶段后会出现变化，经济增长时物质消耗并不同步增长，而是略低，甚至开始呈下降趋势，也就是说经济发展与碳排放开始脱钩。

刘传江认为“脱钩发展理论”被运用到经济领域，主要是用来分析经济发展与资源消耗之间的响应关系。对经济增长与物质资源消耗之间关系的大量研究表明，一国或一地区工业发展初期，物质资源消耗总量随经济总量的增长而同比增长，甚至更高，在某个特定阶段后会出现经济增长时物质资源消耗并不同步增长而是开始呈下降趋势，出现“倒U”型，这就是脱钩发展理论。脱钩发展理论为“两型社会”的存在提供了理论基础。所谓的两型社会指的是“资源节约型、环境友好型社会”。资源节约型社会是指整个社会经济建立在节约资源的基础上，建设节约型社会的核心是节约资源。环境友好型社会是一种人与自然和谐共生的社会形态，其核心内涵是人类的生产和消费活动与自然生态系统协调可持续发展。“两型社会”的本质就是经济社会发展与资源环境消耗的脱钩。“两型社会”既不是单一地节约资源和保护环境，也不是单一地提高社会经济发展水平，脱钩理论证实了低碳经济的可能性。低碳经济就是通过大幅度提高资源生产率和环境生产率，做到用较少的水、地、能、材消耗和较少的污染排放，换来较好的“两型社会”的和谐发展。

（六）生态足迹理论

自然生态系统是人类赖以生存和发展的物质基础，要实现可持续发展，人类社会就必须生存于生态系统的承载力范围内。如何判断人类是否生存于地球生态系统承载力的范围内呢？1992年加拿大生态经济学家William Rees提出了生态足迹(Ecological Footprint)概念，并在1996年由他的学生Wackernagel进行了完善，他们认为：任何已知人口(某个人、一个城市或一个国家)的生态足迹是生产这些人口所消费的所有资源和吸纳这些人口所产生的所有废物所需要的生物生产土地的总面积和水资源量。将一个地区或国家的资源、能源消费同其自身所具有的生态能力进行比较，可以判断出一个国家或地区的发展是否处于生态承载力的范围内，是否具有安全性。根据生态经济最佳规模的观点，增长是有成本的，并不像向一个“空”的世界扩张那样是免费的。从本源上讲，生态足迹理论遵循如下的理念思路：人类要维持生存就必须消费各种产品、资源和服务，其每一项最终消费的量都可以追溯到提供生产该消费所需的原始物质与能量的生态生产性土地的面积。所以，人类系统的所有消费在理论上都可以折算成相应的生态生产性土地的面积。在一定技术条件下，要维持某一物质消费水平下一定人口的持续生存必需的生态生产性土地的面积即为生态足迹。它既是既定技术条件和消费水平下特定人口对环境的影响规模，又代表既定技术条件和消费水平下特定人口持续要生存而对生态环境资源提出的需求。① 从前一种意义上讲，生态足迹衡量的是人口目前所占用的生态容量；从后一种意义上讲，生态足迹衡量的是人口未来需要的生态容量。由于考虑了人均消费水平和技术水平，生态足迹涵盖了人口规模与人均对环境的影响力。生态足迹将每个人消耗的资源折合成为全球统一的、具有生产力的地域面积，通过计算区域生态足迹总供给与总需求之间的差值——生态赤字或生态盈余，准确地反映不同区域对于全球生态环境现状的贡献。生态足迹既能反映出个人或地区的资源消耗强度又能反映出区域的资源供给能力和资源消耗总量，也揭示了人类持续生存的生态阀值。生态足迹的意义在于可以判断某个国家或区域的发展是否处于生态承载力范围内，是否具有大生态安全性：如果生态足迹大于生态承载能力，那么大生态安全出现危机，生态环境具有不可持续性，社会经济发展的生态安全基础出现危机必然导致社会经济发展的不可持续性；反之，大生态安全保持稳定生态环境具有可持续性，社会经济发展的生态安全基础持续稳定，可以支撑社会经济发展的可持续性。②

生态足迹理论深刻地揭示了发展低碳经济的必要性。生态足迹也称“生态占用”，通俗地讲，就是指吸收一个国家能源消耗产生废物所需要的土地面积除以该国总人口的数值。数值越大代表能源消耗越大。经典生态足迹理论主要基于以下 6 个前提假设，即(1)人类社会的生产和消费过程同时也是一种将自然资源转变为废弃物的过程；(2)该过程中的资源或废物流能够被转换为生产或消纳它们的生物生产面积；(3)6 种具有生物质生产能力的土地可以根据各自产量的大小，折算成标准单位“全球公顷”；(4)各种土地类型的划分不存在重复交叉，在空间上是互斥的；(5)生态系统服务流量和有形自然资源的存量也能够由生物生产面积进行表达；(6)生态足迹有可能超过生态承载力，由此产生的生态赤字依赖于从其他地区输入资源、在其他区域处置废弃物或耗竭区域内部的自然资本存量等。

---

①屈志光，严立冬，朱蓓，邓远建.生态足迹理论应用研究进展：述评及反思[J].理论月刊，2011(4)：47-49.

②刘传江，冯碧梅.低碳经济与武汉城市圈两型社会建设[J].学习与实践，2009(1)：49-55.

在生态足迹研究内容和问题分析范围的拓展上，国内学者提出并分析了如“旅游生态足迹”“生态足迹空间扩散”等概念；同时也对诸如旅游业、采矿业、交通运输业、学校、进出口贸易、土地规划、荒漠化等小尺度、特定的产业或部门开展了生态足迹研究，并取得了丰硕成果。近年来，国内生态足迹研究已经开始关注生态消费的公平性、合理性与国际贸易的流转性等问题（尚海洋等，2008；胡小飞等，2009）。例如，基尼系数、胡佛中心指数也被引入生态足迹研究中，并被作为生态足迹与生物承载力区域分布公平性的度量指标（曹淑艳等，2007）；也有部分学者在由农林产品、水资源等的国内国际贸易引发的生态足迹区际转移和国际转移等研究领域做出了努力（陈丽萍、杨忠直，2008；于格等，2009）。总体而言，生态足迹理论在国内得到了广泛应用，在对政府的生态环境建设政策选择和对社会公众的生态环境保护意识提高等方面，都发挥了重要的影响（陈秋林、毛德华，2007；叶玉瑶等，2008），国内的一些政府机构已经初步表露出了利用生态足迹理论服务决策的偏好。

生态足迹理论借助“生物生产面积”，既能够反映出个人或地区的资源消耗强度，又能够反映出区域的资源供给能力和资源消耗总量，通过生态赤字和生态盈余这一指标，清楚地揭示了个人或区域对于全球生态环境变化的贡献，从另一个角度向我们描述了应该由谁对目前的全球危机承担更大的责任。此外，它通过估算一定技术水平和生活条件下的人口对生态环境的需求，更直接和深刻地揭示了人类社会经济发展与生态环境的关系，同以往的承载力研究相比表现出了极大的差异性，使得我们能够更加注重单纯的承载力研究背后所掩盖的复杂社会经济因素。但是，生态足迹理论在应用过程中也有其局限性，主要体现在以下 4 个方面：

(1)生态足迹理论只是对人类的生态足迹需求与自然系统能提供的生态服务的一种生物物理量的估测，未能对人类可持续发展所涉及的其他众多方面做出全面测算，只强调人类发展对环境的影响，没有关注经济、社会、技术等方面的可持续性；同时也未考虑人类对现有消费模式的满意程度。因而，后来的研究普遍认为，有必要把生态足迹理论和其他的社会经济理论有机结合起来加以研究。单纯地运用生态足迹理论可能会忽略掉许多重要的影响可持续性的因素。

(2)生态足迹理论在很大程度上是一种静态的分析，尚不能对未来进行预测。它的计量结果只能反映一定时点上的生态压力及承载状态，因为它假定人口、技术、物质消费水平是不变的。而技术进步事实上无时不在改变着我们的生活方式和内容，进而影响我们的物质消费水平和对生态环境的压力，因而通过计算各指标的时间序列值来追踪各个时点的可持续程度，来补救指标静态性的缺憾显得十分必要，否则简单地从截面数据就做出是否具有可持续性的判断失之偏颇。

(3)生态足迹理论是基于资源、能源封闭式生态经济系统的一种理论,其计算模型侧重于生物资源和能源上的供需平衡,并以此作为一个地区可持续性判断的依据。然而生态足迹理论没有完全描述自然系统提供资源、消纳废弃物的功能,例如在干旱地区,淡水是一种举足轻重的生态资源,这比生产性土地的短缺更加重要,按理也应当被纳入生态足迹的计算中,但却被简单地忽略了。

(4)生态足迹理论在加总生态足迹时采用了均衡因子,这一假定事实肯定了各种生物生产土地之间可以相互替代,并且存在着固定的替代弹性,但从生态学角度看,未免过于乐观和自信。事实上,它们之间在很大程度上是相互依赖而不是相互替代的,多样性既有利于生态系统的稳定,也有利于系统的产出,如森林的减少可能会导致草地的退化,从而影响草地的生产力。因而,要使生态系统能稳定地提供生产能力,必须保持各种生产性土地的最低水平和维持一定的结构平衡。尽管生态足迹理论存在着一些缺点和不足,但并没有影响到它在世界各地的研究和应用,也许这是任何一种可持续发展测度方法本身都会遇到的问题,很难找到既简便又全面的测度方法。生态足迹理论正是以它简便的优点得到了越来越多的认同,因为可持续发展的实践离不开大众的共识,而简便的测量方法为增强公众的共识提供了更多的可能性。

(七)“过山车”发展理论

“过山车”发展理论也就是环境库兹涅茨曲线(Environmental Kuznets Curve,EKC)。1991 年,美国普林斯顿大学的经济学家 Grossman 和 Krueger 通过对 66 个国家和地区的 14 种空气污染物(1979—1990 年)和水污染物(1977—1988 年)的变动情况进行研究发现,大多数污染物的变动趋势与人均国民收入的变动趋势间呈“倒 U”型关系,也就是环境库兹涅茨曲线假说,这一理论描绘了低碳经济发展的形态特征,同时也表明目前已经处于了低碳经济发展时期。1995 年 Grossman 和 Krueger 正式提出了环境库兹涅茨曲线的概念,其含义是:“沿着一个国家的发展轨迹尤其是在工业化的起飞阶段,不可避免地会出现一定程度的环境恶化,在人均收入达到一定水平后,经济发展会有利于环境质量的改善。”Grossman 和 Krueger 认为经济发展和环境压力有如下关系:经济发展对环境污染水平有着很强的影响,在经济发展过程中生态环境会随着经济的增长、人均收入的增加而不可避免地持续恶化,只有人均 GDP 达到一定水平的时候,环境污染会随着人均 GDP 的进一步提高而下降,人均收入和环境保护的关系是一个“倒 U”型的曲线。

历史上,工业化国家的碳排放具有一定规律,即走过了一条从高碳经济→中碳经济→低碳经济的发展道路。从历史的角度考察不同国家的发展历程可以发现:经济发展与碳排放关系的演化依次遵循三个环境库兹涅茨曲线"倒U"型曲线规律,即碳排放强度"倒U"型曲线、人均碳排放量"倒U"型曲线和碳排放总量"倒U"型曲线规律。该过程意味着经济发展与碳排放关系需要实现三次方向性的转变:从碳排放强度不断上升向碳排放强度稳定下降方向转变;从人均碳排放量不断上升向人均碳排放量稳定下降方向转变;从碳排放总量不断上升向碳排放总量稳定下降方向转变。根据三个"倒U"型曲线依次出现的规律,可以将一个国家或地区经济发展与碳排放的演化关系划分为4个阶段:(1)碳排放强度高峰前阶段(即碳排放强度不断上升阶段);(2)碳排放强度高峰到人均碳排放量高峰阶段;(3)人均碳排放量高峰到碳排放总量高峰阶段;(4)碳排放总量稳定下降阶段。一般而言,第一阶段的跨越相对于第二、第三阶段比较容易实现。第四阶段即实现经济发展与碳排放强度脱钩是低碳经济努力的方向和目标。不仅如此,不同碳排放演化阶段的驱动因子的影响和贡献也有所不同:第一阶段碳排放增长主要由能源和碳密集型技术进步推动;第二阶段的碳排放主要受经济增长驱动的影响;第三阶段主要由碳减排技术进步推动;第四阶段由于碳减排技术进步持久地占据绝对主导地位,使得碳排放总量下降。与此同时,各驱动因子在不同阶段,尤其是在碳排放强度高峰之前阶段与第三阶段呈现一些规律性的变化趋势,主要表现为CO_2排放总量增长速度明显减缓、人口增长速度总体趋缓、碳排放强度由逐渐增强向逐渐减小方向转变、经济增长速度明显加快、人均CO_2排放量增长速度显著放缓。

经济发展与碳排放的三个"倒U"型曲线规律意味着应对气候变化或者发展低碳经济不能脱离发展阶段和基本国情,必须循序渐进地往前推进。发展中国家发展阶段及其国情与发达国家的差距,决定了在碳减排进程和目标上应当坚持"共同但有区别的责任"原则。我国目前正处在重工业化和城市化快速发展的阶段,人口规模巨大而且绝对量不断增长、消费结构升级和大规模的城市基础设施建设对能源的需求和温室气体排放不断增长。高碳特征突出的"发展排放",是我国所处经济发展阶段的现实。通过"过山车"理论的分析,我国正处于碳排放的第三阶段,即人均碳排放量高峰到碳排放总量高峰阶段。在这样一个关键的发展阶段,怎样既确保人民生活水平不断提升,又不重复西方发达国家以牺牲环境为代价谋发展的老路,是我们必须面对的难题。为此,未来中国在不影响社会经济发展目标的前提下实现低碳发展,就只有调整能源结构、提高能源利用率、调整产业结构、遏制奢侈浪费、发挥碳汇潜力、参与国际经济技术合作等路径可走。①

---

①戴红美.发展低碳经济的理论思考[J].企业经济,2011(8):58-60.

三、低碳经济的文献综述

“低碳经济”在学术理论界是一个较新的概念，2003 年，在英国能源白皮书《我们能源的未来：创建低碳经济》中提出，这是这一概念首次出现在政府文件中。2006 年，前世界银行首席经济学家尼古拉斯·斯特恩在《斯特恩报告》中指出，全球以每年 GDP 1%的投入，可以避免将来每年 GDP 5%～20%的损失，呼吁全球向低碳经济转型。2007 年 7 月，美国参议院提出了《低碳经济法案》，说明发展低碳经济已经成为美国未来发展的重要战略选择。2008 年，联合国环境规划署将“世界环境日”(6 月 5 日)的主题确定为“转变传统观念，推行低碳经济”。

“低碳经济”作为具有广泛社会性的前沿经济理论，目前尚无约定俗成的定义，但综合大众媒体和政府文件，有三种代表性学说：一是方法论说，低碳经济是指温室气体排放量尽可能低的经济发展方式，推行低碳经济是避免气候发生灾难性变化、保持人类可持续发展的有效方法之一。二是形态论说，低碳经济是经济发展的碳排放量、生态环境代价及社会经济成本最低的经济，是低碳发展、低碳产业、低碳技术、低碳生活等一类经济形态的总称，也是一种能够改善地球生态系统自我调节能力的可持续发展的新经济形态。三是革命论说，低碳经济是以低能耗、低污染、低排放为基础的经济模式，是人类社会继农业文明、工业文明之后的又一次重大进步，是一场涉及生产模式、生活方式、价值观念和国家权益的全球性能源经济革命。

综上所述，低碳经济是以低能耗、低污染、低排放为基础的经济模式，是人类社会继农业文明、工业文明之后的又一次重大进步。其实质是能源高效利用、清洁能源开发、发展绿色 GDP，核心是能源技术和减排技术创新、产业结构和制度创新以及人类生存发展观念的根本性转变，是一场涉及生产模式、生活方式、价值观念和国家权益的全球性革命。

(一)国外研究综述

从目前的发展看，世界各国及科学界在碳排放的方式、过程及循环状态等方面取得了很大突破，其中人类经济活动对碳排放的影响是研究的热点，研究的主要内容有：能源消费与碳排放、经济发展与碳排放、农业生产与碳排放、碳减排的经济风险分析与减排对策研究等。Sissiqi T A(2000)经分析得出结论：在大部分高碳排放的亚洲国家里，CO_2 排放量的增加与能源消费的增加几乎一致，且不同经济发展阶段，由于经济结构不同，碳排放与经济增长的关系有所差异;Hoesung Lee,周大地,Yonghun Jung(1996)认为,在经济继续增长的情况下,世界能源消耗量还将继续增加,不可能只通过减少能源消费量来实现大气中 CO_2 平衡,这就需要提高能源利用率,并寻求新型的低碳能源代替高碳能源,即能源结构问题。Wilfrid Bach(1998)认为,全球 CO_2 排放量的增加大部分源于经济发达地区。1990 年 38 个经济发达的工业化国家占全球 CO_2 排放量份额的 67%,其余 161 个发展中国家和地区仅占 33%。Marco Mazzarino(2000)采用比较静态方法和货币估值技术的研究发现运输业是 OECD 国家碳排放量最大的行业,约占到总碳排放量的三分之一。① Johnston D,Lowe R,Bell M(2005)构建了英国住房能源和 CO_2 排放量模型,强调能源供应和需求方面的战略性技术转变;Treffers T,Faaij APC,Sparkman J,Seebregts A(2005)探讨了德国在 2050 年实现 1990 年基础上减少温室效应气体(Greenhouse Gas,GHG)排放 80%的可能性,认为通过采用相关政策措施,经济的强劲增长和减少 GHG 排放的共同实现是可能的。Abdeen Mustafa Omer(2007)分析了低碳技术发展前景及产生应对全球气候变化的积极作用;Koji Shimada,Yoshitaka,Kei Gomi,Yuzuru Matsuoka(2007)研究指出,应对全球气候变化的低碳经济发展方法,需要加强社会经济结构变化以及必要的技术创新等。Guo Ru 等(2010)以上海为例,采用情景分析法对上海 2010—2020 年的碳排放量进行了估计,并提出了一些碳减排建议:(1)发展能耗低且产品附加值高的行业,同时加快第三产业的发展。(2)优化能源结构和能源效率,结合地域优势开发使用清洁能源。(3)加强碳汇建设。Martin(2012)考查碳交易机制对于低碳投资和技术创新的影响的研究大多采用调查方法。Lehmann(2014)的研究结果表明碳交易机制对投资和创新有一定的影响,但其作用的效果取决于政策的严格程度,且对不同行业、不同规模的公司影响不均等。② 此外,在研究方法上除了简单的相关分析、区域对比分析之外,一些基于大量数据的综合模型分析也越来越受到重视,如碳循环能源模型、动态综合评估模型、能源消费—碳减排经济关联模型等。

(二)国内研究综述

国内对低碳经济的研究主要有:庄贵阳(2005)认为,低碳经济的实质是能源效率和清洁能源结构问题,核心是能源技术创新和制度创新,目标是减缓气候变化和促进人类的可持续发展。他认为,对低碳经济的理解可以分为三种情形:第一种情形是温室气体排放的

①尹希果,霍婷.国外低碳经济研究综述[J].中国人口·资源与环境,2010(9):18-23.

②尹希果,霍婷.国外低碳经济研究综述[J].中国人口·资源与环境,2010(9):18-23.

增长速度小于国内生产总值的增长速度；第二种情形是零排放；第三种情形是绝对排放量的减少。胡鞍钢(2008)指出中国所面临的发展方向就是从高碳经济向低碳经济转变，主要包括低碳能源、低碳产业、低碳交通运输、低碳物流、低碳企业、低碳技术、低碳商品市场、低碳服务市场等15个方面的内容。潘家华(2010)认为，低碳经济重点在低碳，目的在发展，是要寻求全球水平、长时间尺度的发展。杜祥琬(2014)认为中国需要树立新的能源安全观，抑制不合理需求、减少浪费、大力节能、提高能效、控制总量，是中国能源可持续、环境可持续、社会与经济可持续不可或缺的战略；能源革命旨在建立高效、低碳、绿色的能源新体系，是可持续未来的基础，具有全球性又有中国特色。梁宵(2016)将“新常态”与“低碳经济”紧密联系起来，指出面对“新常态”的经济发展阶段，低碳经济可持续发展、技术创新和制度创新的发展理念与中国经济“新常态”的内涵形成了高度的统一；另一方面，中国经济发展中的“新常态”也为低碳经济的发展提供了新的机遇。

付允、马永欢等人(2008)从宏观、中观、微观三个角度论证了低碳经济发展模式的发展方向、发展方式和发展方法，即以低碳发展为发展方向，以节能减排为发展方式，以碳中和技术为发展方法。金乐琴、刘瑞(2009)认为，低碳经济是发达国家为应对全球气候变化而提出的新的经济发展模式。它强调以较少的温室气体排放获得较大的经济产出，中国需要在复杂的国际政治经济环境中，建设性地参与应对气候变化过程，在发展战略、政策机制、技术创新等方面，积极做好向低碳经济转型的准备。冯之浚(2010)提出中国要从根本上降低CO_2排放量，实现节能减排，促进绿色发展，必须找出实现节能减排，促进绿色发展的关键环节，其途径在于大力发展低碳经济，发展包括低碳经济在内的循环经济和节能经济、清洁生产、生态经济以及绿色消费，促进绿色发展。王剑芳(2014)指出只有依托观念创新、制度创新和科技创新，大力发展循环经济、可再生能源、低碳农业，增强森林碳汇能力，进行产业结构与能源结构调整，才是发展低碳经济的现实选择，也是走可持续发展的必然要求。罗小芳(2016)发展低碳经济要把技术创新与制度创新结合起来；要把降低在能源短缺面前的脆弱性所需的技术和减少碳排放所需的技术结合起来；要将有利于低碳技术投资的环境条件与引进国外低碳技术结合起来。

国内关于碳排放的研究主要有：徐国权、刘则渊、姜照华(2006)建立了中国人均碳排放的因素分解模型，定量分析了1995—2004年能源结构、能源效率和经济发展等因素的变化对中国人均碳排放的影响。杜婷婷(2007)等人的研究表明三次曲线方程较之标准型的环境库兹涅茨二次曲线方程更能显示中国数十年来经济发展与CO_2排放之间的相依关系。谭丹(2008)采用灰色关联度方法分析了东、中、西部地区的生产总值和碳排放的关系，进而解释了碳排放存在区域差异的原因。王倩倩(2009)引入重心概念分析了一次能源消费产生的人均碳排放变化的区域差异。郭朝先(2010)运用 LMDI 分解技术,对中国 1995—2007 年的碳排放从产业层面和地区层面进行了分解。研究发现:经济规模总量的扩张是中国碳排放继续高速增长的最主要因素,能源利用效率的提高则是抑制碳排放增长最主要的因素,产业结构或者地区结构的变化、传统能源结构的变化对碳排放影响有限,潜力尚未发挥出来。① 杨骞(2012)对 1995—2009 年中国碳排放的区域差异进行结构分解,结果发现,中国碳排放存在明显的区域差异,碳排放强度的区域差异大于人均碳排放的区域差异。② 邓吉祥(2014)采用 LMDI 分解方法,将碳排放的影响效应分解为人口规模效应、经济发展效应、能源强度效应和能源结构效应,探讨中国碳排放区域差异变化的原因与规律。彭文英(2016)提出应尽快完善生态补偿顶层设计,构建基于村级单元的城乡碳平衡数据库,完善生态补偿财政政策,设立生态补偿财政转移支付资金,加快建立城乡生态补偿长效机制,有效促进城乡生态统筹发展。李福祥(2016)基于碳排放强度将 2010—2014 年的我国省级面板数据分为高碳地区和低碳地区两组,分别采用面板 VAR 模型,通过运用脉冲响应、方差分解、Granger 因果检验比较分析两组面板数据中的"经济增长—进口贸易额—能源消费"之间的动态关系。

第二节　循环经济的理论和实践

一、早期国内外循环经济的研究综述

(一)早期国外循环经济的研究状况

20 世纪 60 年代以来,众多国外学者从不同角度开展了循环经济相关理论的研究,并逐步形成了循环经济的概念和方法论体系。

一些发达国家成功地进行了循环经济的实践,包括企业层面的降耗、减污减排,区域层次的废弃物交换和传递,社会层次的产品消费过程中和消费过程后物质和能量的循环。

---

①郭朝先.中国碳排放因素分解:基于 LMDI 分解技术[J].中国人口·资源与环境,2010,20(12):4-9.

②杨明国,王桂新.中国碳排放动态演进的区域差异及其影响因素——来自省际面板数据的经验证据[J].山东大学学报(理学版),2017,52(6):16-23,31.

从企业层次来看，最典型的循环经济实例是杜邦化学公司采用的减量化（Reduce）、再使用（Reuse）、再循环（Recycle）"3R"制造法。从区域层次来看，通过企业间的工业代谢和共生关系，形成生态工业园区。最为典型的是丹麦卡伦堡生态工业园。

德国的循环经济立法走在世界前列，颁布了《循环经济与废弃物管理法》；日本是发达国家中循环经济法律体系最全面的国家，已经颁布了《循环型社会基本法》等一系列具体法律；美国没有全国性循环经济法规，但半数州制定了不同形式的再生循环法。

针对不同资源循环利用的研究方面，Sujit Das（1995）、Hirohiso Kishin（1998）、YasuoKondol（2001）、JohnE.Tilton（2002）、S.Spatari（2002）、StuartKoss（2003）分别对电冰箱、汽车、塑料包装材料、废金属、纸张等产品和资源循环利用的策略进行了研究；物质减量化及物质减量化与经济发展关系的研究方面，Cleveland 和 Ruth 指出，特定企业或工业的原材料使用范围、运行机制、使用模式、物质减量化等对经济层面产生的影响以及物质替代对环境的影响程度等问题应引起人们足够的重视（HondF，2000）；在原料与能量流动（工业代谢）的研究方面，Ayres 等人（2002）对经济运行中原料与能量流动对环境的影响进行了开拓性的研究；在生命周期评价（Life Cycle Assessment，LCA）的研究方面，多年来 LCA 理论框架已经初步形成；在产品生态设计的研究方面，Allenby B.R.（1991a；1991b）对有关企业产品为环境而设计问题进行了系统的研究；在生态工业园与工业生态系统的研究方面，Frosch 和 Gallopulos（1989）对工业生态学的理论进行了初步的研究，并提出了工业生态学的概念；在技术变革和环境的研究方面，S.Erkman 在系统研究的基础上指出环境系统分析是技术研究方法的基础，并诠释了工业生态技术；在循环经济的经济政策、手段、立法等研究方面，Wulf-Peter Schmit（2001）提出了推行生态型经济。

纵观国外循环经济的相关研究，可以得出以下结论：（1）侧重于具体领域循环经济的应用和实现手段的研究，缺乏系统性，对于循环经济发展模式的理论研究比较缺乏，且这些研究大多是基于国外实际情况进行的。（2）对于资源循环利用的研究涉及面非常广泛，从原始资源到家用电器无所不包；对促进资源循环利用手段的研究比较多，如经济手段、命令控制手段等。对于工业代谢的研究只是停留在概念层次，在理论与实际操作上仍有待深入。

（二）早期关于国内循环经济的研究状况

20 世纪 90 年代初，循环经济的概念在国际上已经逐步传播，90 年代后期这一概念被引入我国并很快得到国内的重视。循环经济在国内引起了众多专家学者的关注和热烈的讨论。循环经济是对可持续发展过程中为解决资源和环境压力而提出的一种经济发展模式，也是一种技术经济范式和环境管理新理念。可持续发展战略目标的实现促使了循环经济的理论和实践的产生和发展，20世纪90年代以后，德国、日本、美国等发达国家已把发展循环经济、建立循环型社会作为实施可持续发展战略的重要途径和实现方式。可以这样认为，循环经济是一种深化的生态可持续发展理念模式，发展循环经济就是在经济发展的循环型运动发展演变过程中保持可持续发展的发展度，重在强调可持续发展的协调度，不断提升可持续发展持续度，以逐步形成高水平的知识经济。循环经济理论和实践的系统研究已成了我国理论界的研究热点、重点和难点，我国理论界对循环经济理论和实践的系统总结和研究论述集中在2003年和2004年，多学科理论界系统地从多角度对循环经济发展问题进行了较广泛的研究和探索。

（三）关于循环经济理论和实践的综合论述

王如松等人（2003）从生态经济学角度，分别论述了城市生态与人居生态工程、产业生态与生态产业工程、旅游生态与生态旅游建设等领域的理论和实践。吴季松（2003）认为循环经济就是在人、自然资源和科学技术的大系统内，在资源投入、企业生产、产品消费及其废弃的全过程中，不断提高资源利用效率，把传统的、依赖资源净消耗线性增加的发展，转变为依靠生态型资源循环来发展的经济。吴季松强调我国在面对当今世界经济迅速发展、高新技术日新月异和世界经济一体化的同时，又面临人口剧增、多种自然资源短缺、环境恶化和生态系统蜕变的情况，只有加快转变经济增长方式，将循环经济的发展理念贯穿到区域经济发展、城乡建设和产品生产中，使资源得到最有效的利用。吴季松从资源经济学角度系统阐述了循环经济的基本内容，循环的科学基础，循环经济的实践基础，循环经济的指导学科，水资源与循环经济等多个方面的理论和实践问题，认为发展循环经济是全面建设小康社会的必由之路。冯之浚等（2003）认为发展循环经济，是实施可持续发展战略的重要举措之一，也是实现全面建设小康社会目标的重要保障。循环经济的实质是一种生态经济，它要求遵循生态学规律，合理利用自然资源和环境容量，在物质不断循环利用的基础上发展经济，使经济系统和谐地融入自然生态系统的物质循环过程中，实现经济活动的生态化。冯之浚从资源经济学角度阐述了循环经济的理论与方法，介绍了国际国内的实践经验，展示了企业、园区、城市、区域等层次的循环模式，分析了我国在发展环境产业、促进科技进步、转变政府职能、加快立法研究等方面的基本思路与最新进展。

毛如柏、张凯(2004)从循环经济理论和实践角度对循环经济的理论进行了介绍，论述了循环经济和传统经济的差异、循环经济与经济社会环境协调发展、循环经济与可持续发展、循环经济与科学发展观、循环经济与生态省建设，阐述了循环经济的开放性、稳定性、与市场经济的同一性、对环境库兹涅茨曲线的良性影响等问题；对《烟台经济技术开发区生态工业园建设规划》《潍坊海洋化工高新技术产业开发区循环经济发展规划》进行了介绍分析。季昆森等(2004)从资源经济学角度，系统分析了循环经济的产生发展、与有关概念的比较研究、循环经济的3R原则，并结合国外发展循环经济动态、典型，阐明了循环经济的内涵以及循环经济的原理等。张坤等(2004)认为循环经济是以环境无害化技术为手段，以提高生态效率为核心，强调资源的减量化、再利用和资源化，以环境友好方式利用经济资源和环境资源，实现经济活动的生态化，并较系统地论述了循环经济的思想与理论体系，较全面地反映和评价了循环经济在我国的实践状况，并对我国推行循环经济进行了有益探索。

中国环境科学学会年会(2004)从发展循环经济落实科学发展观角度，全面系统地探讨研究了循环经济的理论与实践；发展循环经济的制度建设与措施；发展区域循环经济与可持续发展模式；工业及相关行业、企业发展循环经济，实施可持续发展的理论与实践；循环型农业的理论与实践；以发展循环经济为导向的振兴东北老工业基地与环境保护；环境保护技术的研究成果与应用；若干相关领域环境问题的研究与探讨等专题(黄昌熊，2004)。冯之浚(2004)从弘扬天人调谐思想、落实科学发展观、转变经济发展模式的高度，系统阐述了循环经济的理论与方法，全面介绍了国际国内的实践经验，清晰展示了企业、园区、城市、区域等层次的循环模式，深入分析了我国在发展环境产业、促进科技进步、转变政府职能、加快立法研究等方面的基本思路与最新发展。

江源、刘运通、邵培(2004)从城市生活垃圾管理角度分析了生活垃圾管理和处置简史；LCA理论在生活垃圾管理中的作用以及法律和行政措施在生活垃圾管理中的有效性；重点分析了中国城市生活垃圾的特点及其处置与管理现状，同时提出了部分政策建议；对国外生活垃圾减量化管理措施和生活垃圾收费制度进行了全面介绍和分析；针对中国生活垃圾管理中的收费和国外有效政策的推行等问题进行了专题性讨论；论述了生活垃圾处理工程项目费用分析理论并给出了实例分析等。国家环境保护总局科技标准司(2004)从生态工业园区建设规划角度系统介绍了贵港国家生态工业园区建设规划、南海国家生态工业示范园区建设规划、辽宁省发展循环经济试点及实施方案、包头国家生态工业示范园区建设规划等。尹继佐等人(2004)从建设循环经济型的国际大都市角度分析了上海建设循环经济型城市的战略思考、上海建设循环经济型城市的产业领域和上海建设循环经济型城市与郊区发展等问题。

中国科学院可持续发展战略研究组(2004)围绕全面建设小康社会的战略核心、战略要点、战略目标和战略任务,重点论述了科学发展观的阐释以及实施全面建设小康社会的三大战略突破,即发展战略的理论突破、发展战略的形态突破和发展战略的体制突破。在可持续发展研究的国际领域中,独立地提出了系统辨识"发展质量"的"可持续发展能力资产负债表",连续 4 年完成了全国的定量运算框架,提出了相应的宏观政策建议,研究报告强调全面建设小康社会的战略模式选择是循环经济和循环社会。张凯等(2004)从发展循环经济走可持续发展之路角度阐述了对循环经济的认识,认为发展循环经济是迈向生态文明的必由之路,强调发挥环境保护在可持续发展战略中的基础作用等。

彭近新等人(2004)从循环经济法治角度系统汇编介绍了日本的建立循环型社会基本法、资源有效利用促进法、容器和包装物的分类收集与循环法、特种家用机器循环法、建筑材料循环法等,德国的循环经济和废物处置法,美国的资源保护和回收法,欧盟的废物指令、报废电气电子设备指令等国外循环经济法制。黄贤金等(2004)在总结循环经济发展实践经验、明确循环经济学学科特征及发展方向的基础上,系统探讨了循环经济发展的物质代谢、循环经济价值链、循环经济发展评价指标体系、循环经济仿真模型、循环型农业发展模式与评价分析、循环型工业系统设计与模式选择、循环型信息业发展趋势与模式、循环型物流业发展、循环型旅游业发展、循环型环境卫生业发展评价与政策体系、高科技污染的基本特征、微观机理及防治对策、循环经济发展的政策体系和循环经济的模式比较等问题。

(四)关于发展循环经济学的理论研究论述

目前,对循环经济的学科理论基础加以系统完整的论证是理论界的一个重要研究任务。吴季松在论及循环经济的科学基础时提到了"经济系统控制论",在循环经济的实践基础提到了循环经济与生态经济学的关系,并提出了新名词——"循环经济学";同济大学诸大建教授在他的研究中对循环经济做了开拓性的研究;中国人民大学的曹葵、牛桓云建立了循环经济发展的内生经济增长模型;徐大伟、王子彦从环境经济学、生态经济学和可持续发展经济学角度,通过对环境经济学、生态经济学和可持续发展经济学三门非主流经济学的理论分析和比较论证着手,系统探讨了环境经济学、生态经济学和可持续发展经济学对循环经济的经济学理论意义,提出了循环经济的理论基础是兼具微观、宏观和宇观思想,以"生态—经济—社会"三维复合系统的矛盾及其运动和发展规律为研究对象的可持续发展经济学的观点。黄贤金等人(2004)分析了循环经济学的内涵,循环经济学与生态经济学、资源经济学、环境经济学的异同,循环经济学研究的视角比较与发展趋向、循环经济学研究的内容体系等内容。

(五)关于农业可持续发展与循环经济发展的论述

从农业经营方式角度看,循环经济理论界一般认为,生态农业的建设是循环经济在农村的具体体现。环保专家曲格平教授认为,我国应在生态工业系统、生态农业系统和生态城市系统三大重点领域大力发展循环经济,农业领域发展循环经济的重点是生态农业。我国有学者从农业可持续发展角度论述了循环经济与农业的可持续发展的关系,认为推行循环经济是农业可持续发展的必然选择,农业发展循环经济更具优势,并分析了农业发展循环经济的基本内容和面向循环经济的农业可持续发展模式:渐进式循环经济发展模式为生态农业和跨越式循环经济发展模式为有机农业模式(吴天马,2002)。从实践看,在全国生态农业发展中,依照循环经济的理念,我国分别在华北、华南和西北、西南地区,探索了种植业、养殖业、加工业的生态工程实践,总结出上百种生态农业模式,在农业的产前、产中、产后的不同阶段提供出具有世界意义的循环经济生产方式(中国科学院可持续发展战略研究组,2004)。中国环境科学学会2004年学术年会专家提出,加强农业循环经济的建设是建立循环型社会的重要组成部分:首先建立循环型农业示范基地,这对发展农业循环经济的具体实践与应用具有示范与推广的重要现实意义。在发展农业循环经济的过程中应注意循环型农业的循环层次、农业循环经济生态产业链(体系),以及农业循环经济的支撑体系。与此同时,应加强对农业循环经济的宣传力度;强化政府对农业循环经济的引导;加强农业循环经济技术的研究和推广力度;完善促进农业循环经济发展的各项政策,以及进一步加强农业和农村基础设施的建设,以促进建立城乡一体化的循环型社会。此外,作为现代农业发展方向的高效生态农业,应更注重农业生产方式与生态环境相协调,更注重农产品的安全性和高附加值,更注重推行农业清洁生产,大力开发农业有机食品和绿色食品。在其产业布局中,应遵循生态学的原理,形成物质和能量的良性循环体系。陈育宁等人(2004)系统探讨了西部发展中的生态重建和环境保护、产业结构调整和地区经济合作、对外扩大开放和国土资源整治、农业发展特色和城市化道路选择,以及教育、科技和人力资源开发等重大论题,认为应以循环经济思维解决开发与可持续发展的矛盾。

(六)关于循环经济发展管理方面的论述

吴季松(2002)研究了水资源管理的一般与特殊规律,在知识经济与水资源、高技术与水资源、生态水、生态水的计算、负国内生产总值、涉水产业结构调整、缺水的经济与生态标准、水务管理体制改革、水生态系统建设、可持续发展议程和以水资源可持续利用保障可持续发展等方面做了系列创新尝试,并亲自组织制订和实施的规划作为案例,分析和总结了这些创新的实践;重点论述了可持续发展与水资源管理:可持续发展程度的定量评价——可持续发展方程,结合管理科学的基本原则和现代管理科学的科学基础如系统论、信息论、控制论;阐述了水资源管理学的基本原理:水生态系统建设,全国水资源综合规划,流域管理与水务局、水资源利用的法制化、民主化、科学化与市场化,水资源管理理论应用实例等基本问题。

吴季松(2003)认为循环经济的科学基础是系统论、信息论、控制论、循环经济系统控制论,循环经济的指导学科是资源系统工程管理学、资源系统分析的新观念,并分析了循环经济的水资源管理问题,认为生态系统建设是区域循环经济的基础,分析了循环经济城市建设的目标体系、循环经济的乡村建设问题;分析了企业的循环生产问题,强调发展循环经济中企业管理观念的变化,分析了网络矩阵循环管理法的基本问题——矩阵管理的基本概念、矩阵管理法的基本原则、ISO14000 产品认证制度等问题。冯之浚等人(2003)强调发展循环经济是 21 世纪的大趋势,循环经济理论是对可持续发展的环境管理的新思考,分析了产业转型的生态系统工程和循环物流系统的结构和优化等问题。

张坤等人(2004)认为推行循环经济是解决我国复合型环境问题的重要举措,他分析了循环经济中物质循环问题,认为应采用循环经济理念,促进企业的清洁生产、推行清洁生产是走新型工业化道路的必然选择,分析了生态全息论对发展循环经济的启示,推行循环经济要全力发展环境保护信息服务业和物流产业、注重循环经济及其法律调控模式,发展循环经济建立环境约束机制等问题。曲格平(2004)从关注中国生态安全角度分析了造成生态环境问题的带有根本性的一些原因,以便有可能从源头上去采取防治措施。论著中强调生态环境问题已成为影响国家安全的一大隐患,影响我国生态环境安全的若干问题是国土安全问题、水安全问题、能源的环境安全问题、环境与健康问题、生物安全问题等,分析了生态环境安全问题的特点,认为我国生态安全的战略重点和措施是转变发展方式,实施可持续发展战略、推行清洁生产和循环经济、积极开展生态恢复和建设等,强调推行循环型发展模式,走可持续发展之路,依法治国,以法保护环境。

综上所述,循环经济的发展理念是适用于农业发展、工业发展、服务业发展以及信息等产业发展的务实、客观、先进的经济发展理念模式,理论界对循环经济的基本原理形成了一定的共识:一是认为循环经济本质上是一种生态经济,它要求运用生态学规律而不是机械论规律来指导人类社会的经济活动;二是循环经济是资源闭环利用型经济模式,循环经济在保持生产扩大和经济增长的同时,建立"资源→生产→产品→消费→废弃物再资源化"的清洁闭环流动模式;三是认为"循环经济"已成为国际公认的实现"可持续发展战略"

的必要组成部分;四是认为发展循环经济具有实现经济、环境与社会协调发展的“三赢”功能;五是循环经济的核心三原则是减量化、再利用和资源化等。

循环经济的发展证明循环经济是一种具有很强实践性的经济发展模式,循环经济确实可以为优化人类经济系统各个组成部分之间关系提供整体性的思路,人类共同追求的应该是“自然—经济—社会”复合系统的持续、稳定、健康发展。循环经济本质上是国家行为或政府引导和规制的技术经济模式(齐建国,2004),与国外相比,我国发展循环经济刚进入全面探索推进阶段。国外发展循环经济的企业内部的典型案例是杜邦化学公司模式;企业之间的循环经济发展典型案例是丹麦卡伦堡生态工业园区模式;国家整体发展循环经济的典型案例是德国和日本,德国 1996 年就颁布实施了《循环经济与废物管理法》,该法规定对废物问题的优先顺序是避免产生—循环使用—最终处置。日本 2000 年专门制定了促进循环经济发展的系列经济法律制度,从法制上确定了日本 21 世纪经济和社会发展的方向,力求构筑可持续发展的社会。

2002 年 10 月 16 日江泽民同志在全球环境基金第二届成员方大会上强调,只有走以最有效利用资源和保护环境为基础的循环经济之路,我国可持续发展才能实现;胡锦涛同志在 2004 年 3 月 10 日中央人口资源环境工作座谈会上的讲话中强调树立和落实科学发展观,必须着力提高经济增长的质量和效益,努力实现速度和结构、质量、效益相统一,经济发展和人口、资源、环境相协调,不断保护和增强发展的可持续性;我们在推进发展中应充分考虑资源和环境的承受力,统筹考虑当前发展和未来发展的需要,既积极实现当前发展的目标,又为未来的发展创造有利条件,积极发展循环经济,实现自然生态系统和社会经济系统的良性循环,为子孙后代留下充足的发展条件和发展空间。总体上看,我国处于循环经济的初级实践阶段,我国发展循环经济的实践主要从三方面展开:一是企业层面的清洁生产;二是生态工业园区的建立和试点;三是区域层次循环经济试点,如江苏、辽宁、贵阳、重庆等省(直辖市)。

二、近期循环经济的研究综述

我国自 20 世纪 90 年代引入循环经济以来,在循环经济实践和理论方面硕果累累。在循环经济实践方面,我国从 2002 年开始相继进行了多次促进循环经济发展的立法工作,特别是 2008 年出台的《中华人民共和国循环经济促进法》,是世界上第三部国家级循环经济法律,标志着发展循环经济已成为我国新时期的国家战略。与此同时,国务院也相继出台了若干促进循环经济发展的法规,如 2005 年《关于加快发展循环经济的若干意见》。在这一文件的指导下，国务院各部委及各地方政府也纷纷针对各行业和地区实际出台了多部促进循环经济发展的指导性文件。目前，我国各地区、各行业在资源高效利用和废物循环利用方面均取得了显著成就，我国已经成为世界循环经济发展的重要战场。在理论研究方面，从 20 世纪 90 年代以来，我国对循环经济的理论研究如雨后春笋般层出不穷，主要归纳为循环经济内涵研究、循环经济模式研究、循环经济评价研究、循环经济测度方法研究、循环经济政策研究、循环经济规划研究和循环经济产业价值链研究等多个方面。但与轰轰烈烈开展的循环经济实践和取得的巨大成效相比，我国循环经济的理论研究虽然开始进入主流经济学研究视野，但仍然相对滞后。① 加强对过去循环经济研究状况的整理综述，将有利于推动未来循环经济研究的快速发展。本书以 2012—2017 年循环经济文献为材料，整理十八大以来我国循环经济发展的最新成果，指新时期循环经济研究存在的不足，并推动十九大后我国循环经济往更深入研究。

(一)关于循环经济的内涵

目前循环经济尚未形成一个完整的理论体系，对其内涵尚未达成统一共识，但国内学者从不同角度循环经济的内涵进行了阐述。付允、林翎等人(2012)在研究资源循环利用过程中，认为资源循环利用是循环经济的核心内涵。谢园园、傅泽强(2012)则从生态效率的角度分析了循环经济的内涵，认为循环经济实质上是一种效率型经济，即追求的是生态效率的最大化。刘素姣(2013)认为，循环经济是一种旨在保护环境和维持生态平衡的闭环流动的经济形式，改变了传统的“资源—产品—废弃物”的单一线性流程方式，转变为一种“资源—产品—再资源”的反馈式流程方式，实现了减量化、再使用、再循环的原则(3R)。卢嘉瑞(2013)从经济学的角度，则认为循环经济是指以资源循环利用和环境友好为基本特征的社会生产方式，这种生产方式坚持 3R 原则，力求以较少的资源消耗和环境代价实现最大的发展效益，其实质是生态经济(协调人与自然的关系，减少环境污染)、节约经济(减少能源和原材料投入、废弃物循环使用)和科技经济(以科技进步为动力支持)的融合。陆学、陈兴鹏(2014)则从循环经济的外延的角度对循环经济的内涵进行理解，认为循环经济的研究对象是满足人类生存和发展的资源效用的最大化与最优配置，其核心是考虑社会、环境因素影响下的资源节约，循环经济的研究范围包括资源节约与社会公平、环境保护之间的关系，但社会公平和环境保护本身并不是循环经济的内容。陈丹(2016)则认为在经济新常态下，循环经济的内涵还应在原有“3R”原则的基础上，增加再

①彭绪庶.构建循环经济学学科体系初探[J].生态经济.2017(10):38-42.

思考(Rethink)和再修复(Repair)原则形成“5R”原则。其中,再思考原则是指对经济理论的重新审视,从理论高度充分认识循环经济的本质和特征;再修复原则是指修复以前被人类活动所侵害的水生和陆生生态系统,形成人类社会系统和自然生态系统的耦合。

综上所述,在当前经济发展新常态下,循环经济是一种在生态理论指导下和科技进步推动下,遵循减量化、再循环、再利用、再思考和再修复的“5R”原则,倡导资源的高效循环利用,以降低资源浪费,并最终实现经济发展、社会公平和环境保护的闭环流动式经济发展系统。

(二)关于超循环经济

循环经济是一种公认的资源节约型和环境友好型经济发展模式,但在具体实施中却少有其成功实施的案例。一些学者认为,循环经济闭环流动结构的封闭性以及该结构所必须遵循的“3R”原则,使其循环经济的创新属性不足,导致其在具体实施中难以推行。为此,学者们提出了一种建立在“循环经济”概念基础上的“超循环经济”。超循环经济是在循环经济理论基本原理的基础上,吸收了超循环的思想,对循环经济的创新属性进行了拓展的理论。超循环思想最初源自艾根提出的一种自组织理论,该理论认为“循环是一种事物普遍联系的概念,根据进化的层次性,可将循环分为三种差异性描述机理,分别是:反应循环、催化循环和超循环。”这三种机理构成了对超循环理论的描述,而其描述的拟中突变过程较好地解释了系统结构的进化过程。截至目前,对超循环经济的研究文献极少,其最早见诸国内文献是陈杰、周露(2006)编写的《超循环经济的理论建构》。之后伍国勇和段豫川(2014)通过对生态经济、循环经济、低碳经济和绿色经济的对比,发现这几种经济形态存在视角狭隘、目标内涵的表述存在重复性、发展界限模糊和实践指导性不强的问题,并结合超循环理论的概念,提出了超循环经济的概念模型、内涵特征、系统结构和运行原则,认为超循环经济包括经济内循环、经济中循环和经济超循环三个层次的内容,在原有循环经济“3R”原则的基础上,再增加一个在再创新(Reinnovation)原则,形成“4R”原则,通过技术创新、制度创新、体制创新和组织创新,使资源达到减量化、再利用和再循环的要求。

在超循环经济提出后,陆续有人将这一概念引入实践当中,张文洲(2015)认为超循环经济是农业生态化发展的必然趋势,超循环经济可以为农业生态化提供全面的指导,并基于超循环经济提出了加快农业生态化发展的制度体系、技术体系和经济体系的构建。张智光(2017)进一步深化了超循环经济理论,并为超循环经济的实践应用构建了具体模型,在适应生态文明建设要求下,研究了超循环经济的基本原理,认为超循环经济所遵循的是减量化、再循环、再利用、再分配和再培育的 5R 原则，超循环经济不同于循环经济的“从摇篮到摇篮”的概念结构，而是“从孕育到孕育”的概念结构，构建了超循环经济的 5R—3C 理论模型，并以林纸拓展系统（EFPS）为例，建立了 EFPS 超循环经济的系列结构模型。韦凤琴、张红丽（2017）则通过对高效生态循环农业的实践案例研究发现，A 农场遵循超循环经济的 4R 原则，建立了“主体内循环、连队（作业区）中循环和农场超循环”的高效生态循环农业模式，走出了一条经济社会可持续发展、资源高效循环利用和生态良性循环的高效生态循环农业发展道路，并认为超循环经济通过对现有体制机制、经营组织模式、产业融合发展的集成创新，有效解决了当前中国高效生态循环农业发展面对的突出问题，对创新现代农业发展模式、促进中国现代农业发展具有十分重要的现实意义。

超循环经济弥补了循环经济的诸多缺点，相比循环经济、生态经济、低碳经济、绿色经济等概念，表述更加清楚，实施更加具体。超循环经济提出之后，其理论的现实可行性迅速得到了实践的检验，但提出时间短，缺乏研究文献，相关理论体系还有待进一步深入和完善。就应用领域而言，目前在农业方面应用较多，但该理论有极大的实践普适性，应在其他领域大力推广。

（三）关于循环经济模式

十八大以来，随着生态文明建设的提出，对循环经济模式的研究也热度不减。从纵向来看，主要集中在企业、工业园区和产业链三个层面的研究；从横向来看，很多学者以某一特定地域为对象，研究区域内的循环经济模式；从技术方法来看，很多学者以某一区域或产业为例，运用一些定性或者定量的技术方法，对该区域或产业的循环经济模式进行了衡量和评价。

（四）关于纵向产业链的循环经济模式

产业链的循环经济模式包括企业层、工业园区层和产业链层三个层面的循环经济模式。在企业层方面，我国已有诸多成功的循环经济的模式实践，如北京的德青源生态农场，将生态养殖、有机种植、订单农业、有机肥料、清洁能源以及食品加工结合起来形成有机的循环系统，真正做到变废为宝，极大提高了资源利用效率。宁夏中宁的天元锰业公司，在循环经济理论的指导下，由单一的发展模式发展成为集冶金、化工、稀土新材料、建材、运输、研发多元发展为一体的循环经济产业集群，成功转型为中国一流的新材料循环经济示范企业。在诸多成功实践的引领下，很多学者对企业层面循环经济模式的研究日益深入。一些学者选择一些成功的循环经济模式案例，总结其发展经验，为其他同类企业提供借鉴。

武光辉、苏选林(2012)对陕西彬长矿业集团依靠技术创新，发展循环经济的模式进行了案例研究，对该集团采用煤电联营、瓦斯发电、煤矸石再利用、废水再循环等有益做法进行了深入分析，为国内其他煤矿企业的转型提供了参考，认为煤矿企业作为工业“三废”排放量最多的行业之一，发展循环经济不仅可以提高资源的保护和合理利用水平，为企业创造新的收益点，还可以减少工业“三废”的排放，将矿区经济活动对周边生态环境的影响降低到最低，实现煤矿企业的可持续发展。周洋、宗科(2012)通过对岱庄煤矿水资源现状进行分析，总结该矿以废水资源循环利用为主的循环经济模式，在此基础上详细研究了矿井水处理与循环利用、生活污水的处理与循环利用、电厂水资源循环利用以及洗煤厂水资源循环利用，同时对岱庄水资源循环利用的效益加以分析，发现该矿废水实现了综合利用，经济效益显著。方新英等人(2017)对中国平煤神马能源化工集团的循环经济模式进行了介绍，该集团的循环经济模式一方面放大了节能减排中的资源功能，另一方面在矿区环境保护中注重建设生态文明，但同时也指出了该集团循环经济发展模式存在的一些问题，并针对问题提出了自己的建议和看法。

有的学者选择对某一对象企业进行循环经济规划，为企业的循环经济方案选择提出建议。丁浩、张朋程(2012)以循环经济理论为指导，从内部物料循环系统、清洁生产和绿色供应链管理三个方面为油气企业设计内部循环经济模式，并以胜利油田胜利采油厂为研究对象，研究表明，其设计的油气企业内部循环经济模式有利于实现油气企业的可持续发展。高岩等人(2015)以张家口弘基牧业开发公司为例，介绍了企业种养结合，通过绿色循环经济促进蔬菜产销体系发展、提高经济效益、环境效益和社会效益的经营模式，阐述了种植与养殖结合的产业经营模式对促进绿色有机蔬菜产业发展及保证食用安全的重要性，提出了以农村合作社为主体，实现和推广种植养殖相结合发展绿色有机蔬菜产业模式的建议。蒲玲、廖嘉玲、黄庆(2016)也以“三废”排量大、污染重的钛白粉企业为例，以硫酸法钛白粉生产方案为研究主题，通过研究“硫—磷—钛”和“硫—铵—钛”两种现有的循环经济模式的效能，认为这两种循环经济模式均是比较成熟的循环经济模式，可以实现对钛白粉废酸、亚铁的综合利用，但各地区还应结合自身实际情况，依托这两种循环经济模式，建立适合本地区特点的循环经济模式。尚方毓、胡昉、苏小红(2017)以废气、废水排放对环境危害非常大的硫酸法白碳黑企业为例，通过分析白炭黑行业的生产过程，指出“元明粉—泡花碱—白炭黑”和“纯碱—泡花碱—白炭黑”两种循环经济模式是白炭黑行业最为适宜的生产方案，并为在白炭黑企业进一步落实这两种方案，实现废气和废水的综合合理利用提出了相关建议。

在工业园区层方面，在生态循环指导下的工业园区，有利于工业的升级和转型，走新型工业化道路。岳波波等人(2012)在分析综合性生态工业园的基础上，从企业、园区和循环社会3个层面，构建综合类生态工业园区循环经济发展模式，并以安塞工业园区为例，构建了工业园循环经济产业链系统，提出了综合类生态工业园区循环经济模式建设的具体途径。何龙斌(2013)研究了在东部产业大量向西部转移的大背景下，西部地区可改造现有工业园区、围绕核心企业建设园区、规划新型园区、构建虚拟园区等模式建设循环经济产业园，抓住产业转移的机遇进行产业的升级和转型，将工业发展引向可持续发展的正轨上去。邓小莲(2013)总结了广西循环产业园的发展状况，认为广西循环经济产业园处于起步阶段，要进一步发展还需在制度体系、园区规划、科技创新、基础设施建设、信息共享以及政策保障等方面予以健全优化。赵燕娜等人(2014)从可持续发展的角度，对河北省的产业集群进行了研究，认为河北省产业集群存在生存能力有待提高、创新能力较差和生态支撑能力较弱等问题，且河北产业集群要实现可持续发展，必须走循环经济道路，按照循环经济模式扩大产业、提升产业集群的创新能力以及打造良好的发展环境。孙玉敏(2015)认为在循环经济模式指导下，实现城市商业经济的生态创新是促进城市经济发展与建设的最佳途径，并提出要构建新型商业经济生态园，从建立绿色国民经济核算体系、加强循环经济的立法以及监管力度两方面，提出促进我国循环经济模式下的商业经济生态创新的策略。陈洪波、姜晓峰(2016)以陕西铜川市董家河工业园区为例，对工业园区的循环化改造进行了研究，认为在规划设计循环经济园区时，必须抓住其本质和核心内容，对经济活动的物质流进行分析，调控物质流动模式，实施物质流管理，优化经济结构，最终实现循环经济的发展目标。

在产业链方面，张智光、姚惠芳(2012)从生态与产业共生发展的视角，将造纸工业循环经济扩展到林纸绿色供应链的范围，研究其总体发展思路与系统原理。研究发现，造纸工业循环经济比一般制造业更具实施循环经济的条件，根据绿色共生特性，构建了造纸工业循环经济的减量化、再循环、再利用、再分配和再营林的“5R”模式。贾伟强、谢奉军(2012)以某高新技术开发区为例，利用系统动力学仿真建模法对资源型产业集群循环经济模式进行了研究，通过对集群发展困境进行仿真试验，构造其不断发展的增长上限基模，揭示了循环经济模式构造对资源型产业集群发展的重要意义，建立了资源型产业集群循环经济模式发展的系统仿真分析模型，并进行了定量仿真试验。张志杰等人(2012)对我国矿产资源储量进行了分析，研究了矿产资源可持续发展状况，认为我国发展矿产资源循环经济应从建立激励机制、强化技术支撑、稳定资金来源和建立生态环境补偿机制等角度着手。高力国、迟庆峰(2012)在深入探索和研究“石化—盐化一体化”循环经济的特征，对比分析了“石化—盐化一体化”项目实施前后的情况，发现“石化—盐化一体化”循环经济模式可以通过工艺流程的总体规划、有机结合和技术创新，实现资源利用最大化和节能减排。刘玲玲(2013)对我国煤矿矿区循环经济模式及其建设方法进行了分析，在过去矿区循环经济初步实践的基础上，认为未来矿区循环经济发展，应着力于发展生态旅游业和生态工业园区，同时积极引进新技术。熊伟等人(2013)在研究库区优势特色农业发展和生态环境建设的基础上，将库区水域、消落区和生态屏障区作为整体，运用循环经济理论，研究建立库岸柑橘、消落区湿地牧场、水域天然渔场 3 条环库绿色经济带，集成 4 链交叉的多链循环经济组网模式，创立 5 层阻隔拦截和吸收消纳面源污染的工艺技术，围绕库区各主要农业产业发展，把前端废弃物作为内生要素进入后端生产活动中，在注重环境保护的形势下，凝练出多业共生耦合农业循环经济模式和相关推进方法。在此模式的指导下，建立了巫山大昌湖特色循环农业生态示范园区，实现了集柑橘、生猪、畜牧和渔业四业共生的生态产业链循环。王洁等人(2014)从循环经济的角度出发，对河北省奶牛产业的粪污处理方式进行了分析，发现适合河北省奶牛养殖区粪污处理的方式有直接堆肥，制作生物有机复合肥料，生产食用菌或养殖蚯蚓，建设沼气工程发电等四种模式。李志榕(2015)认为循环经济模式作为一种新的生产制造模式，为工业设计的发展带来了新的机遇，生态思考的结果将导致人们对设计的重新定义。赵光等人(2016)针对我国沼气产业化发展过程的技术现状、应用模式与制约瓶颈进行了详细阐述与分析，提出了关于实现区域沼气能源产业化模式建设与发展的新思路，构建了以遵循循环经济理论、可持续发展理论及产业经济学理论为指导的新型沼气能源为核心的循环经济模式，并对今后的研究应用与发展前景进行了探讨与分析。陈利洪等人(2016)分析了我国沼气产业化的必要性，并对其产业化战略模式进行了探讨，认为我国沼气产业化处于起步阶段，并提出我国沼气产业化应走的 3 条线路。李京川(2017)从茶叶产业转型发展的具体背景分析入手，结合循环经济模式的具体内涵认知，通过融入当前茶叶产业发展的时代优势，探究了融入循环经济模式发展茶叶产业的具体思路。

(五)关于横向区域的循环经济模式

也有很多学者以某一特定区域为研究对象，研究该区域的循环经济模式，为其他类似区域提供现实借鉴。王进(2012)通过分析延安发展农业循环经济在各方面的优势，针对延安的地域特点，提出了不同的农业循环经济发展模式。邹兴全等人(2013)对万州“种—加—养—沼—经”循环经济模式进行调研的基础上，对该模式的内涵、特点、条件、相关产业发展基础及经济效益、生态效益和社会效益等方面进行了分析和研究，发现万州的“种—加—养—沼—经”模式非常适应万州地区的农业、农村发展情况，是一种“高利用、高效率、低投入、低排放”的现代农业循环经济发展模式。毛晓丹、冯中朝(2014)通过实地调研，将湖北省农业循环经济模式花费分为5种类型14种模式，并运用聚类分析法，将湖北省划分为4个农业循环经济发展区，指出在不同地区要因地制宜地选择使用不同的农业循环经济模式。杨砚池(2014)对洱海流域的循环经济模式进行了研究，为其他流域的循环经济发展提供的借鉴。吴飞美、沈佳丽(2016)分析了我国省域循环经济发展现状和特点，借鉴日本、德国、美国等国家省域循环经济发展新模式，探究了低碳节能与生态驱动下的政府行为，并由此界定了省域范围内主体功能区、分类分区构建循环经济发展新模式，从而健全主体功能区机制体系、推进省域循环经济模式创新进程。胡斌等人(2016)通过分析谷城县“金洋模式”“五山模式”和“基地模式”等循环经济典型模式的特点及其成功的路径，归纳总结循环型工业、循环型农业、绿色回收和循环型社会发展经验，基于谷城循环经济发展的核心要素，认为在县域循环经济模式的发展中，要坚持顶层设计、一个定位、模式推广和企业推动。徐冬平等人(2017)以具有典型农牧交错地区特征的内蒙古通辽市为例，运用系统动力学仿真的研究方法，通过通辽市“社会—经济—生态”复合系统动力学模型，在长时间序列上模拟传统发展模式以及循环经济发展模式下通辽市复合系统的动态变化过程，发现立足地方资源特色的循环经济是促进通辽市可持续发展的有效模式。

(六)关于循环经济模式的衡量

在对循环经济模式进行研究的同时，也有很多学者选择运用定性或定量的方式对循环经济模式进行衡量，以期对循环经济的模式选择提供借鉴。张海成、杨改河(2012)通过对临夏县北塬灌区9个乡镇进行实地调查，分析了临夏县北塬灌区农业废弃物沼气资源的开发潜力，并对该区典型的“沼气池—畜禽圈—粮(果、菜)”三位一体的沼气生态农业循环经济模式的结构和效益进行了研究，最后得出结论，临夏县建立以沼气工程为纽带的生态农业循环经济模式，能实现资源的多层次循环利用，可以改善当地的生态环境并取得显著的经济、社会和生态效益。王林珠(2013)为了把“循环经济”这一种理念、模式的抽象概念变成为一个可以直接或间接量化分析的概念模型，提出了煤炭企业循环经济发展力概念，通过对煤炭企业循环经济发展力要素结构的分析及概念模型设计，有助于对影响煤炭企业生存和发展的因素做全面的分析，从而增强煤炭企业落实循环经济的可行性。张宏伟等人(2013)借鉴瓦尔拉—卡塞尔模型，在三个层次上分布研究了循环经济模式的资源利用效率；同时，以资源利用的福利最大化为目标，构建了福利经济学模型，对资源配置效率进行分析，并利用最优化方法对其求解，通过对模型解的分析，得出使循环经济资源配置高效的条件，此条件可作为判断各种循环经济模式是否有效的一个重要手段。毛晓丹和冯中朝（2014）运用聚类分析法将湖北的农业循环经济区划分为四个部分。黄和平（2015）以江西省为例，基于生态效率度量模型和循环经济发展模式的判别模型，分析了江西省在2000—2010年间循环经济发展模式的变化轨迹。方芸芸等人（2016）为探究农业循环经济在红壤侵蚀区的适应性与发展潜力，对福建省长汀县的农户循环经济模式和传统模式进行能值流动比较，并运用净能值产出率、能值投资率、环境负载率和可持续性发展指数、能值投入密度及能值反馈率指标进行评价，结果发现，总体上来说，红壤侵蚀区循环经济模式具有更高的经济效益和环境效益，可以推动当地农户可持续发展。赵光等人（2017）针对寒地典型沼气工程代表的海林沼气发酵系统的“牛—沼气—玉米”农业循环经济模式的运行特性，应用能流理论分析方法，通过能流循环指数、能量产投比、光能利用率等指标，对该系统能量的去向、能量流入与流出进行了系统分析。分析结果显示，该农业循环经济系统有利于该地区生态农业的发展，符合可持续发展要求，是一种适用于北方寒区推广的典型循环农业发展模式。李杨、樊雯雯（2017）在选择表征农业循环经济效率的5个投入指标和3个产出指标的基础上，运用数据包络分析（DEA）模型和地理信息系统（GIS）技术，对湖南省14个市州2011—2013年农业循环经济发展相对有效性和时空差异及其主要影响因素进行了评价。

（七）关于循环经济评价

2012年以来，我国对循环经济的评价研究较2012年以前研究数量更少但研究程度更加深入。从地域来看，经济发达地区在循环经济评价方面较多。这主要是由于，一方面受区域经济发展状况影响，经济发展水平高的地区，循环经济意识更强，有更充裕的发展循环经济的资金和技术，同时在相关制度和市场环境方面更有利于循环经济的发展；另一方面，受地方数据收集难易程度影响，经济发达地区在制度完善程度和数据透明度方面较经济不发达地区好。从行业来看，循环经济评价已全覆盖第一、第二、第三产业，具体来看，第二产业的文献量最多，其次是农业方面，第三产业的评价研究最为薄弱，但在我国大力推动产业结构升级转型的背景下，第三产业已经成为我国国民经济中占比最大的产业，且比重还将继续加大，要想实现国家经济的循环化，第三产业就必须走循环化道路。

(八)关于循环经济评价体系

评价循环经济的首要步骤是建立一个切合实际的评价指标体系,评价指标体系的构建需要遵循科学性与可比性原则、整体性与层次性原则、全面性与实时性原则以及定量与定性相结合原则。李艳(2012)以国家环保总局发布的行业类工业园区标准,结合氯碱化工园区的实际,建立了包含经济发展、物质减量与循环、污染控制和园区管理四类指标的共 21 个单项指标的氯碱化工园区循环经济发展评价指标体系。陈晓红等人(2012)以某大型冶炼企业为例,从输入、消耗与循环、输出 3 个环境构建循环经济评价指标体系。王小平(2012)认为与农业和工业循环经济相比,服务业循环经济更侧重于经济效益和劳动就业的双增长、资源消耗和环境污染的双降低,因而构建指标体系必须紧密结合服务业循环经济特质,其构建的服务业循环经济评价指标包括经济系统、废弃排放系统、环境系统和资源系统等 4 个一级要素指标,15 个二级要素指标。南剑飞等人(2012)采用可拓学中基元和发散理论构建了评价体系的第一层指标,再运用共轭理论建立了第二层指标,初步形成了初始评价指标体系,然后通过适当的思维转换构建了具有收敛性质的关联函数,最终生成了油气资源城市的核心评价指标体系。白静等人(2012)根据国家统计局制定的循环经济评价指标体系和“3R”原则构建了辽宁省循环经济评价指标体系。田万慧(2012)根据循环经济的“4R”原则和可持续发展理论,从甘肃省农业发展的实际出发,构建了包括经济社会发展、资源减量投入、资源循环利用、资源环境安全在内的甘肃省农业循环经济评价指标体系。樊元、刘国平(2012)基于“减量化、再循环和资源化”的原则,从资源效率、污染减排、循环利用、环境保护和经济发展等方面构建循环经济综合评价指标体系。张志明(2012)则直接根据国务院 2005 年出台的循环经济评价指标体系,即选用资源利用率、能耗指标、综合利用效率和废物排放量四个维度 11 个指标构建循环经济评价体系。刘琳琳、杨力(2013)根据循环经济的原则和特点,构建了煤炭企业循环经济评价指标体系,包括资源产出、资源消耗、资源综合利用和废弃物排放四大类共计 22 个单项指标。刘超、白姝伟(2013)认为循环经济评价指标应包含经济、社会、生态和环境四个方面,要全面反映经济的投入和产出,应遵循科学性、动态性、具体性和可操作性强的原则,其选择经济社会发展、资源化、减量化和无害化四个维度共 18 个指标作为其循环经济指标体系。赵萌等人(2013)则用频率统计分析和专家调查等方法筛选循环经济发展经济、环境、社会和资源四个子系统的具体指标,建立循环经济评价指标体系,并运用熵的可靠性分析提高评价指标体系的可靠性。程波、贾国柱(2013)根据循环经济的“3R”原则,再借鉴国家统计局提出的循环经济评价指标体系准则层基本框架，结合建筑行业的实际，构建了包括资源利用效率指标、资源消耗率指标、资源回收与循环利用率指标、废弃物排放与处置指标和其他指标五大类共 25 个单项指标的循环经济评价指标体系。平卫英、钟春兰(2014)参考国家发展和改革委员会和已有相关文献，建立了省域循环经济评价指标体系，该体系由上至下分为目标层、系统层和指标层三个层次，其中系统层分为自然资源、环境质量、经济发展和社会发展四个子系统，指标层则由 20 个分目标构成。李云燕、殷晨曦(2016)从经济效益、资源综合利用、资源消耗和废物排放四个维度建立了由 16 个指标组成的循环经济评价指标体系。杜红梅、傅知凡(2016)基于农业循环经济的“4R”原则，构造了包括社会发展、资源减量、循环利用和环境安全 4 个维度 18 个指标的指标体系。根据农业循环经济发展的“减量化、再利用、在循环”的原则，建立起包括资源减量投入、资源循环利用和生态环境三大类指标，17 个单项指标的农业循环经济综合评价指标体系。于会录等人(2016)以生态效率为基础，建立了资源效率和环境效率为二级指标，共四级指标的石嘴山市工业循环经济评价指标体系。黄寰、王玮(2016)根据循环经济指标建立的原则，结合工业园区实际，建立了包含资源产出、资源消耗、资源综合利用、污染物控制、经济发展潜力和园区管理六个大类指标和 16 个单项指标的工业园区循环经济评价指标体系。王俊岭、赵瑞芬(2016)为钢铁工业循环经济发展指定了包含减量化、再利用及再循环、无害化三个大类指标共 15 个单项指标的钢铁工业循环经济评价指标体系。李烨等人(2016)采用压力(Pressure)—状态(State)—响应(Response)概念模型(PSR 模型)构建了资源型企业评价指标体系。金涛、胡欢(2017)以广西为例，构建了包括农业经济发展、资源减量投入、农业产出、资源承载、生态环境 5 个准则层指标和 21 个评价指标。

(九)关于循环经济评价方法

循环经济评价方法包括两类，一类是基于循环经济评价指标体系，再运用相关赋值等方法确定权重，然后采用加权，得出综合评价水平和分类指标水平。有的学者使用主观的赋权方法，如层次分析法、专家调查法、模糊层次分析法等进行评价。王小平(2012)采用层次分析法(AHP)对中国服务业循环经济发展水平进行评价。刘琳琳、杨力(2013)使用模糊层次分析法(F-AHP)进行循环经济评价。程波、贾国柱(2015)用改进的层次分析法和 BP 神经网络模型进行循环经济的评价和预测。杜红梅、傅知凡(2016)运用层次分析法进行分析。王俊岭、赵瑞芳(2016)采用三角数 FAHP 方法对循环经济指标进行赋权。有的学者选择选择客观的方法，如因子分析法、加权函数法、熵值法、灰色关联度法等进行赋权评价。田万慧(2012)采用因子分析法和加权函数法对甘肃省及其14个地市州进行了综合评价和横向对比。张志明(2012)基于物元可拓理论,提出了“差级权重”的赋权方法进行赋权。刘超和白姝伟(2013)基于差异驱动原理,对郑州市循环经济进行了评价,并与北京和上海两地的循环经济进行了对比。单忠纪等人(2014)采用基于实码加速遗传算法的投影寻踪分类模型对农业循环经济进行综合评价。谢园园等人(2015)采用熵值法进行赋权。黄寰、王玮(2016)采用改进灰色关联分析法,选取成都三个工业园区,对其循环经济进行分析研究。然而,在循环经济评价中,既有定量指标也有定性指标,这就要求在决策中一方面要考虑客观现实,另一方面还要照顾到决策者的主观经验。因此越来越多的学者倾向于采用主客观相结合的组合赋权法进行循环经济评价。

陈晓红等人(2012)采用模糊数学理论以及层次分析法对企业循环经济进行评价。李艳(2012)运用层次分析法和模糊综合评价法建立了氯碱化工园区循环经济综合评价模型。白静等人(2012)运用模糊综合评价法和GIS法对辽宁循环经济发展水平进行评价。樊元、刘国平(2012)利用熵值法、理想点法及QWA算子多属性组合赋权法对2003—2009年甘肃省循环经济发展状况进行综合评价。赵萌等人(2013)采用熵权加AHP的组合赋权法进行评价。平卫英、钟春兰(2014)运用主成分分析法对指标体系进行约简,选取7个包含指标大部分信息的主成分,计算主成分得分以代表原始数据进行支持向童机(SVM)建模,再利用便于处理小样本分类和泛化性强的支持向量机方法,构建基于支持向量机的我国省域循环经济评价模型,算出各地循环经济发展评分后,利用熵值法计算了我国循环经济发展综合指数。贾国柱等人(2013)采用灰色关联分析法对指标集进行了约简,然后用向量机方法构建了建筑企业循环经济评价模型。殷晨曦(2016)则采用层次分析法与熵值法相结合的模糊综合评价法进行分析,并采用BP神经网络模型对北京未来五年的循环经济发展趋势进行了预测。金涛、胡欢(2017)运用熵值灰色关联法对广西2000—2015年农业循环经济进行评价。

另一类是基于某些特定的分析方法,如生态效率等方法来评价循环经济。谢园园、傅泽强(2012)通过对生态效率概念模型的解析,构建了循环经济的生态效率度量模型,评定不同状态下的循环经济发展水平和发展潜力,同时对循环经济发展生态效率评价进行了拓展,提出在生态效率的基础上,将生态效率指标与循环经济评价相结合,构建了较为独特的循环经济的生态效率度量模型。于会录等人(2016)将循环经济评价的过程进行横向比较和纵向比较,首先将案例区域石嘴山市与中国东中西三个地区的参照地区进行对比,以生态效率为评价指标,分析了2005—2013年石嘴山市工业循环经济的发展水平;其次,在C模式的基础上,构建工业循环经济发展绩效度量模型,依据环境负荷与经济规模增长之间的倍数关系，最后，纵向比较的方法评价石嘴山工业循环经济的发展绩效。齐林等人(2016)认为现有的循环经济评价体系，在评价的系统性角度方面稍显不足，故其基于复杂网络，以江苏省某循环经济产业园区某盐化工产业集群为研究对象，以集群循环化改造的4个阶段为时间尺度，以产业项目为节点，以项目间的资源、能源再循环关联为边，构建了园区循环经济系统演化的复杂网络模型，并从度分布、介数分布、聚集系数、平均路径长度、网络直径、度度相关和度介相关角度等方面对网络特性进行了分析。

(十)关于循环经济管理机制

循环经济作为一种经济运行方式，其良好的运作是以良好的循环经济管理机制为保障，2012年以来，很多学者从不同行业、区域和角度对循环经济管理机制进行了研究。如姜钰(2013)设计了林区低碳循环经济耦合发展的模式，并认为国有林区低碳循环经济耦合发展模式的运行机制体系应包含市场调节机制、多方参与机制、科技创新机制、生态补偿机制和政策保障机制。荆平(2015)以城市水资源为研究对象，分析城市水资源的循环利用驱动机制，认为城市水资源要实现高效、有序、可持续的循环利用，就要建立集行政手段、法律手段、经济手段、技术手段、教育手段和信息手段于一体的循环经济驱动机制。总的来说，我国对循环经济管理机制的研究可概括为法律机制研究、主管部门责任机制研究、规划机制研究、激励机制研究以及产业协调机制研究几个方面，这些研究角度并非相互独立，而是相互融合。

(十一)关于循环经济法律机制

循环经济法律机制既是对循环经济正确发展的监督，也是对循环经济长远发展的保障。加强对循环经济法律机制的研究，可以使循环经济法律机制得到不断完善，让循环经济在发展过程中做到有法可依。洪萍、颜三忠(2012)针对我国目前循环经济法治化存在的缺乏科学立法理念、缺乏必要的法律制度支撑、执法与司法机制相互掣肘等问题，提出应该创新循环经济立法理念，构建科学的循环经济立法体系、完善循环经济的执法机制和健全循环经济的司法保障机制。吴胜利(2012)以我国建筑垃圾处理法律制度为研究对象，认为我国建筑垃圾法制初步形成，但在我国目前建筑垃圾处理法律规制大力转型的趋势下依然有诸多不足，亟待从法律规制目的、立法体系、主管部门职责配置、规制方式具体制度以及法律责任优化等方面完善我国建筑垃圾处理的法律规制。于群(2012)认为我国目前循环经济的发展仅依靠一部《循环经济促进法》远远不够，需要地方和中央两级出台相应的法律法规形成一个完整的循环经济治理体系，但目前出现了地方利益法定化、立法不积极、操作性不强等问题，针对这些问题，提出了要实行过错问责制度、立法公开制度、社会监督制度和相应配套的操作性强的制裁措施。赵爽、郑飞（2012）认为构建建筑垃圾循环利用法律制度是对其进行综合治理的根本途径，其针对我国现有法律制度无法满足建筑垃圾循环利用的现状，借鉴了德国和日本的相关经验，从延伸生产者责任制度、押金制度、分类回收收费制度、行业准入制度、再生产品保障制度几个方面探讨了我国建筑垃圾循环利用法律的建构。郭洪波（2013）也认为循环经济法律制度应有明确的目标定位，借鉴发达国家健全的循环经济制度，结合我国实际，认为我国循环经济法律制度应从加强立法、健全财税法律制度、已发促进循环经济技术开发与应用等方面完善相关法律制度。曹平、尤海林（2013）针对我国循环经济促进法生产者责任延伸制度存在的法律责任主体缺失、责任追究力度不足、信息公开缺失等问题，认为应通过立法明确相关责任主体在生产者责任延伸制度中的合理定位，完善生产者责任延伸制度的激励机制，建立和完善信息责任制度、公众参与制度，并建立环境押金制度和生产者责任组织，以完善循环经济促进法生产者责任延伸制度，促进生产者责任延伸制度的实施，促进经济的循环发展。孙志芳（2013）认为我国虽然初步建立起了循环经济法律体系，但相关法律法规衔接不一致甚至相互矛盾、缺乏严格的实施机制和责任机制等问题使得现行循环经济法律体系不适应我国循环经济的发展要求，借鉴德国和日本的有益经验，结合我国实际，认为我国应按照“基本法—综合法—专项法”的顺序来完善循环经济法律体系，并应从根本法、基本法、综合法、专项法和地方性法规等层面修订相关内容。黄中显、付建（2015）从循环经济视角，研究了我国城市生活垃圾处理机制，认为我国城市生活垃圾处理存在治理路径末端化、垃圾循环利用形式化、源头减量边缘化和治理机制之间结构性失衡等问题，认为我国要以循环经济模式构建新的城市生活垃圾治理机制，需要在治理路径、法律义务主体、减量化行为模式、杠杆规制点和规制工具等方面进行法律调整。李卫平（2016）认为我国应借鉴德国、日本和美国三个国家在循环经济法律建设上的有益经验，正确认识经济循环制度的重要意义、构建完备的法律体系和制定可操作性强的法律制度。

（十二）关于循环经济主管部门责任机制

循环经济的主管部门主要指中央的各部委和地方各级政府及其相关部门，目前我国循环经济在发展过程中，容易出现主管部门职责不清或者“政出多门”等现象。在我国目前的经济发展水平和目前经济面临的新挑战下，要推动我国循环经济的快速发展，就必须依靠政府力量。李伟舜(2012)认为,应在遵循产业发展规律的前提下,进行国家层面的战略性新兴产业总体和专项规划,同时各地方也要因地制宜地选择地方优势领域和重点产业,制定地方战略性产业发展规划,并与国家层面的规划相结合,做到地方与中央部门的政策统一契合。李玉基(2014)通过研究发现,在实践中,政府强力推动下的循环经济治理呈现出明显的"碎片化"特征,即在不同功能的机构之间缺乏协调一致,沟通与合作上存有障碍,致使政府服务和政府管理不到位、绩效低下,认为要解决政府循环经济治理"碎片化"的问题,需要运用经济法上政府与市场互补、公私部门理性整合的系统性思考和理性权衡策略,基于整体性公共治理视角进行化解。吴迪(2016)认为我国发展循环经济,需要政府的"生态转型",即政府在开展工作时,要在生态优先的价值目标指引下进行生态管理,实现社会、经济和生态三者效益的统一。

(十三)关于循环经济规划机制

循环经济要从理论走向实践,从纸面落到地面,就必须要对循环经济的发展目标、发展布局、发展方式等进行合理规划,建立完善的循环经济规划机制尤为重要。自 2012 年以来,就不乏学者对循环经济规划机制进行研究。

在我国当前经济发展总体水平不高,且发展不平衡的情况下,要想实现全国大范围内的经济循环还有很大的难度,但可以在很多能力更强和需要更大的区域先行试点,然后再逐步推向全国。工业园区作为我国经济发展中资本集中、技术先进、便于规划且对循环经济发展需求迫切的经济区域,在发展循环经济方面具有很大的相对优势,并逐渐成了我国循环经济发展的重要载体,学者们在研究循环经济规划机制中,也大多对工业园区的循环经济发展进行规划。

许新宇等人(2012)对甘肃武威黄羊循环经济工业园的产业规划进行了研究,在分析了该工业园区发展现状的基础上,认为发展该园区发展循环经济的主要任务是:优化产业空间布局、推进产业结构调整、构建循环经济产业链、推进资源高效利用和完善基础设施建设。

何红渠、谢雄军(2013)借鉴物质流分析和产品生命周期分析的方法,提出基于生命周期分析—物质流分析的循环经济产业链规划方法,并用该方法进行循环经济园区规划。通过规划分析,他们认为扬州静脉产业园可根据可回收的废旧资源进行分类,通过对废弃资源的回收综合处理,发展废旧机电产品、废旧电子信息产品、报废汽车拆解加工业,废旧轮胎及橡塑再生利用业,精深加工与再制造业,并使这五大主导产业形成产业链网络,同时加强综合配套设施及平台建设,基础设施建设。

袁卫民(2013)研究了青海省柴达木循环经济试验区,认为该试验区应该按照循环经济发展理念,结合区域特点,按照“综合开发、有效配置、循环利用、永续发展”的要求,统筹资源集约利用与产业协调发展,统筹传统产业的改造升级和新兴产业的整体规划,着力打造以盐湖化工为核心的循环经济主导产业发展体系,加快形成各产业间纵向延伸、横向拓展,资源、产业和产品多层面联动发展的循环型产业格局,构建具有鲜明特色的循环经济产业体系,为青海循环经济的发展树立典范。

李锋、沈文星(2013)通过对安徽黄山徽州区循环经济园区调查分析,发现徽州区循环经济园区内各企业通过物质、能量、废水和信息的集成交换,构成了工业生态群落,各群落又通过废物交换、能量利用和公用工程集成共享有机地联系在一起,构成了多种物质能量链接的生态网络结构。

熊妮君、高鸿(2013)研究了贺州市华润循环经济示范区的构建布局,总结出该示范区的规划建设从产业链、产业空间布局、产业通道组织等方面探索了循环体系的构建。其中,产业链的形成考虑宏观、微观循环经济体系,产业空间布局是基于产业形成四大组团;产业通道组织主要考虑物质联系和能量联系。

何龙斌(2014)研究了在东部产业西部转移的大背景下,认为西部地区可利用此契机合理规划和改造循环经济工业园区,认为在进行循环经济工业园区规划过程中,有改造现有园区、围绕核心企业建设园区、规划新型园区、构建虚拟园区等规划模式以供参考,同时要高度重视战略规划,积极提供政策支持,加强企业信任合作,突破循环技术瓶颈以及加强基础设施建设。

檀笑等人(2014)对我国废塑料再生产业园的规划进行了研究,发现废塑料再生产业园园区的规划一般按功能区划分为初加工区、深加工区、仓储交易区、研发区及“三废”集中处理区(主要包括污水处理站、环境监测中心、固体废物收集站)等,通过引进具有紧密分工和协作关系的企业,建立相互依存的产业链,实现废塑料回收、加工和再生利用的资源流转一体化,从根本上解决废塑料处理过程中的二次污染问题,最终形成“资源—产品—废弃物—再生资源”的循环经济模式。

丁金胜(2015)以青岛市杰丰有机农场的规划设计为例,认为该农场应明确其实现“集约农场、绿色农场、生态农场和高端生态循环农场”的目标,认为该农场应坚持“一心二馆八区”的规划设计,即以打造现代生态农业科技会展和休闲旅游示范园区为中心,以建设山韭菜文化博物馆和展览馆“两馆”为重要内容,以发展设施农业示范区、神泉植物区、特色农产品手工作坊区、特色养殖示范区、特色休闲果品区、珍稀绿化苗木种植区、农耕体验区、特色水产养殖区“八区”为主体结构。

丁清旭(2015)对我国煤化工工业园区的发展路径进行了探索,从产业布局、配套设施和监督管理制度三个层面对园区的循环经济规划进行了分析,产业布局方面,认为煤化工工业园区内需要形成产业链,从而使废弃物资源化;配套设施方面,应包含基础设施和配套产业两个方面;监督管理制度方面,提出应设立园区循环经济监督委员会,并选取工作代表参与监督,同时设立由地方环保部门负责人牵头的循环经济管理工作组。

纪红兵等人(2016)分析了化工园区产业链的特征,提出化工园区在构建循环经济上应做两方面工作:在原有产业链的基础上构建循环经济产业链以及完善服务系统,其中在构建循环经济产业链的过程中不仅要考虑工业代谢分析获得的产业接口,还应结合产业链风险评估引入增柔企业以控制产业链风险;在循环经济服务系统中特别提出要建立循环经济信息平台,以打破地理限制扩展循环产业链。

陈洪波、姜晓峰(2016)基于贵州省铜仁市董家河工业园区 2014 年的数据,建立园区的物质流分析账户,并设计了适用于园区循环化改造的董家河多元复合循环经济模式,即针对园区内各个产业的自身特点设计相应的小循环,利用小循环延伸产业链后,再将各个小循环有机串联起来,形成整个园区的大循环。分析结果表明,该模式能明显提高园区的资源产出率与资源利用率,减少资源消耗与污染物排放,具有显著的经济、社会和生态效益。

上述对工业园区的规划均是对工业园区的总体规划研究,也有少数学者选择从工业园区内部的一些环节入手进行研究,以期更有利于对循环经济落地的指导。王作棠等人(2012)从工业园区内企业选址时的循环经济环境效益评估入手进行研究,认为现行循环经济环境效益指标体系过于庞杂,使得很多新建企业在选址过程中因缺乏一个综合的环境效益指标而无法进行各选址方案的综合环境效益对比分析的问题,于是提出了一种两个企业或群落之间链接的定性快速判断方法,并提出了环境压力指数的概念和计算方法。余嵘等人(2012)则对甘肃省金昌市河西堡循环经济工业园区的给排水规划进行了研究,认为循环经济工业园区给排水规划应注重节约水资源、提高水的循环复用率、避免对水质及环境的污染。

有的学者选择对某一行业的循环经济进行战略上的规划。孙勇(2012)对我国农业循环经济的发展规划进行了研究,在分析了我国循环经济发展现状的基础上,认为一项完整的农业循环经济发展规划通常要涵盖几个不同的层次,即包括区域产业层次、农业产业层次、农业部门产业内部层次、具体农业生产单元(如农场、农田、企业)与生产过程层次、产品层次五个层次。

也有的学者选择某一特定区域进行循环经济的规划研究。刘航、黄春晓(2013)对工业化初期城市循环经济发展的规划问题进行了研究,认为与后工业化地区相比,工业化初期的城市循环经济发展面临了更多限制和困难，提出应从区域、产业、城市及支撑四个方面构建综合完整的体系，即要统筹区域资源配置，促进产业经济转型，落实城市空间布局，完善相关软硬件支撑配套设施，探索出一条创新发展的路径。刘炜等人（2015）对京津冀区域循环经济协同发展规划布局进行了研究，运用综合分析和对比分析的方法，从农业、工业和服务业三方面提出了京津冀地区循环经济协同发展的基本途径。农业方面，根据资源禀赋统筹整合农业生产区；工业方面，按照循环经济理念统筹规划空间布局，建设改造现有产业园区以提高资源综合利用效率，构建废弃物回收再利用体系以减少污染物向外排放；服务业方面，基于比较优势合理规划服务业布局，有序推动产业转移与承接，大力发展现代低碳服务业。

综合对循环经济规划机制的研究，学者们大多认为，进行循环经济规划，第一要明确发展目标，再将宏观大目标逐步分解成微观小目标；第二是要优化产业空间布局，做好功能分区；第三是实现产业链的高效衔接，注重园区产业规划的层次性，形成小循环串联成园区大循环；第四是要加强软、硬件基础设施的建设，建立园区内的资源信息共享机制，充分利用园区资源；第五是注重对园区废物回收的各个细节、环节的循环规划，实现园区“零排放”。但是，循环经济作为一种全社会性经济运行方式，目前学者们对循环经济规划机制的研究多集中于便于规划的工业园区，而对各个行业、各个地区的研究却比较少，在我国目前大力攻坚全面建成小康社会的伟大目标的背景下，循环经济的规划机制研究也应做到全面。

（十四）关于循环经济激励机制

循环经济激励是运用某种直接的手段刺激和促进循环经济发展。在建立循环经济激励机制方面，很多学者从不同的角度和行业进行了研究。段学慧（2012）从马克思主义利益观的角度，认为循环经济动力机制的构建应在以公有制为主体、政府为主导的前提下，围绕利益机制把产权激励、价格激励、财政政策激励、行政激励等结合起来，激活市场主体发展循环经济的主动性。韩克文（2014）探究了西部民族地区企业循环经济发展的约束激励机制，认为其存在着法制体系不完善、相关自然资源产权体系不清晰，发展循环经济方面的状况以及法制体系处在非均衡状态等问题，企业在加快循环经济方面的创造性、积极性以及主动性方面不足，要完善西部民族地区企业循环经济约束激励机制，需要从自然资源产权制度、财税制度、企业资金和技术支撑制度、政府绿色采购制度等方面入手。严炜（2014）认为当前我国循环经济激励约束机制缺乏统筹系统性，存在着资源环境一体化核算体系不健全，循环经济法律法规不完善等问题，所以应通过建立常态化的循环经济法律保障机制、完善资源环境与经济一体化的核算体系、建立动态化的市场调节机制、制度化的信用管理监督机制、扁平化的政府宏观调控及信息化的公众参与机制等途径，优化循环经济激励约束机制。黄中显(2015)对我国地方循环经济激励机制面临的问题进行了研究，认为我国地方循环经济发展面临激励困境，主要体现在激励措施配套立法缺位、激励机制运行面不大、激励机制运行受阻等方面，并提出地方循环经济发展激励机制要以生态保护为前提，要有激励的层次性同时突出激励的重点。

财政、税费政策也是政府激励机制的常用手段，在循环经济发展中，出台大量的降税减费等政策性优惠，可以极大地减轻循环经济发展主体的经济负担，使其有更加充裕的资金去进一步发展循环经济。很多学者重点对以税费优惠的方式促进循环经济发展进行了研究，并提出了诸多有益的制度优化意见。李伟舜(2012)认为，要在加大财政对循环经济支持力度的同时，还应在税收方面建立完整的资源、环境和能源税(碳税)体系，根据资源的自然属性、稀缺程度、损害环境成本大小等因素，实行差别税率，要提高高能耗、高物耗、高污染、低效率的资源产品和初级产品出口关税税率。付健(2016)从环境税制度的角度，认为我国促进循环经济发展的环境税制度存在着几大缺陷：资源税对我国资源的保护功能薄弱、排污费制度设计不合理、税收优惠政策对循环经济发展的支持度不足、消费税的调整力度不够。付健认为，要完善我国促进循环经济发展的环境税制度，应从加强资源税制度对我国资源保护的功能，加大排污费对环境税的征收范围，完善增值税和企业所得税等税收优惠政策，加强消费税对节能消费的引导功能入手。

同时李伟舜认为，除了税费优惠激励循环经济外，还可以运用金融手段促进循环经济的发展，循环经济面临着高投入和高风险，要加强为循环经济提供信贷支持和保险保障促进循环经济发展，首先，要加强中小银行对中小城市及农村的循环经济发展支持；其次，建立绿色抵押等银行类环境金融产品，把环境因素、可持续发展因素纳入贷款、投资和风评程序；再次，建立金融循环经济机制，让环境信息成为排污企业的信贷参照，有违法排污行为的企业申请银行贷款将受到严格限制；最后，为循环经济提供保险保障，研究和扩大循环经济保险险种。

总的来说，循环经济激励机制包含产权激励、价格激励、财政政策激励、行政激励、信息激励、税费激励和金融激励等多方面的激励，循环经济本身是一个覆盖面比较广的经济运行方式，所以在进行循环经济激励中，要注重兼顾多面，多管齐下，建立一个完善的循环经济激励体系。

（十五）关于循环经济产业链协调机制

循环经济是一个闭环的物质流循环链，这决定了发展循环经济不仅仅是某一个经济个体的行为，而是整个产业链或产业链与产业链之间相互作用的行为。在循环经济发展过程中，不可避免地要对产业链之间和产业链内部各个环节进行协调，以保证整个循环经济的有序推进。很多学者也对循环经济产业链的协调机制进行了诸多研究。于海涛(2012)对我国钢铁产业的循环经济竞争力进行了分析，并认为要保障钢铁产业的循环经济目标的实现，应构建多层次的钢铁产业循环经济产业链；探索科学的产业重组并购模式，淘汰不符合循环经济理念的落后产能；通过产业空间布局优化合理整合各类资源，构建区域工业生态运行系统；建立完善的钢铁产业循环经济综合评价体系，指导循环经济实践；推进保障钢铁产业循环经济发展各项制度支撑的形成。王丽杰等人(2013)通过对循环经济视角下的闭环供应链管理问题的研究，认为应从外部环境和内部环境两方面对循环经济闭环供应链进行优化，其中外部环境包括：完善法律法规、重视静脉产业建设与发展、建立和完善发展循环经济的政策体系、大众参与；内部环境包括转变企业观念、建立基于循环经济的供应链业务流程体系、废弃产品的回收再创造、基于循环经济的闭环供应链绩效评估。白嘉、张会新(2013)以陕西生物产业为例，研究其循环经济产业链耦合机制，认为陕西生物循环经济产业链由生物产业内和产业间的耦合机制构成，要发展生物产业应注重建立高技术生物产业基地，调整产业发展方向，推动企业集群发展和完善支持服务体系。周正平、冯德连(2014)以安徽省铜陵市资源型企业的主要副产品循环利用的模型为研究对象，提出要实现企业间良好产业循环利用，应从营造良好的生态文化发展环境、打造综合服务平台、实施科技创新驱动发展战略、构建多元化的资源保障体系等措施着手。谭林等人(2014)以新疆某循环经济工业园区为例，认为新疆在园区产业发展过程中可选择引入“企业群”的模式，同时选择引入的企业群应具备能实现产业链上下游的有效衔接，使企业与企业之间形成共生关系的能力。郑季良、陈墙(2015)从产业群循环经济协同发展的视角研究了高耗能产业群供应链协同管理运营系统的建设，提出在产业供应链协同管理中，要着重构建跨产业的信息平台、加强物流网络体系建设、积极建设相关激励机制。

综观各研究，学者们多认为要构建良好的循环经济产业协调机制，要在兼顾产业链的内部和外部环境下，注重产业链构建的层次性，利用企业之间的共生关系，进行产业空间的优化布局，合理整合各类信息、物流等资源建立科学的服务保障体系，建立科学的评价体系，积极营造良好的生态文化，推动循环经济发展。

循环经济的实践需要科学的管理方法和制度创新，但是理论界和产业界对循环经济管理方法和制度的系统研究不足，我国应在前人相关研究基础上加强对循环经济管理方法和制度创新问题深入系统理论和实证的研究；从循环经济的理论和实践研究中可以看出，循环经济与农业发展的系统理论研究也不足，对于农业循环经济发展问题缺乏系统而深入的实证研究，循环型农业的实践需要从经济理论上加于深入论证和分析；如何制定加快循环经济发展的政策，需要从多学科思维创新角度研究，重视协调共进，从关联高新技术研发、经济学(循环经济基本理论、生态经济学理论、发展经济学理论、制度经济学等理论)、管理学、法学等领域展开对循环经济理论和实践的深入系统探索。

三、低碳循环经济的建设

发展循环经济、推行低碳经济最关键的是看其能否为产业发展带来效益，这是关键所在。低碳循环经济的建设要分步、分节奏进行，其具体步骤如图：

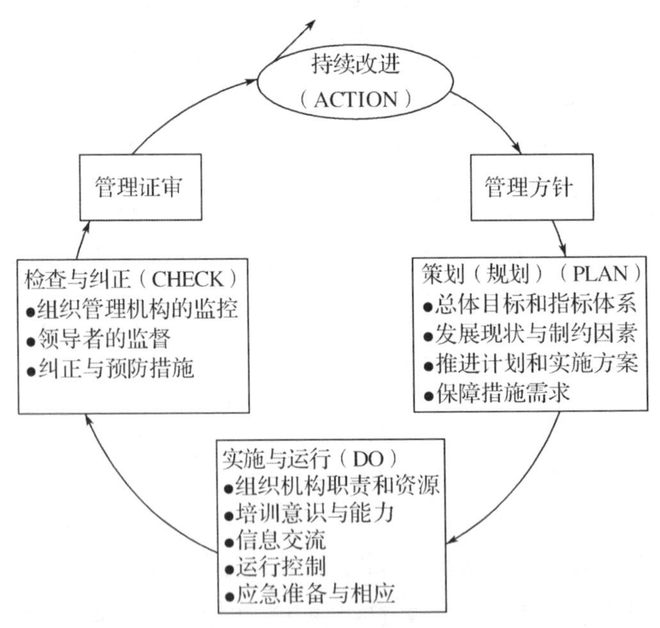

图 1-1　低碳循环经济的步骤

通过策划(Plan)—推进实施(Do)—监控与纠正(Check)—持续改进(Action)。形成的循环经济建设的 PDCA 模式，在目标指标的指导下，周而复始地进行“策划(Plan)—推进实施(Do)—监控与纠正(Check)—持续改进(Action)”的动态循环过程。这一循环过程是一个开环系统，而非一个封闭的系统；是一个伴随着经济技术发展水平的提高、循环经济政策法规的完善、实践者能力的提高和公众参与意识增强，而不断提出新的要求与目标，从而实现循环经济发展绩效的持续提高过程，而不是在原有水平上循环往复、停滞不前的过程。这种建设模式也完全符合循环经济的思想理念，循环经济强调的是思维的严密逻辑性和事物的彼此相关性，不仅是在经济发展模式上形成“资源—产品—废弃物—再生资源”的反馈式循环过程，而且将经济与环境紧密而巧妙地结合起来，相互作用，相得益彰。

四、低碳循环经济的制度

在低碳循环经济的制度建设方面，从宏观层面看，目前我国的低碳循环经济协调机制还不够健全。从国家层面看，缺乏统一的组织领导机构和总体规划，目前国家发展和改革委员会更多地从资源综合利用、提高资源利用效率入手发展循环经济；国家环保总局则更多地从情节生产、环境保护的角度发展循环经济；而科技部门则将循环经济的技术支撑作为重点发展方向，各部委各行其是，缺乏统一的组织领导机构，使得国家缺乏指导循环经济发展的总体规划和推进计划。另外，没有成立综合决策机制。目前，由于不少地方发展循环经济工作领导小组存在系统欠完善、结构欠科学等问题，造成机构运行效率低下、监管不得力。各成员单位之间协作效果不佳，许多问题甚至具体事项的决策协调上还主要依赖当地党委和政府主要领导，而地方领导又缺乏可靠的能为决策提供科学依据的咨询机构。从微观层面看，系统的整体合力较低，一是企业环境管理理念滞后。作为循环经济发展的主体，在指导思想上，尚未转到体现以全过程控制、从源头减少资源消耗和消减污染物排放的清洁生产上来，对末端治理的局限性认识不足与循环经济的理念有距离。二是管理的环境方针存在缺位。一些组织对污染的持续改进和预防缺乏相关，循环经济的管理目标及指标框架尚未建立，未将相关措施形成文件供全体员工所获取。三是管理规划的环境目标、指标及方案不完善。一些组织未根据内部每一有关职能和层次，建立相关的循环经济目标及指标；在确保组织的循环经济过程能够得到有效控制方面，组织也未设立一系列程序。四是循环经济运行组织机构和职责有待完善。不少组织未建立专门的管理机构，未对循环经济运行程序的信息交流予以重视，对循环经济的培训和提高全员意识及运作能力重视不够，控制机制缺失。五是检查及纠正措施不到位，管理评审不规范。一些组织在检查循环经济的运作过程中，不注意检查其是否符合相关的管理方针和目标要求，对不符合的要素，也不善于勒令改正以达到持续改进的目标。

第三节 循环经济与低碳经济发展和管理的契合性研究

一、二者的区别

循环经济即物质闭环流动型经济，是指在资源投入、企业生产、产品消费及其废弃的全过程中，把传统的依赖资源消耗的线性增长经济，转变为依靠生态型资源循环来发展的经济；而低碳经济是以低能耗、低污染、低排放为基础的经济模式。低碳经济是指在经济发展过程中减少煤、石油、天然气等石化能源的使用，实现低能耗、低排放、低污染的经济发展方式；循环经济是指以经济、社会、环境等协调发展为价值取向，以保护生态环境为核心利益，以“减量化、再利用、再循环”为原则的一种新型经济发展模式。低碳经济是以与依靠化石燃料石油、天然气、煤炭等不可再生能源为主要能源，以高耗能、高排放、高污染为特征的传统“高碳经济”相对的发展方式为特征。低碳经济是在可持续发展理念指导下，通过技术创新、制度创新、产业转型、新能源开发等多种手段，尽可能地减少煤炭、石油等高碳能源消耗，减少温室气体排放，达到经济社会发展与生态环境保护双赢的一种经济发展形态。低碳经济是以低能耗、低污染、低排放为基础的经济模式，是人类社会继农业文明、工业文明之后的又一次重大进步。显然，低碳经济是一种“绿色经济”，是 21 世纪世界经济发展的方向。具体来讲，循环经济与低碳经济的区别主要体现在以下 3 个方面：

第一，两者的推动力不同。循环经济侧重于整个社会的物质循环利用，在生产、消费、流通的全过程中倡导节约和充分利用资源。譬如，企业利用矿渣制造建材，农家利用生物质能制造沼气，个人买卖二手商品通过物质的循环利用使投入成本降低，为进行循环经济活动的个体带来直接的经济效益，使循环经济具有推动其自身不断发展的内生力量。而就低碳经济来说，控制温室气体排放既非生产过程的一个环节，更非生产成本的组成部分，市场本身既无法产生低碳技术的需要，更无法直接反映低碳技术的应用。伴随着化石能源即将枯竭，可再生能源及能效技术等低碳技术的市场需求已被全面激发，但是其传导机制仍有待进一步完善，低碳市场的正常运作需要国家强制力的介入方能实现，也就是说，国家强制力是实现低碳经济的重要保证。

第二，低碳经济的推动力及温室气体排放责任分配问题使其具有浓厚的政治色彩。全球人类社会作为一个大系统，各国都对温室气体排放负有共同责任，但责任又应当是有区别的。从1997年签署、2005年生效的《京都议定书》，到2009年发表的不具法律约束力的《哥本哈根协议》，都说明国家的政治意愿决定着低碳经济的实现幅度和推广程度。换言之，只有通过政府间的合作，协商决定全球减排分配额度，才能实现以控制温室气体排放为主旨的低碳经济。当然，低碳经济突出的政治因素是其特有的性质。而循环经济则更多是在无国界限制的话语体系下推行绿色环保经济模式，没有蕴含任何政治色彩。

第三，循环经济与低碳经济的关注领域和评价体系不同。众所周知，循环经济强调源头控制，突出"减量化"，从资源的开采及生产领域着手，减少资源投入，提高资源利用效率，节能减排。其核心是物质的循环利用，通过各种物质的循环利用，以尽可能少的资源耗费和尽可能小的环境代价实现经济效益和社会发展的最大化。而低碳经济则关注能源领域，以减少温室气体排放量为重心，力求减缓大气温室效应和气候恶化，强调经济发展与气候变化的双赢，因此两者的评价指标不同。根据《中华人民共和国循环经济促进法》(以下简称《循环经济促进法》)的规定，我国的循环经济宏观评价指标由四大部分构成，即能源利用指标、矿产资源利用指标、水资源利用指标和废弃物再生利用指标。而低碳经济则是从社会生产的结果入手，以碳排放量作为评价指标。

二、二者的联系

关于循环经济与低碳经济的联系，可以从多重维度加以分析，韩宝华和李光认为主要有以下4个方面：

第一，从发展背景上看，循环经济与低碳经济具有相似性。循环经济与低碳经济产生的时间跨度不大，它们都是在人类社会经济发展陷入资源危机、环境危机、生存危机的背景下，深刻反省自身发展模式，不断对其重新认识和总结的产物。

第二，从目标指向和指导理念上看，循环经济与低碳经济具有相似性。循环经济运用生态学规律和经济规律指导人类社会的生活方式，不仅要求转变传统的经济增长方式，也要求变革传统的生产与消费方式，以提高资源的利用效率、保护环境和发展经济为目标。低碳经济的实质也是通过提高能源利用效率和开发使用清洁新能源，实施一场能源革命，建立一种较少排放温室气体的经济发展模式来解决气候变化，促进人类社会的可持续发展。从更深层次来讲，低碳经济是人类经济发展方式、能源消费方式、生活方式的一次新变革，它将全面地改变建立在化石能源基础之上的现代工业文明，从而转向基于低碳新能源的生态经济和生态文明。显而易见，在生产、生活、消费、发展等多个环节，循环经济与低碳经济皆指向共同的价值观念，即尊重自然，做到人与自然和谐共存及可持续发展。

第三,从技术层面上看,循环经济与低碳经济都依赖于提高资源与能源利用效率、实现清洁生产的生态化技术,这是两者发展的必备“硬件”。这些技术“硬件”包括煤的清洁高效利用技术、可再生能源的勘探开发技术、废弃物处理技术、有效控制废弃物(包括温室气体排放)的技术以及对现有能源技术、资源利用技术改造等方面的新技术。循环经济与低碳经济共同的价值目标与指导理念要求积极研发和应用促进人与自然可持续发展的科学技术,以生产要素产出效率高、废弃物排出少的高技术取代低技术,通过其集聚效应、规模效应和乘数效应促使社会经济模式由高投入、高排放、高消耗、低效益的模式转变为低投入、低排放、低消耗、高效益的模式,社会步入可持续发展的良性循环轨道。

第四,从运行环境上看,两者都需要市场机制、法律制度等作为保障其运行的“软件”。在能源环境领域,国内外能源市场长期以来都存在市场失灵问题,其原因就在于,废弃物排放外部性和资源的公共产品性使传统边际定价不能准确反映能源内在的成本和收益,必须借助外部力量来矫正这种状况。我国要充分发挥中国特色社会主义市场经济的内在优势,不断完善制度和政策,引导市场发展方向,保证市场在资源环境问题上的基础性作用,为循环经济与低碳经济顺利运行提供环境保障。

低碳经济和循环经济在根本宗旨上具有一致性,都是向低投入、低消耗、低排放、高效益的社会经济模式转变,使经济社会可持续发展进入良性循环轨道。环境、经济和生态效益的协调发展理念都在这两种经济发展模式中得到了最大限度地体现。但是对于这两种经济发展模式,目前我国还只停留在行政促动的局面,在法律、政策、资金等方面的支持力度还有所欠缺。循环经济是实现低碳经济的一种重要途径,通过对能源的循环利用而减少了能源的开发和碳的排放;低碳循环经济不仅要求能源循环利用,更注重替代能源的使用,注重新能源的开发,进而减少碳排放。

第四节　低碳视角下循环经济发展管理的研究理论基础

一、生态经济管理理论

21 世纪,人类更加注重生活环境,生态经济管理越来越得到重视。生态经济管理是现代经济管理的高级形式,要充分吸收传统管理理论和思想的有益精华丰富发展低碳循环经济管理问题。

生态经济管理是生态目标和经济目标双重实现的新的管理形态。(1)一切经济事物都存在于相应的生态经济系统中,生态经济系统即生态经济管理的对象,生态经济管理就是对经济生态系统的管理。生态系统和经济系统作为子系统相互交织复合得到生态经济系统,相较于它的子系统,生态经济系统结构更复杂、功能更全面,能够综合生态系统和经济系统的管理功效,实现两个子系统内部以及相互之间的良性循环,以获得最佳生态经济效益,总体上提高了生态经济系统的功能。生态经济系统是一个具有自主特色、结构和功能的生态经济综合体,能充分合理利用各种自然资源、社会经济和技术条件,形成生态经济合力和生态经济生产力。可见,生态经济系统的直接目标是实现生态系统和经济系统的协调发展。这既是现代生态经济管理的目标和出发点,又是生态经济管理的归宿和任务。(2)在经济管理过程中,经济目标和生态目标是矛盾和统一的关系,既有对立和矛盾的一面,又有统一和相互转化的一面,而经济目标和生态目标的矛盾统一关系通常是被人为地建立出来的。这一关系具体包括以下 3 种情况:

第一,生态目标和经济目标的矛盾和对立。一项社会经济活动可以同时产生经济效益和生态效益,在大多数经济管理过程中,存在一味地追求经济效益和利润最大化而忽视生态效益的问题,显然,可能取得了很高的经济效益,但生态效益一定会大打折扣甚至完全缺失。也就是说,实现了经济目标,生态目标却没有实现。例如,粗放型经济增长方式对可再生的自然资源的过度利用、对不可再生资源的不合理开发引起的一系列生态问题等。造成这类生态目标和经济目标相互矛盾对立的主要原因是人们缺乏对“人与自然”关系的全面认识以及盲目追求利润最大化目标而忽视了整体利益和长远效果。反之,只注重生态目标,忽略经济目标也会带来同样的后果。例如,一些激进主义者以保护生态环境为借口反对有些国家特别是第三世界国家发展经济。这种没有经济发展的生态效益与人类文明进步的要求和社会生产力的发展相悖。

第二,生态目标与经济目标的统一。首先,实现生态目标是实现经济目标的基础。作为社会再生产的自然环境,生态系统首先是一种资源。人类为了实现经济目标而对生态与自然环境的改造会受到生态系统各要素之间物质循环以及能量与信息流动内在规律的制约。所以,只有改善生态效益,使经济活动具有良好的生态条件,人类才能合理利用自然力量,使生产力迅速发展,取得更好的经济效益和实现更好的经济目标。其次,经济目标是实现生态目标的保证。最后,改善生态环境需要足够的技术与物质支持,这就要求人类不断提高经济效益,只有当经济目标得到实现时,才有更多的资金用于生态目标的建设。

第三,生态目标和经济目标的相互转化和相互促进。综上所述,社会经济活动的最理想状态就是把经济目标和生态目标结合起来,实现经济效益和生态效益的统一,既促进经济的发展，又可在经济高速发展中保护生态环境，达到提高生态经济效益的目的。通过生态目标的实现，为生产提供良好的生态和环境条件，以实现经济目标，在实现经济目标之后，又为生态目标的实现提供物质条件，达到二者的辩证统一。生态经济管理必须解决生态和经济管理双重优化以及生态目标和经济目标二者关系的问题。要实现生态和经济管理的双重优化，首先，要将两个目标放在同一平等位置上，在管理上要力争使两个目标都达到最优。人们习惯于用经济效益标准去衡量经济系统问题，却忽略了用生态效益标准去衡量生态系统被利用而引发的生态问题。这似乎已成为一个思维定式，因此，这就要求人们从思想上树立共同发展、平衡发展的观点，在发展经济过程中同时重视经济效益和生态效益。其次，在具体实践中，要充分利用生态目标和经济目标相互统一和相互转化这一关系，有意识地将生态管理和经济管理相融合。生态目标的实现可以为实现经济目标创造自然条件，同样，经济目标的实现可以为实现生态目标提供技术、物质和资金支持，最终达到生态和经济管理的双重优化。最后，在实践方式上，要实现多种手段并存。实现生态目标和经济目标优化，需要上下一致，提高认识，真正重视经济发展和生态环境的协调，并且需要借助政府的行为，采取多种手段，以达到最终目标。例如，对那些进行掠夺式经营生产，破坏生态环境的人和行为，实施严格的法律约束；对那些破坏自然资源的单位和个人，要课以重税等。

生态经济管理是现代经济管理的高级形式，要充分吸收传统管理理论和思想的有益精华，促其完善。管理是伴随着人类的生存而出现和发展的。第二次世界大战之后，管理科学以惊人的速度发展。由于各自强调的方面不同，强调的角度不同，对管理的定义也有所不同，并且形成了相应不同的管理学派：(1)古典学派。古典学派注重管理者的职能，研究论述管理人员如何协调集体和发挥组织力量的方法，指明了管理是有组织的社会的一个特殊的要素。古典学派认为，管理同法律、医学和其他职业一样应是根据一些管理人员能够学会的原则来实施的。同时，通过使用科学的方法发现这些原则。(2)行为学派。管理中的行为科学学说开始出现在20世纪50年代。行为科学学派强调管理者的作用。一个合格的管理者必须懂得如何调动被管理者的积极性，管理作为行为科学的运用，必然要求管理者了解人与人之间的关系和协作。他们将西方的社会学和心理学等引入企业管理的研究领域，提出用调节人际关系、改善劳动条件等办法来提高劳动生产率。(3)管理科学学派。管理科学学派强调科学在管理中的作用。管理科学学派认为，管理就是用数字模式和程序来表示计划、组织、控制、决策等合于逻辑的程序，求出最优的解答，以达到企业的目标。管理科学就是制定用管理决策的数字模式与程序的系统，并把它们通过电子计算机应用于管理。(4)其他学派。除以上三种最具代表性的学派之外，还存在着其他管理学派，例如，有强调决策在管理过程中的重要作用的决策管理学派；有强调管理经验的借鉴作用的经验主义学派；有强调从系统的角度来进行管理规划的系统管理学派；有强调将整个社会中的各级组织作为一个相互协作的系统的社会系统学派等。不难看出，管理学的发展主要集中于管理对象的分化和管理方法的发展两方面。每个管理学派对管理都有独特的见解，采取特定的方法，但其最终目标都是实现管理对象的决策最优化。然而，目前的各管理学派还存在一定的局限性，因为大多数管理学派都主要以企业作为管理对象，着重对人与物质环境或者人与人之间的关系进行协调。也就是说，现有的管理学派基本上仅限于对社会经济系统而没有涉及对生态系统的管理。管理不仅要连接社会经济系统中的各层级子系统，也要实现社会经济系统和自然生态系统各层次之间的连接。因此，传统的管理理论应有所发展，管理的对象要突破社会经济系统的范围，要发展到以自然—社会经济系统为对象的现代生态经济管理理论上来。

二、制度经济学理论

1.制度及其功能

制度这一术语在不同时代、不同文化中有不同的含义。

(1)从人的行为角度出发：老制度学派创始人凡勃伦认为"制度实质上就是个人或社会对有关的某些关系或某些作用的一般思想习惯"，将制度纳入生存竞争与人的行为的关系的分析中。因此，他提出：推动人类做出某种行为目的并为达到这一目的而付出努力的根本因素是人的本能。本能支配、指导着个人和社会的行动。当这些行动逐渐转变为习惯和思想时，制度便应运而生，约束着人类活动。制度随着环境发生变化，与之对应的人的习惯和思维将做出改变，最终表现出来的是人的行为的变化，这实际上是一个适应环境的淘汰过程。20 世纪 70 年代后兴起的新制度经济学派中，美国经济学家威廉森主张行为主义。他认为，人的理性是有限的，作为理性经济人的同时，也是机会主义者，只要条件一允许，就会怠工、偷懒以寻求个人利益。针对这一现象，管理者需要合理利用理性经济人这一特性，通过相应的激励机制进行行为引导，同时加以监督机制进行行为约束以降低交易成本。英国经济学家霍奇逊认为人的行为与制度是互动的，他在《现代制度主义经济学宣言》一书中，通过对制度与行为之间关系的详细研究，提出人们创造制度，制度再创造人类的说法。

(2)从人与人之间的关系的角度来看：人与人之间的关系很复杂，既有利益冲突，又有相互合作。一方面，人与人之间存在利益冲突。在任何一个社会生产活动中，个人或者集团之间总是存在着这样或那样的利益关系,为平衡经济主体之间的利益冲突,最有效的方式就是在冲突发生以前确定一个相对公平合理的规则,并明确参与生产活动的每个个体或集团必须共同遵守这个规定。新制度经济学家的代表人物科斯从产权交易规则出发,将制度定义为一系列产权安排和调整规则。美国经济学家诺斯更明确地指出"制度是一系列被制定出来的规则、守法程序和行为的道德伦理规范,它旨在约束追求主体福利或效用最大化利益的个人行为"。可见,利益的矛盾冲突与协调问题是人类社会历史上出现的极为常见的现象。制度代表着权力,是解决这类矛盾冲突的首要选择。另一方面,一项经济活动的达成必然要求人与人之间的合作。新制度经济学认为,人与人的关系更多地表现为一种契约关系。规则可以认为是包含在契约之中,但它们不同的是:规则是协调利益冲突的,是一种约束;而契约则更强调的是合作,双方达成协议才会签约。概括起来说,制度一词有习惯、规则和契约三个方面的含义。

2.制度与经济增长

西蒙·库兹涅茨于 1971 年发表了一篇题为《现代的经济增长:发现和思考》的文章,文中指出"一个国家的经济增长,可在一个长时期内提高为其居民提供种类越来越多的经济产品的能力。这种日益提高的能力基于不断进步的技术以及它所要求的制度上和意识形态上的调整",明确强调了制度的重要性。可见除技术进步和规模经济以外,制度也是经济增长源泉中的一个重要因素。此外,"新经济史学"创始人诺斯等人在研究经济学和经济史的问题中引入制度分析,提出了"经济增长同样依赖于有效的经济组织"的说法。他们认为制度的建立能够降低专业化和劳动分工的交易成本,缩小个人和社会收益的差距,提高个人和组织从事社会性活动的积极性,逐步促进经济增长。

3.制度变迁的经济学分析

新制度经济学论证了制度的重要性,其核心部分是对制度变迁过程的分析。所谓制度变迁就是指一种收益更高的制度的生产和交易过程,简单说来,就是一种更优制度对原制度的替代过程。最具代表性的是诺斯的制度变迁理论。此外,在诺斯分别与兰斯·戴维斯合著的《制度变迁与美国经济增长》(1971)和与罗伯特·托马斯合著的《西方世界的兴起》(1973)这两部著作中,以制度作为变量解释历史事实,对西方经济史进行了重新考察和分析。

4.制度需要与制度供给

首先,要明确制度安排和制度环境是两个相互区别的概念。制度环境是指一系列用来建立生产交换活动的基本政治、社会和法律基础,一般是稳定不变的。相反,制度安排则是可变的。制度安排是指支配经济单位之间可能合作与竞争的方式的一种安排,可以为人们带来收益，制度安排可以被创新。制度需求一般是指对制度安排的需求。当现有的制度安排无法获得潜在收益的时候，则为新制度的产生创造了条件。对新制度的需求是在对社会成本和社会收益分析上确定的，属于一种社会需求。改变制度安排会引起预期净收益发生变化，产品和要素的相对价格、宪法秩序、技术和市场规模等因素的变化都影响着制度需求。制度需求创造了制度供给，制度供给只有在制度变迁得到的预期边际收益超过变迁付出的边际成本时才会产生，制度供给取决于政治秩序提供新的制度安排的能力和意愿。影响制度供给的因素也有许多，如宪法秩序、制度设计成本、现存制度安排及制度决策者的利益等。

5.制度的均衡与非均衡

“制度均衡是这样一种状态，即在行为者的谈判力量及构成经济交换总体的一系列合约谈判给定时，没有一个行为者会发现将资源用于再建立协约是有利可图的”。这说明制度需求与制度供给达到均衡，制度的供给适应了制度需求。在这种状态下，人们对既定的制度安排达到满意，无意也无力改变现行制度。制度非均衡是指人们对现存制度的一种不满意或不满足，意欲改变而又尚未改变的状态。制度非均衡促使制度变迁。

6.制度变迁的过程与方式

戴维斯和诺斯将制度变迁的主体——理性经济人称为“初级行动团体”和“次级行动团体”，理性经济人具有不同的偏好并且致力于追求利润最大化，主要包括政府、企业家、政治家等。相对价格的变化和制度创新带来的收益是制度变迁的动力。相对价格变化主要包括信息成本变化、技术变化和要素价格比率变化等，相对价格变化引起制度偏好的改变，导致制度非均衡，从而推动制度创新。当变迁主体从制度创新中获益，就会致力于制度创新从而改变制度。制度变迁分为渐进性变迁和革命性变迁，主要区别在于变迁是否具有连续性。渐进性变迁强调交易双方的再签约，是一种连续的变迁；革命性变迁往往是武力和革命的结果，是一种非连续性的变迁。诺斯认为，制度变迁以渐进性变迁为主，革命性变迁的作用同样不容忽视。

7.产权、国家与意识形态

产权是经济活动产生的动力，国家是界定产权的单位，意识形态是决定个人观念转化的道德伦理体系。诺斯在《经济史的结构与变迁》一书中，将产权理论、国家理论和意识形态理论定义为制度变迁理论的三大基石。类似于提供公共物品的责任只能由政府来承担，有效率的产权制度能够促进经济增长，若由私人来界定和保护产权需要付出很大的代价，因此产权的维护与界定只能由国家执行。国家对产权的界定和维护可能带来经济增长，也可能导致经济衰退。诺斯的独到之处在于他将产权理论和国家理论结合起来，提出了新古典主义国家理论。国家作为一个追求自身利益最大化的“经济人”，以向社会提供“公正”和“保护”换取征税的权利。然而，国家的目的是双重的并且是相互冲突的，这种冲突是国家兴衰的根源。一方面，国家通过界定形成产权结构的竞争与合作的基本规则，使统治者的租金最大化；另一方面，在追求统治者租金最大化的同时致力于降低交易费用，使社会产出最大化，从而使国家税收增加。社会中“搭便车”现象并不少见，诺斯认为，“解决这个问题需要一种意识形态理论，意识形态是一种节约的工具，人们通过它与所处的环境达成平衡，通过它获得一种‘世界观’，简化决策过程”。

8.新制度经济学的理论体系

(1)科斯新制度经济学理论的思想精髓是交易费用与企业制度交易费用。科斯在《企业的性质》一书中提出交易费用概念的两层含义。首先，科斯揭示了交易费用与企业制度形成的关系。企业的存在减少了契约的数量，降低了交易费用。具体来说，企业的产生使得一系列外部契约被内部化，由一个契约所替代，这个替代过程大大降低了交易成本。其次，企业是有边界的，不可能无限扩大，限制企业规模扩大的关键因素就是资金，当企业内部交易的边际费用与市场交易或其他企业内部交易的边际费用相等时，企业达到最优规模。企业关于选择在相继生产阶段或相继产业之间订立长期合同还是实行纵向一体化的决策主要取决于这两种形式的交易费用的高低。

(2)新制度经济学主要研究并致力于解决外部性和产权界定与科斯定理与外部性这两个问题。产权可以界定人们受损或收益的情况，其产生的前提是资源的稀缺性，产权具体是指一个社会所强制实施的选择一种经济品使用的权利。当一个经济主体的生产和消费行为对其他经济主体的生产和消费行为施加有益或有害影响时，或者当某一经济主体的行为所产生的个人成本和个体收益与社会成本和社会受益不相等时，则认为存在外部性。外部性分为正外部性和负外部性。科斯从分析负外部性问题和市场缺陷开始，提出了外部性并非一定导致市场缺陷，产权界定能使双方通过交易便可达到资源的最佳配置状态的结论。科斯定理是指只要产权是明确的，并且交易成本为零或很小，则无论在开始时将财产权赋予谁，市场均衡的最终结果都是有效率的。也就是说，法律在界定产权方面起着积极的作用，界定产权的目的是降低交易费用。只要交易费用为零，完全竞争的市场就达到“帕累托最优(Pareto Efficiency)”状态。科斯定理利用交易费用这一概念解释了法律制度对经济运行效率的影响，并探讨了解决外部性问题的基本思路，就是建立一系列既具有约束力，又在一定程度上具有灵活性的产权制度。

(3)外部利润与制度创新和变迁。外部利润就是正外部效应，诺斯称之为潜在利润或预期收益。诺斯通过对正外部性的探讨建立了制度变迁理论。制度创新是指制度安排的变更。制度变迁是指制度的替代、转换和交易过程。制度创新和制度变迁实际上就是对权利的重新界定。诺斯认为既有的制度安排中存在的外部利润将引起制度变迁，这些外部利润是由经济主体期望获取最大潜在利润引起的。外部利润的存在，表明目前社会资源的配置并未达到帕累托最优状态，还存在帕累托改进的余地。但是，由于种种原因，这些外部利润并不能够在既有的制度安排下实现，因此推动了制度创新。可见，制度创新、制度变迁的过程，其本质是外部利润内在化的过程。然而，诺斯提出，外部利润推动制度变迁存在前提，制度变迁需要一定的成本，只有当通过制度创新可能获取的潜在利润大于为获取这种利润而支付的成本时，制度创新才可能发生。

(4)制度的路径依赖和变迁时滞。路径依赖(Path Dependence)源于经济学中的“技术轨迹依赖”。其含义是，初始的制度选择会强化既有制度的刺激和惯性。一方面，沿用原有的制度变迁的路径和方向比探索新的路径更为方便；另一方面，当一种制度形成以后，会形成某种在既有体制中有既得利益的压力集团，他们力求巩固已有制度，阻碍进一步的改革，哪怕新的体制较之已有体制更有效率。因此，西方新制度经济学认为，制度变迁一旦走入了某一条路径，其既定方向会在以后的发展中得到自我强化。诺斯主要研究了两类路径依赖：具有适应性的有效率的制度变迁路径与在市场不完全、组织无效的情况下建立的制度变迁路径。第一种制度变迁路径允许组织在环境不确定下选择最大化目标，这种路径建立以后，一系列的外在性、组织学习过程、主观模型都会加强它，以保证长期的经济增长。与前者相比，第二种制度变迁路径只鼓励简单的财富再分配，并不能为现有的生产活动创造更有价值的财富，阻碍生产活动的发展。但由于其在创建初始阶段就能产生报酬递增，利润的获得会产生一些与现有制度并存的组织或利益集团，这些组织或集团为了保证这种制度变迁的持续，会形成一些特殊的政治机构，进一步巩固加强现存制度。由于制度变迁牵扯到权利和利益的转移和再分配，因此诺斯认为，由于制度变迁中存在着利益摩擦和阻滞因素，故而导致制度创新总是滞后于潜在利润的出现，也就是在潜在利润出现和使潜在利润内部化的制度创新之间存在一定时间间隔，即所谓制度变迁时滞。制度变迁时滞实际上是一种制度滞后现象。制度滞后是人类社会经济发展史上经常出现的一种现象。诺斯认为，影响时滞长度的最主要的因素是既有法律和制度安排的状态，又有信息成本、人的有限性和意识形态等。通过努力，人们能够缩短时滞，但很难消灭时滞。

9.诱致性制度变迁和强制性制度变迁

新制度经济学包括两种模式：诱致性制度变迁与强制性制度变迁。前者是指行为主体抓住制度不均衡引起的获利机会时进行的自发性制度变迁，后者则是由政府推动的制度变迁。诱致性制度变迁的进行取决于行为主体的预期收益和预期成本之间的关系，其行为主体是一群人或者一个团体,在新制度经济学中被称为“初级行动团体”。

诱致性制度有三个特点:(1)盈利性。制度变迁的预期收益大于预期成本。(2)自发性。外部利润推动变迁的自发进行。(3)渐进性。变迁是一种自下而上,由局部到整体的过程。与诱致性制度变迁不同,强制性制度变迁的主体是国家。国家推动变迁主要依靠法律法规。国家作为最大的垄断者,在使用强制力时有很大的规模经济,并且能够以比初级行动团体低得多的费用提供制度服务,占有相当的成本优势。诺斯提出诱致性制度变迁存在外部性和“搭便车”的问题,强制性制度变迁存在统治者理性局限和集团利益冲突等问题。所谓外部效果和“搭便车”的问题,是由于制度创新不能获得专利,“搭便车”者可以通过模仿发明者创造的制度模式获益,制度创新者的个人收益低于社会收益,使得创新者缺少激励。此外,强制性制度变迁具有速度快成本低的优点,以其强制力优势能够快速推进制度变迁并降低变迁成本。而诱致性制度变迁如果能克服外部性和“搭便车”问题,将是最有效率的制度变迁模式之一。由此可见,西方新制度经济学引入交易费用和抽象化制度概念,并利用正统经济学理论全面、深入地分析了制度的构成和运行,阐述了制度因子在经济体系运行中的地位和作用,突破了传统经济学理论关于天赋要素、技术和偏好三大主因子分析之界限,从而实现了新古典主义经济学的一场革命。

三、资源经济学理论

资源经济学是一门运用经济学理论分析研究资源的配置与使用、资源与人口和环境的协调以及可持续发展问题的学科,主要内容包括效率、最优和可持续性 3 大主题和生产、分配、利用和保护与管理 4 个方面。

17 世纪 60 年代至 20 世纪 20 年代是资源经济学的孕育阶段。主要包括古典主义阶段和新古典主义阶段。资本主义以第一次工业革命大量消耗自然资源为前提,带来经济的迅速增长。对于此类经济增长,古典主义经济学着力解决两个问题:如何提高资源利用效率和经济增长的长期发展。在这一阶段,“代价决定论”是占据主导地位的价值理论,因为古典主义侧重关注资源供给对社会生产和经济增长的约束,该理论主要指生产财物付出的代价如生产成本和劳动等决定财物的价值。新古典主义对资源经济学的贡献主要包括边际效用价值论、边际分析法和均衡分析法、均衡价格理论以及资源优化配置理论和外部性理论四个方面。总之,在资源经济学的孕育阶段,经济学已为资源经济学的产生做好了必要的基础理论和分析工具准备。

20世纪20年代至50年代是资源经济学的产生阶段。第一次工业革命后的80年中，世界人口迅速增长，人类对资源的需求也大幅增长。随着第二次工业革命的到来，人类进入电气化的新纪元，生产力高速发展，对自然资源的开发利用进一步加强，尤其是对地下矿产资源的开发，大大促进资源产业的形成和发展，但资源短缺和环境污染问题也随之而来，为资源经济学的产生提供了条件。为了解决这一世界性资源和环境的问题，1924年美国经济学家伊力和豪斯合著的《土地经济学原理》以及1931年哈罗德·霍特林的《可耗尽资源的经济学》相继问世，这被认为是资源经济学产生的标志。显然，这个阶段的资源经济学还主要限于单种资源（如土地）和单门类资源（如可耗竭性资源）的经济学。

20世纪50年代至今是资源经济学的发展阶段。这一阶段以80年代初为界限，在此之前的资源经济学主要是研究如何解决资源短缺问题，之后则主要研究可持续发展问题。80年代初之前的全球经济和社会发展呈现出人口高增长、经济高增长、高消耗且"用后即弃"的生产方式、高消费且"用后即弃"的生活方式、高城市化进程的特点，这将直接导致形成威胁人类生存的环境危害。如此严酷的现实迫使人们开始对这种盲目追求经济增长的发展观进行反思，直到第三次工业革命的到来，粗放式的社会发展开始出现转机。在社会生产力突飞猛进发展的同时，人类进入了知识经济时代，这深刻地影响和改变了人们的生产生活方式。在研究资源危机之后，经济学开始关注可持续发展问题。20世纪80年代以后，研究可持续发展问题引发了关于社会实践对资源经济理论的需求和已有资源经济理论的供给短缺的矛盾，这一矛盾促进了资源经济学的迅速发展。在此期间，不少国家的大学纷纷增设资源经济学学科和增开资源经济学课程。资源经济或资源与环境经济研究机构更是如雨后春笋般地涌现，一大批资源经济和生态、环境经济方面的论著相继出版，如《生态经济学探索》等。

当今的资源经济学与上一阶段相比，具有以下特点：(1)研究对象从单种自然资源转变为研究整个自然资源体系与经济增长的关系；(2)研究领域从本国资源经济转变为研究全球性资源经济；(3)研究重心从资源最优配置和开发利用转向可持续性发展研究。

四、环境经济学理论

环境经济学起始于20世纪50年代，其理论渊源可以追溯到20世纪初。环境经济学的奠基人是约翰·克鲁梯拉和艾伦·克尼斯。环境经济学是一门经济科学，在经济学的理论基础上，主要研究环境资源的可持续利用和环境保护的经济手段，从经济分析的视角为环境保护政策和环境管理提供理论支持。环境经济学是一门新兴学科，自其成立以来，呈现出令人鼓舞的发展态势，从近几十年来出版的大量书籍、期刊和专论以及相关学术讨论可以得到证实,环境经济学研究正逐步走向成熟。

环境经济学的基本理论包括4个方面:社会制度、经济发展、科学技术进步同环境保护的关系,以及环境计量的理论和方法。首先,关于经济发展和科学技术进步同环境保护的关系。经济发展和科学技术进步在一定程度上牺牲了环境和资源,但在带来环境问题的同时,也在不断提高保护和改善环境的能力。由此可见,社会需要传统的经济增长方式,把保护和改善环境作为社会经济和科学技术发展的目标,合理协调两者之间的关系。当人类在追求经济发展的过程中所产生的废弃物超过了环境的最大容量时,为保证环境质量必须投入大量的物化劳动和活劳动,这部分劳动已越来越成为社会生产中的必要劳动。其次,关于环境计量的理论和方法。用经济学原理对环境资源进行计量,为保障环境资源的可持续利用提供了理论基础。改变现有的人类对环境资源无偿使用的方式,转而实行有偿使用,能够将社会不经济性内在化,使经济活动的环境效应能以经济信息的形式反馈到国民经济计划和核算的体系中,保证在做出经济决策时既考虑直接的近期效果,又考虑间接的长远效果。

粗放型的经济增长方式对自然资源的不合理开发和利用引发环境污染和生态失调的问题,保护生态环境最根本最有效的措施就是要合理地开发利用自然资源和规划组织社会生产力。要改变过去所推崇的“唯GDP论”(以国民生产总值作为衡量一个国家或地区的经济发展程度的唯一标准的方法),在追求经济发展的同时要注重环境质量的改善,主要措施如下:(1)在制定生产和消费的决策时引入生态学理论,使所做决策与生态学的要求协调一致;(2)将环境保护纳入经济发展计划,保证基本生产部门和消除污染部门的协调发展,促进环保政策落到实地;(3)按照经济观点与生态观点相统一的标准,正确界定生产布局与环境保护之间的关系,制定资源开放利用方案,合理布局一国或一个地区的产业结构和社会生产力。

环境经济学兼顾经济发展和环境保护,环境保护的经济效果主要包括对环境污染、生态失调的经济损失估价的理论和方法;各种生产、生活废弃物最优治理和利用途径的经济选择;区域环境污染综合防治优化方案的经济选择;各种污染物排放标准确定的经济准则;各类环境经济数学模型的建立等。经济方法通过税收、财政、信贷等经济杠杆,调节经济活动与环境保护之间的关系、污染者与受污染者之间的关系,促使和诱导经济单位和个人的生产和消费活动符合国家保护环境和维护生态平衡的要求。在环境管理中是与行政的、法律的、教育的方法相互配合使用的一种方法。通常采用的方法有:征收资源税、排污收费、事故性排污罚款,实行废弃物综合利用的奖励,提供建造废弃物处理设施的财政补贴和优惠贷款等。

环境经济学的发展历史虽然仅有几十年，却产生了非常明显的理论和实践意义。具体说来，环境经济学的形成和发展对人类知识的发展主要有两个贡献：第一，为环境保护和管理提供了经济学基础，为环境科学增添了经济分析的新角度；第二，为经济学解释社会现象和人类行为增加了更客观现实的基础，使经济科学得到了进一步的发展。这两个贡献同时也为人类克服环境危机提供了极大的帮助。

五、可持续发展管理理论

可持续发展是 20 世纪 80 年代初兴起的一种新的发展观。它强调由于资源稀缺、环境有限，为求发展而对资源、环境进行消耗、利用时，必须保障代内公平和代际公平，以避免全球不可持续的发展。在未来的管理中，政府、企业和公众都应遵守可持续发展原则，制定和实施可持续发展战略，并贯彻于整个管理活动。社会要求企业从趋利性经营管理转向"绿色"的经营管理，以节约资源和保护、美化环境为己任。在管理理论和方法中，和谐理论，即研究各种组织内外和活动过程亲睦、协同、配合关系的理论及其应用，将得到更多的重视(乌家培，1999)。

政府可持续发展管理能力是经济调控能力、社会调控能力、环境管理能力和政府机构效率的综合表达。根据政府调控的领域、内涵和目标，按照指标体系建立所遵循的系统性、层次性、可比性、可操作性等原则结合中国目前的实际，建立如下衡量区域政府可持续发展能力的分级指标体系(陈劭锋、周红生、杨多贵，2002)。

1.政府效率

(1)政府财政效率：①政府财政收入占 GDP 的百分比；②政府的财政自给率。

(2)政府机构效率：①公务员占社会总就业人数的百分比；②行政管理费用中财政支出的百分比；③政府廉洁指数。

(3)政府的社会效率：①政府消费支出占 GDP 的百分比；②洁净饮用水的普及率；③教育经费占 GDP 的百分比；④公共卫生支出占财政支出的百分比。

2.政府经济社会调控能力

(1)政府经济调控绩效：①经济平均增长率；②经济增长波动系数；③通货膨胀率的波动系数；④经济的开放度(外贸依存度)；⑤基础设施建设投资占 GDP 的百分比；⑥市场化指数；⑦政府引导社会从事科技活动的能力(即用政府提供的 R&D 经费与企业投入的 R&D 经费之比表示)。

(2)政府社会调控绩效:①城乡收入差距变动;②基尼系数;③失业率的变化;④人口自然增长率的变化;⑤犯罪率;⑥文盲率的减少;⑦贫困发生率的减少;⑧男女在教育、就业和社会参与方面的公平度(用男女在相应领域所占的百分比差值或比值表示)。

3.环境管理指数

(1)环境影响评价执行力度;(2)三同时制度执行力度;(3)污染源限期治理及目标责任制执行力度;(4)环境问题的来访处理率。

根据建立的政府可持续发展管理能力指标体系,可以选取适当的多指标评价模型对中国各地区的政府管理进行测度,进行纵向和横向比较,以便推动中国可持续发展战略的实施。

从国际上看,国际上有关环境的合作进展缓慢,与环境发展大会的要求还存在很大差距。各国因自身利益不同,在涉及有关权益和承担义务方面矛盾交错复杂,其中最主要的是发达国家与发展中国家关于加强国际环境管理问题的矛盾。环境发展大会后,初步形成了以联合国可持续发展委员会、环境规划署、各环境公约为主,其他国际机构为辅的推动环境保护的国际体制。一些发达国家认为,全球环境是一个整体,不同的环境问题之间存在着内在联系,为促进国际协调行动并加强对各国政策的约束,必须加强各环境机构政策上的一致性,强化经济和法律手段,以保证有关环境协议的实施,并解决环境争端。为此,他们提出成立全面、统一和有权威的世界环境组织 WEO(包括建立环境法庭)。国际环境管理的思想代表着全球环境体制思路的重大转变,它以实施国际环境协议和条约为重点,强调协调一致,并运用经济和法律手段强化履约,对各国环境义务的强制性增加。发达国家倡导国际环境管理的最终目的是争夺国际环境体制的主导权。对此,发展中国家强调经济、社会和环境三者必须平衡发展,针锋相对地提出了加强国际可持续发展管理的概念(曲格平,2002)。

第二章

重庆市循环经济低碳化发展管理的制约因素

低碳化的循环经济发展模式概括起来就是在追求资源排放的低能耗、低污染和高效益的同时实现经济发展的高效能、高效率和高收益。循环经济模式下的经济活动具有低开采、高利用、低排放或零排放的特征，经济活动的整个过程表现为“资源—产品—再生资源”的反馈式流程。清洁生产致力于在资源开采、产品生产、产品使用和废弃物处置的整个过程中最大限度地提高资源和能源的利用率。由此可见，循环经济和清洁生产在本质上都符合低碳经济的发展要求，它们具有最大限度地减少高碳能源的使用和 CO_2 的排放的共同目标，重庆市被列入全国首批低碳试点城市，并把低碳经济纳入“十二五”规划。随着重庆市工业化、农村城镇化加速发展，节能减排和环境保护的压力进一步加大，积极转变经济发展模式，探索相应的可持续发展管理问题已迫在眉睫。但是，作为老工业基地的重庆市在发展低碳循环经济方面还存在诸多系统的制约因素。

第一节　资源制约因素

一、土地资源

土地利用变化是人类和环境进行物质和能源交互作用的重要表现。土地利用变化与地球上碳排放量的变化息息相关，相关科学研究可以证实，土地利用变化不仅是影响陆地生态系统碳循环的最大因素之一，也是仅次于石油、煤等化石燃料燃烧使大气 CO_2 浓度急剧增加的最主要的人为活动。

低碳经济土地利用的综合目标是在实现土地的经济价值、生态价值以及社会价值的同时达到土地利用的高效率、高效益和低排放，兼顾低碳和经济。在我国，土地资源是一种相对稀缺的生产要素，国家对土地供应的宏观调控是我国参与土地低碳经济的主要方式。重庆是在世界地图上仅有标注的中国四大城市之一，重庆辖区面积8.24万平方千米，南北长450千米，东西宽470千米。土地资源开发与利用与对循环经济低碳化发展存在着突出的制约问题。

(一)人地矛盾突出

土地与陆地生态系统碳库的联系主要体现在土壤及其附着土地上的植被吸收和排放的数量。土地利用变化对土壤有机碳储量具有明显的影响。在缺乏相关养地技术支持的前提下，土地资源开发与利用的程度越高，土壤肥力丧失得越快，土壤含碳量就越来越低。养地是一个长期的过程，投入的资源在短期内几乎不可能获得收益。那么，土地与人的突出矛盾就在于一旦农民在其所承包的期限之内不能找到养地资源投入与产出的均衡点，那么农民就会拒绝采用投入高昂又不能短期获取回报的养地技术，转而采用对农村土地资源进行掠夺式开发与利用方式，以确保自己的投入获得高额回报。因此，紧张的土地资源让农民不太可能采用免耕、休作等方式保养土地，提升土地的碳含量。

(二)土地污染严重

随着工业化及城市化进程的迅猛发展，农村的环境也不能幸免于难，农村同时承受着外源性污染与内源性污染的压力，其中，外源性污染主要包括城市工业废水、废气以及废弃物的排放。内源性污染主要包括农药化肥、农用塑料以及秸秆焚烧的不当处理。双重污染造成土壤板结和有机物含量急剧减少，农村土地资源质量大为下降。这些问题导致农村土地频频被抛荒，“低排放、高效率”的低碳化循环利用模式受阻。

(三)土地资源占用严重

土地资源占用主要表现为建设用地占用农业用地。建设用地的碳排放量强度是其他用地类型的几十甚至上百倍，是主要的碳源。当前，重庆建设用地需求不断增加，城市化水平发展迅速。另一方面，地方政府将农用地转为建设用地，进行招商引资、建厂、挖矿等，用以满足经济发展需求。虽然农村经济得到了一定的发展，但其本身付出了耕地面积不断减少和耕地破坏后不可复垦性的沉重代价，更为严重的后果是政府若对土地实行掠夺式开发将严重破坏农村环境，这样既阻碍了农村土地的循环发展，又增加了碳排放强度。

在我国，城镇消耗了85%的能量，同时也带来了85%的碳排放量。随着重庆城镇化进程的不断加快，大量人口进入城镇，城镇的规模不断扩大。城市土地资源利用对重庆循环经济低碳化的制约因素也是日益凸显。

（四）建筑、建设用地能耗较高

建筑是温室气体排放的主要来源之一，而建设用地方面的碳排放总量和强度也均为最高。已有资料表明，发达国家建筑及建设用地能耗水平高达全社会总能耗的30%至40%，建设用地的碳排放强度达到55.8吨碳/公顷，是其他用地类型碳排放强度的几十甚至上百倍，我国的建筑使用能耗占全社会总能耗约28%，预计这一比例还将继续增加。根据2015年重庆市国民经济和社会发展统计公报显示，重庆仅2015年全市房地产开工面积28985万平方米，房地产竣工面积4630万平方米。重庆全市建筑的高速发展，严重制约着城区循环经济低碳化的发展。

（五）土地开发过程中的园林绿地建设比例不足

城市绿化一方面能够装点美化环境，另一方面可以通过植物来吸附空气污染物，降低热岛效应起到节能减排的作用。通过增加城市绿量和绿化覆盖率，提高公共绿地的质量，科学布局绿地的分布和结构，使城市树木生长茁壮茂盛，促使城市绿地吸碳放氧的能力最大化。简单说来，就是通过栽种植物来改善城市环境。然而，在土地开发过程中，我国大多数城市园林绿地的建设比例明显不足。根据重庆的地形，土地在开发过程中，必然会遇到很多现存的公共绿地、防护绿地、林地及部分耕地，如何在开发过程中合理地安排好这部分土地的开发方式，尽可能地减少毁灭性的破坏，也是重庆城市低碳循环发展需要考虑的一个重要内容。从重庆的规划可以看出，重庆的绿地标准低于国家标准，虽然2011年重庆市统计年鉴数据表明，在2010年重庆绿地面积占建设用地面积的比例上升为8.9%，已达到国家标准，但是绿地面积的偏低仍然是重庆循环低碳化经济发展过程必须要解决的问题。具体数据见表2-1。

表2-1　重庆市都市区城市建设用地结构与国家标准对照

用地类型	合计	居住用地	工业用地	道路广场用地	绿地
面积（hm^2）	41553.73	14963.49	8747.06	2908.76	2464.14
比率（%）	100	36.01	21.05	7.00	5.93
国家标准（%）	—	20～32	15～25	8～15	8～15

注：资料来源于《重庆市都市区城市总体规划（2007—2020年）》；国家标准取自《城市用地分类与规划建设用地标准》（GBJ173—90）。

(六)土地利用布局有待优化

城市土地利用主要分为商业用地、居民用地、交通用地等。城市土地利用的合理布局能够直接影响化石燃料的使用,从而影响碳排放量。在一个城市中,当其整体规模确定之后,居住用地和商业用地的总量基本维持在一定水平,一般不会出现大的波动。因此,在城市规划的过程中,首先应该合理地配置居住用地和商业用地。在节能减排方面,优化居住用地周围的相关商业用地配套设施,居民的大部分生活需求能够在居住地附近得到满足,减少外出车辆的使用量,能够直接减少碳排放量。其次,合理规划交通用地为居民的出行方式带来更多选择,不同的出行方式碳排放量不同,公共交通小于私人交通;同一交通方式,不同车型的碳排放数量也不尽相同。交通体系本来就是城市空间结构体系中不可分割的一部分,低碳生态型城市的空间结构需要有绿色交通体系的支撑。重庆主城区由于地形与传统规划的限制,一方面,交通通畅程度受限,导致居民外出方式选择时候不愿意首先选择公共交通,直接后果就是私家小汽车的保有量居高不下,加重城市碳排放量的同时,也让交通拥堵情况陷入恶性循环;另一方面,城市轨道交通建设相对滞后于城市发展以及电动汽车等清洁能源普及度较低,制约了重庆城区低碳化的发展。

二、能源资源

当今重庆仍然是以煤炭、石油和天然气等化石燃料为主体的碳基能源经济,经济和能源结构的“高碳”特征十分突出,CO_2排放强度相对较高,节能减排形势非常严峻。一方面,重庆的能源结构以煤炭为主,2015 年重庆市统计年鉴数据(见表 2-2)显示,在重庆能源消费结构中,2014 年煤炭消费大约占到了总能源消费的 60%,石油和天然气能源的消费比重约为 28%,可见,煤炭资源和石油、天然气能源所占的消费比重都很大;另一方面,重庆的经济主体是工业,从重庆的产业结构(见表 2-3)来看,2014 年重庆市第二产业增加值是地区生产总值的主要贡献力量之一,占地区生产总值的 46%,其中,工业占到了第二产业增加值的 79%。由此可见,工业是重庆能源消费的主要部门,而工业生产技术的高碳消费特征,又加重了重庆经济发展的高碳倾向。同时,重庆快速增长的能源消费需求决定了以煤炭等化石燃料为主的能源结构在今后相当长的一段时期内不会发生根本性改变。可见,以碳基能源为主的能源结构是重庆向循环经济低碳化发展模式转变的长期制约因素。

表 2-2　重庆主要年份能源消费总量　单位:万吨标准煤

年份	能源消费总量	煤炭	天然气	油料	电力
2001 年	2573.68	1700.43	322.51	206.20	344.54
2002 年	2823.05	1928.90	331.87	213.84	348.44
2003 年	3137.90	2206.42	349.11	220.81	361.56
2004 年	3368.41	2205.08	403.52	379.97	379.84
2005 年	3527.26	2214.39	472.15	411.86	428.86
2006 年	3891.22	2391.46	532.67	469.11	497.98
2007 年	4508.40	2828.25	578.95	549.12	552.08
2008 年	4706.65	2860.50	648.38	600.57	597.20
2009 年	5124.82	3193.02	657.82	619.73	654.25
2010 年	5810.82	3551.05	750.39	741.20	768.18
2011 年	6426.95	3813.86	819.81	912.06	881.22
2012 年	6798.25	4034.42	941.24	933.99	888.60
2013 年	7253.91	4268.51	954.90	1030.99	999.50
2014 年	7693.96	4508.09	1085.68	1034.39	1065.80

注:各年能源品种均已折合为按当量值计算的吨标准煤。

表 2-3　2014 年地区生产总值(收入法构成项目)　单位:亿元

本市生产总值	14262.6
第一产业	1061.03
第二产业	6529.06
其中:工业	5175.8
建筑业	1353.26
第三产业	6672.51

注:资料来源于 2015 年重庆市统计年鉴。

三、水资源

低碳循环发展模式下的水资源合理配置不但要求提高区域内水资源的综合利用率，而且要最大限度地减少区域内的碳排放量。从重庆的实际发展情况来看，重庆拥有长江、嘉陵江、乌江等河流，2015年降雨1050.9毫米，降雨量充沛，水资源丰富，有着良好的水资源系统。天然生态系统在区域碳平衡中起到“碳捕获”作用。然而，随着人类经济社会发展和需水量的增加，在一定时空尺度上挤占了生态与环境用水，导致生态系统的退化，使得区域碳捕获能力降低及碳的净排放量增加；与此同时，因区域产业结构及水资源在经济社会系统中的配置变化，改变了区域“碳源”的构成及排放特征。此外，在取水、输水、用水和排水过程中耗能改变，影响区域碳的净排放量。为此，在水资源合理配置中，要保障生态与环境用水，以维系或提高区域碳的“捕获”能力；同时，在建立水资源开发利用效率与碳排放之间关系的基础上，进一步优化产业结构，压缩用水效率低、碳排放量高的产业供水，以减少区域碳的净排放量。与此同时，长江是重庆一条重要的交通航道，在利用水作运输载体的同时，如何降低水运对河道及其相邻生态系统的碳捕获能力成为重庆循环经济低碳化发展亟需解决的关键问题之一。

四、大气环境

重庆是中国历史上重要的重工业城市，大气污染严重。直至今天，工业仍然是重庆的支柱产业。因此，重庆的空气中总悬浮微粒（TSP）、SO_2、CO_2含量比例较高，大气环境污染严重。此外，重庆位于北纬28度10分～32度13分，东经105度11分～110度11分之间，属于中亚热带湿润季风气候区，具有夏热冬暖、光热同季，无霜期长，雨量充沛，湿润多阴。重庆日照总时数1000～1200小时，是我国日照时间较少的城市之一，年均日照1259.5小时。7月至8月份略高，月均日照时230小时。其他月份在150小时以下。重庆多雾，素有“雾重庆”之称，每年秋末至春初多雾，重庆年平均雾日104天。重庆多雨多阴少阳光的环境，影响了植物通过光合作用对空气中CO_2的吸收。此外，重庆三面环山，沟壑纵横的地理地形，使重庆少风且风速较小，空气流动缓慢，空气中的悬浮物质、SO_2等，无法通过大气快速扩散排出。

第二节　生态环境制约因素

一、温室气体排放

重庆目前的城市化水平较低，与全国同类城市相比，重庆面临着更大的发展压力，整体经济仍然处在工业化发展中期。在重庆未来的发展中，高速增长的能源需求必然会导致以 CO_2 为主的温室气体排放量的增加，这种“欲止预排”的矛盾将会更加突出。

另一方面，重庆市城乡二元结构矛盾仍然较为突出，城市化进程总体上滞后于经济现代化进程，目前的发展情况将为重庆市二氧化碳的控制研究工作带来许多难题。《重庆市城乡总体规划(2007—2020 年)》预计，2020 年全市城镇化人口将达到 2160 万人。也就是说，在未来的 10 年时间里，将至少有 800 万人口从农村转移到城镇。与农村相比，城镇中的高需求与高能耗的生活方式会产生更高的能耗水平与碳排放水平，按照目前全国城市人口人均能源消费是农村人口 3.5 倍的水平基数预测，这些人口转移将带来巨大的能源需求和 CO_2 排放量。

研究表明，能源结构是影响 CO_2 排放量的最重要因素。重庆作为典型的工业化城市，其能源结构主要以煤炭为主，在一次能源消费中，煤炭占到整个能源供应的 65%左右，而世界的平均水平仅为 27.8%。近些年，重庆市力图通过大力发展可再生能源来调整能源结构，虽然取得了一定的进展，但其调整能力非常有限。主要原因可概括如下：(1)重庆缺少可利用的风能、太阳能和潮汐能资源。(2)水能资源蕴藏丰富，但可用于开发利用的水能资源相对有限。(3)提高能源利用效率要求更高的低碳技术水平，这类技术的研发与应用是一个长期过程，例如，在重庆的产业资源结构中，煤炭资源的消耗是推动重庆经济发展的主要动力，要改变重庆以碳为主的高碳能源结构就需要核电等低碳能源的开发利用，否则，在未来相当长的一段时间这一现象将很难得到根本性的改变。

二、大气污染

作为长江上游地区经济中心，重庆也是西南工商业重镇和水陆交通枢纽。重庆市地处东部地区和西部地区的结合部，同时享有东部地区的发达经济和西部地区的丰富资源的优势。重庆经济发展快速，但在近些年城市建设过程中，由于重庆特殊的地理位置和气象条件，大面积旧房改造、道路修建和工程建设带来的空气污染物不易扩散开来，引发了较为严重的大气污染。对此，政府部门在保证经济增长的基础上提出了一系列治理方案，虽略有成效，但整体情况依然不容乐观。据2015年《重庆市环境统计公报》，2014年SO_2排放量在2010年基础上减少了22.36万吨，但总量仍有49.58万吨，生活SO_2排放量也达到了6.9万吨，占SO_2排放总量的14%左右，另外，工业污染治理施工项目数没有相应的增加，反而减产了30余个。

三、水污染

随着重庆经济的发展，城镇化进程的加快，对环境资源的过度开发，导致水环境的恶化和水资源的短缺。从表2-4可以看出，重庆生活污水排放总量2014年比2013年增加了1767万吨。随着重庆城市化规模的扩大和城镇人口的增加、生活用水增加的同时，生活污水的排放量也在急剧增加。生活污水排放成为重庆水污染的一个重要来源。工业废水排放总量趋势在下降，但是，2014年略微上升，变化不大。2014年工业废水排放量为34968万吨，比2013年增加了1518万吨，但是比2010年的45180万吨减少了将近1/3。工业废水排放总量的减少跟政府环保投入，企业工艺改造，重污染企业关停整改等因素分不开。取得一定成果的同时，也要清醒看见，仍然还有5%左右的工业排放废水不达标，这些不达标废水仍然是重庆水污染的另一个重要来源。

表2-4 2014年重庆环境保护情况

项目	2013年	2014年
环保投资(亿元)	255.74	293.69
水资源总量(亿立方米)	474.34	642.58
用水总量(亿立方米)	83.91	80.47
生活污水排放量(万吨)	108936.73	110705.20
工业废水排放量(万吨)	33450	34968
二氧化硫排放量(万吨)	54.77	52.69
生活二氧化硫排放量(万吨)	5.33	5.21
饮用水源水质达标率(%)	99.7	97.3

注:资料来源于2015年重庆市统计年鉴。

此外，受重庆工业污染及气候环境所致，重庆长期为酸雨重灾区。酸雨不仅对植物和建筑有重要的危害，随着雨水流入河流，造成河流水体的污染。重庆在城市规划中也缺少生活污水再利用的规划，缺乏按照就地处理、就地回用的原则合理采用相应的再生水处理技术和输配技术来处理居民生活污水和再生利用。

四、生态系统退化

重庆自 1997 年直辖以来，都市圈生态系统健康状况总体来逐年好转，特别是环保投入、自然结构和生活便利度提高最为明显。但通过学者的研究发现，重庆市生态系统健康状况整体呈现上升趋势，但仍然与非常健康状态存在一定的差距，整个生态系统处于亚健康以下状态。自然方面，环保资金投入和自然保护区面积在原有基础上都出现了一定的下滑，但绿地面积有所增加，整体看来，生态健康并未出现好转。经济方面，人均 GDP、实际吸引外资等逐年增加，但是在这一过程中，第三产业比重、单位 GDP 能耗没有大的改变，甚至出现了徘徊后退的迹象，这也是造成经济发展与生态系统发展一直稳而不升状态的原因之一。

主体位于重庆辖区内的三峡库区，是重庆最需要关注的一个生态区域，而这一个地区也面临着生态退化的问题。三峡库区自蓄水以来，长江、嘉陵江、乌江干流的水质保持稳定，但岸边污染问题日渐突出。随着三峡水库水位抬高，库区河道拓宽、加深，水流明显减缓，水体自净能力下降。蓄水后，三峡库区一些次级河流的“水华”现象呈增加趋势。2007 年，三峡库区重庆段 6 条长江一级支流出现“水华”现象。富营养化程度加重的趋势影响到库区水生态安全。

循环经济低碳化要求人在考虑生产和消费时将自己置身于人、科学技术和自然资源这个大系统中，人类本身是这个大系统中的一个子系统。循环经济要求运用生态学规律来指导和协调经济生产，要使工程承载能力和生态承载能力并重。在整个生态系统中，循环包括恶性循环和良性循环两种方式，恶性循环是指经济活动超过了自愿承受能力的循环，会引发生态系统蜕化。反之，良性循环则是在自愿承受能力之内，能够使生态系统平衡发展的循环。循环经济低碳化致力于追求资源的良性循环。

第三节 经济制约因素

整体来看，重庆市以粗放型经济增长方式为主，仍然以资源的大量投入和消耗来支撑经济增长，所付出的代价当然是生态环境的污染和恶化。重庆的经济发展中存在的问题对重庆循环经济低碳化有以下3个方面的影响：

(一)能源消耗大，效率低

重庆自直辖以来，经济发展迅速。1997—2014年这17年间重庆市生产总值增长了10.49倍，经济的快速发展，拉动了能源消费需求的快速上涨。以1997年为分界点，直辖前后能源消费的年均增长率增长迅速，截至2014年，增长高达3.79倍。但与我国东部较发达地区的一些主要城市相比，重庆的能源利用水平还存在相当大的差距，能源总体利用效率在全国处于较低水平。2013年重庆单位GDP能耗比另外三个直辖市北京、天津、上海分别高出80%、20%和30%；其在全国31个省(自治区、直辖市，不含港澳台)的单位GDP能耗排名中位居13位(排名越高，能耗越大)，主要工业产品单位能耗与国际先进水平相比，平均要高出约40%。

(二)三产结构失衡，第三产业发展缓慢

重庆的工业结构重型化特征以及传统高能耗产业在工业经济中的比重较大。在产业结构中，建筑业、工业和交通运输业等第二产业是能源的主要消耗者，相比之下，第三产业单位产值消耗的能源非常有限。近年来，重庆市的第三产业在GDP中所占比重徘徊不前，与第二产业相比虽有所超越，但幅度不大。在发达国家中，第三产业占国内生产总值的比重在60%～70%，而中等发达国家处于50%～60%的水平。表2-5显示，2014年，重庆第三产业占本市生产总值的比重为46.8%，相比之下，与发达国家和中等发达国家之间还存在着一定的差距。

表 2-5　地区生产总值构成

单位：%

年份	本市生产总值	第一产业	第二产业	其中：工业	其中：建筑业	第三产业
2005 年	100	13.4	45.1	37.3	7.8	41.5
2006 年	100	9.9	47.9	40.1	7.8	42.2
2007 年	100	10.3	46.7	38.9	7.8	43
2008 年	100	9.9	44.6	36.9	7.7	45.5
2009 年	100	9.3	45.0	36.9	8.1	45.7
2010 年	100	8.6	44.6	36.2	8.4	46.8
2011 年	100	8.4	44.6	36.1	8.5	47
2012 年	100	8.2	45.4	36.6	8.8	46.4
2013 年	100	7.8	45.5	36.2	9.3	46.7
2014 年	100	7.4	45.8	36.3	9.5	46.8

注：资料来源《重庆统计年鉴 2015》。

（三）从国际分工看，重庆高新技术基础不足

在当前的国际分工体系中，重庆由于自身高科技研发能力不足，还处于全球产业链的低端，对外贸易中承接了由发达国家转移的高投入、高消耗、高污染型经济产业。这类产业的转移一方面使转移国在不增加碳排放量的前提下获得了其所需产品；另一方面，重庆在贸易中虽有获利，但生产带来碳的高排放量，造成了重庆的碳排放居高不下的问题。

第四节　技术制约因素

从技术经济角度看，低碳循环经济发展的关键是低碳技术的研发、创新和应用。

从国家整体来看，我国低碳技术的总体水平较为落后，尤其在核心技术方面，各地区多以中低端技术为主。技术水平制约着我国从高碳型经济向低碳型经济转型。造成这一问题的原因一方面是从自身利益出发，由于发达国家存在担心向发展中国家进行技术转让会影响其产品国际竞争力的顾虑，即使国际社会强调为共同应对全球气候变化问题，发达国家有转让技术的义务，他们也会拖延这项义务的执行。因此，从发达国家引入先进低碳技术存在很大的不确定性。另一方面，就我国自身情况而言，对低碳技术进行自主研发

不仅缺乏技术支持，资金也是限制我国低碳经济和循环经济发展的重要因素之一。

从西部地区来看，在整个西部地区，自身拥有研发机构的企业相当稀少，即使在大中型企业中也不过半数，没有技术研发机构的企业，只是纯粹的制造工厂。和发达地区相比，西部地区在新产品开发、资源利用和生产工艺方面缺乏竞争力，在科技主导生产力的市场上处于下风。这样的情况，让处于西部地区的重庆容易陷入“锁定效应”从而阻碍其循环经济低碳化发展。

从重庆实际情况来看，低碳经济对高科技的需求制约了重庆循环经济低碳化发展。循环经济低碳发展对重庆现行的产业结构和技术制度提出了挑战，提高能源利用率和减少温室气体排放对科学技术有很高的要求，需要对现行产业结构进行转型优化并开发出新能源。另外，重庆自身科技水平落后是制约其循环经济低碳化发展的重要方面。重庆在能源利用和生产开发方面的技术水平比较落后，即使占据了丰富的低碳资源和优厚的国家政策的优势，但优势的发挥水平很有限，即使重庆拥有众多的高校，但企业与高校合作联系甚少，造成众多高校的优势也没能充分发挥。重庆低碳循环经济的发展仍面临着很大的困难。

第五节　制度制约因素

一、制度变迁失衡

诱致性、原发性制度变迁生于经济增长过程，诱致性制度变迁需要国家干预来改变制度创新的速度，需要政府主导的强制性制度变迁作为先导，是一个进化过程。而重庆在循环经济低碳化发展过程中，诱致性的制度变迁从一开始就落后于政府主导的强制性制度变迁。

重庆目前正处于经济发展的关键阶段，为了发展本地经济，把经济增长作为首要目标而忽视了环境、能源问题，片面追求“集体”局部经济利益，只会逐步与低碳循环经济发展的脱节，其变革不过是强制性制度变迁，主观能动性得不到施展，从而阻碍循环经济低碳化发展。同时，制度的变迁，必然会损害到部分既得利益集团的利益，通常会带来财富与权力的重新分配，如果利益受损集团与政府内部部门拥有直接的利益关系，这些部门与人员降低制度革新的积极性，从而阻碍相关制度的发展。

二、缺乏足够的有效制度

在低碳发展初期，因为从企业自身利益出发，发展低碳经济的收益与成本不成比例，企业自觉参与低碳建设具有一定的保留性。因此，政府主导对低碳发展具有重要的作用，而发挥政府作用的机理之一就是制度保证。

但目前存在的问题是，社会对政府低碳政策的响应程度并不高，况且政府对低碳发展制定的法律和制度的可操作性不强。国家所制定的低碳政策多体现于中央政府的文件和报告，虽然包括重庆在内的地方政府年度政府报告中或多或少地体现了循环经济低碳化发展的精神，还局限在一些宏观性、综合性的低碳政策方面，这些宏观性低碳政策缺乏具体、规范化的行动方案。

三、产权界定不明确

低碳经济的发展离不开产权制度的安排，但是国内在这方面缺乏相应制度，主要表现在以下 3 个方面：

（一）碳排放权的分配与核算较困难

首先，气体性污染物排放量难以测量。碳排放主体众多、方式多样、种类复杂以及排放时间不定，可见其具有很大的不确定性，要对碳排放进行具体的核算非常困难。其次，不同产业和地区之间碳排放量也存在着很大差异，要做到在不大幅度影响不同产业和地区的经济发展的同时做到减少碳的排放量，如何在不同产业和地区之间分配排放量是中国目前一个亟待解决的问题。最后，新建企业和原有企业之间碳排放量的分配同样难以界定。可见，产权制度的不明确让这些问题难以解决。

（二）碳排放权交易市场不健全

目前，我国的碳排放权交易市场还不完善，实行以行政指导为主，市场机制为辅的管理模式。我国还未形成自己的价格机制，在碳排放权定价方面，只是参考国外的定价机制。对国外定价机制机械的复制，往往和我国经济发展现状难以契合，市场交易价格难以准确反映真实价值。市场的不稳定增加了买卖双方相互寻找、信息搜寻和谈判协调的交易成本。此外，不完善的市场机制下，我国的碳权交易市场出现市场分割的现象，整个交易市场被分割为若干制度不同的市场，交易者奔波于不同的市场之间，无疑增加了他们的交易成本，在一定程度上阻碍了碳交易的顺利进行。

(三)公众低碳意识比较淡薄

一方面,社会各界对低碳经济的宣传和教育力度还不够,公众对低碳生活的具体内容认识还不够,即使有部分人认可低碳生活的思想,但在实际生活中对低碳生活方式的实践途径却不甚了解;另一方面,社会上还没有建立完善的利益激励机制以引导公众生活消费方式的转变。大多人依然是从个人当前利益以及固有观念出发来选择自己的生活方式和消费行为,对环境保护重视度不高。

四、制度的权威性弱化

中国是最早制定实施《应对气候变化国家方案》并把法律法规作为应对气候变化的重要手段的发展中国家,但现有体制缺陷是发展低碳经济的制度障碍。其一,环境保护制度的强制力和约束力不够。现有环境法律、法规体系未能明确公民的环境权益,从而使得公民不能维护自身权益,导致政府在监管污染排放方面成本过高。其二,在我国,部门分割现象依然存在且较为普遍。比如,与生态环境保护相关的部门就涉及农业部门、林业部门、环保部门、国土资源部门等。分部门的多头管理不仅使生态建设和环境保护的制度间缺乏协调、配套和整合,而且容易出现政出多门、政策冲突或政策盲区,容易导致了制度实施时责任不清,界定困难,相互推诿,相互冲突。

第六节　社会制约因素

人是资源和产品的最终需求和消费者,随着生活质量的提高,人们对环境资源和产品需求提出了更高的要求。中国也已经步入老龄化社会,一方面是人口出生率较高,但另一方面是人口死亡率的下降。老龄化社会的到来,意味着中国在现有的基数下,自然资源如水、耕地、石油等的需求,即使不增长,也是十分巨大的。较高的出生率意味着较高的新增人口,新增的人口必然带来更多的碳排放。

目前,重庆正处于经济发展,人均 GDP 快速增长的阶段,同时也是工业化和城市化快速增长和人均碳排放不断上升的阶段。就城市化而言,“十二五”规划末,重庆城市化率每年以一个百分点的速度上升,达到了 60%,在未来很长的一段时间内,城市化率将依然保持上升态势。就工业化而言,近5年重庆以能源、钢铁、建筑材料等为主高碳产业即高能耗的重工业是经济增长的主导产业,是工业和GDP的重要贡献力量,并预计将长期保持不变。由此可见,城市化和工业化对重庆循环经济低碳发展的影响愈发明显。

第七节 文化制约因素

制约低碳循环经济发展的文化层面的因素主要是低碳技术创新的观念、消费习俗和传统文化等。

首先,在对低碳技术创新的观念层面,由于低碳概念在国际上出现时间较短,尽管在学术界引发了热烈的谈论,但在国家、地区和社会公众层面,低碳概念还是一个新名词,总的说来,社会各界对低碳经济的重要性认识的还不够全面。在政府层面,政府部门是低碳经济具体政策的发布者,本应是非常了解低碳经济的主体,但由于政府对低碳创新的重视不足,相关政策具体的执行力度并不高,低碳仅仅停留在概念、通知或者文件层面,没有具体落实到相关低碳技术研发和低碳产业发展层面。部分地方政府对区域低碳创新的重要性和作用认识不够,依然片面地以资源能源消耗和环境污染为代价追求GDP增长的政绩考核。由于缺乏政府的引导,公众的低碳经济意识更加淡薄,由于低碳经济发展会影响个人收益或者说存在负外部性,大多数人更愿意保持原有对经济发展的态度。这将直接或间接地影响其行为,进而形成对重庆低碳创新活动的严重制约。

企业缺乏创新意识严重地制约了科技发展。一方面,我国原有的计划经济体制遗留的传统模式和文化理念在一定程度上阻碍了市场经济体制的真正建立,企业的自主创新力和自由竞争思想文化的形成受到束缚。另一方面,家长制的管理作风使员工的工作目标仅限于完成企业既定目标,缺少科技创新动力。这种文化根基将形成对低碳经济发展的严重障碍。

高碳消费观念会引导高碳的消费习惯、消费模式和消费需求,而消费需求引导市场需求,进而引导企业产品生产和企业技术创新行为。目前,受浪费、奢侈、显摆等消费习惯和消费心理的影响,高碳消费模式无处不在,这些高碳排放的消费习惯、心理和模式直接引发对物质产品的过度消费,形成对低碳创新的不够重视、对低碳产品和低碳消费的抵制心理,进而形成对自然资源、能源、环境的过度破坏、浪费和不可持续性。

除了以上所说的技术创新观念、传统文化和消费习俗是制约低碳经济发展的文化因素以外,还存在着其他制约因素,例如,与发达国家相比,目前我国为促进低碳经济发展创新的文化服务体系建设相当缺少。文化体系建设的缺少难以形成低碳发展的区域文化共识,严重制约了低碳经济发展。

第八节　生态伦理制约因素

人与自然是相互依存、相互制约的关系,人与自然的关系伴随着社会发展的整个过程,自然为人类社会的发展提供了物质基础,是人类赖以生存的前提和基础。马克思把人看成自然界的一部分。他认为,人能"实践创造对象世界,即改造无机界"。并在改造自然中使自身不断得到改造。自然界是一个有机的整体,人类在使用科学技术改造和开发大自然的同时,只有遵循自然规律,才能促进人类社会的健康向上发展。但是传统主客二分思想主张主体与客体的分离,即在人与自然的关系中人是主体,自然是客体,是人类认识、开发和利用的对象,自然相对于人处于一种臣服的状态。

工业文明给人类带来了技术的飞跃,各种科学技术在人类改造自然和认识自然中,作为实现人和自然之间物质变换的一种方式,发挥着巨大的经济、社会价值,但同时又带来许多人类始料不及的诸如资源枯竭、环境污染、生态失衡等一系列严重威胁人类生存和发展的"全球问题"。传统生态观从人是自然的征服者的观念出发,把人类发明的先进技术看作人类征服自然的武器,对自然界进行掠夺式开发,造成了自然界的结构严重受损,生产功能严重退化。对于困扰全球的气候问题,其根本原因就是对自然界中的含量有限又极其宝贵的煤炭、石油等能源无节制的开发,随后又向人类的生存环境之中排放大量含碳废物,造成了温室效应问题,这其实就是传统经济发展中形成的"人类中心主义"的价值观在作怪,忽视了自然界和人类社会的相互依存关系,造成了二者关系的失调。

前些年中国的不少地方包括重庆在内,地方政府及民众基于自身利益出发,更加注重的是企业能够带来的税收与就业、经济利益的增加,至于环境成本则较少在考虑范围之内。这样的生态观念仍然根深蒂固,经济发展过程中仍然走在恶性循环的老路上。转变人与环境的传统观念,在一定程度上才是重庆循环经济低碳化发展的重点所在。

第三章
重庆市循环经济低碳化发展管理的制度变迁

前面的章节已经提到过，制度变迁是新制度经济学体系的核心部分，是指一种制度对另一种制度的替代过程，也是一种收益更高制度的生产过程以及制度的交易过程。可以看出，制度变迁实际是制度稳定性、环境变动性和不确定性以及追求利益最大化三者之间持久冲突的结果。要获得制度变迁的收益，则必然要付出相应的变迁成本，在变迁过程中，只有制度变迁的预期总收益大于预期总成本，制度变迁才有可能发生。而低碳循环经济的发展，纵观各国的发展史，也必然将是一个制度变迁的过程。下面，我们从国内外循环经济的实践过程中把握分析循环经济低碳化发展管理制度变迁的轨迹，为重庆市发展低碳循环经济提供良好的制度借鉴，从制度变迁的角度分析提出重庆市低碳循环经济发展的物质流、能量流、信息流、技术流、人力流和价值流等管理机制体系框架。

第一节　重庆市循环经济低碳化发展管理的强制性制度变迁

一、强制性制度变迁

强制性制度变迁是利用政府和法律的强制力实行的一种制度安排，其变迁的主体是国家，往往通过颁布一系列的法律法规得以实现。从其发生、执行和运行来看，它有追逐社会效益、强制性和激变性的特征。根据新制度经济学的分析，国家在使用强制力的时候有很大的规模经济效用。作为垄断者，国家可以比竞争组织以低得多的费用提供一系列的制度性服务，同时，国家在制度变迁中还可以降低组织成本和实施成本。

二、强制性制度变迁的制约因素

虽然强制性制度变迁由于中央权力的介入而具有高效率的可执行性，但并不是所有的强制性变迁都是经济而有效的，其有效性受到许多因素的制约。

第一，统治者的偏好和有限理性。不同的统治者对于某种制度的主观偏好不同，抑或是统治者受信息、资源等约束不同，会对不同的制度形式产生一定的偏向，而这种偏向在总揽全局的情况下可能产生正效应，也可能产生负效应。

第二，意识形态刚性。当某种固定的思维模式形成之后，它会通过增加制度创新的服从成本、交易成本和代理成本的方式增加制度变迁的总费用，从而使制度变迁的收益和绩效减弱。

第三，官僚政策。它会带来一系列的恶劣后果，像是抉择不理性，完全凭借个人喜好；缺乏创新，按部就班，下属执行缺乏活力；工作缺乏效率，无积极性；发展目标不明确等。以上种种都会使政府在推行制度变迁的过程中受到阻碍。

第四，集团利益冲突。政府在实施制度变迁的抉择中，必须从社会总体效益的角度来衡量预期收益和制度成本之间的关系。在这种情况下，如果两个大企业之间存在着个人利益的冲突且不可协调，政府从长远性和全局性出发，必将牺牲一部分的社会整体效益来协调个中矛盾，以谋求社会和谐发展。

第五，社会科学知识的局限性。没有科学知识的正确向导，制度变迁便缺少必然的“灯塔”。纵观历史，所有的制度变迁的发生都是以一定的社会发展和经济腾飞为基础的，而社会的发展和经济的腾飞又将取决于科学知识的有效发展。

第六，国家的生存危机。当国家的安全危机和经济发展相矛盾的时候，政府必将优先考虑国家的安危存亡。所以，当国家的政治安全与制度变迁相悖的时候，即使它是有效而经济的，其也必须让步于国家的安全性。

第七，一致同意性原则。这不仅仅是一个政治范畴，还是一个经济范畴。如果说现在的制度正由国家倡导强制运行，但它违背了一部分人的利益，这些人就不可能按照这个制度来规范自己的行为，直接影响制度的有效实施。如《在野生动植物保护条例》《文物保护条例》《环境保护条例》等的实施过程中，这一状况尤为明显。这就形成了中央强制性制度变迁与个人利益相“抵触”“冲突”的现象。

综上所述，强制性制度变迁虽然可以降低组织成本和实施成本，但是它同时也存在着诸多的制约因素。国家可以努力降低一些因素对制度变迁的不利影响，但并不能够克服所有不利因素对制度变迁的约束。

三、强制性制度变迁的实施条件

（一）有效组织

不管是政府还是企业，不管是强制性制度变迁还是诱致性制度变迁，有效组织都是其政策法规得以有效实施的先决条件。只有事先确立了一个行之有效的组织结构，在制度变迁过程中各种信息流、物质流、能量流、人力流、技术流和价值流的传递实施才可以得到有效保障，才可以降低企业在制度变迁过程中的实施成本和组织成本，才能够以较高的预期利润率吸引企业积极参与。

（二）有效意识

即使有了正确有效的组织结构也不能从根本上保证制度变迁的高效推行，因为可能存在很多企业出于各种因素的考虑，如：企业文化、企业利润、企业总体目标等，而不愿意实施新老制度的替换。所以，在这种情况下，有效意识就占据了重要地位。当企业的思维方式发生了根本性的转变，它从更加长远的利益出发，更加确信新生制度能够给其带来更加高额的回报率，它就会自觉地遵守政府制定的规章条例，加快制度变迁的进程。

（三）政策支持

具备了有效组织和有效意识以后，政府还应当颁布详细而准确的相关法令政策，使制度变迁"有法可依"。制定相关的奖惩措施并且严格执行，对企业做到有理有法的恩威并重，积极引导企业走上正确的轨道；同时，相关法令政策的制定实施也可以为企业进行制度变迁做出指导性规划，为企业的前进提供一个大的方向，使其可以沿着正确的道路前行。

四、政府发展低碳循环经济的职能定位

发展循环经济学需要政府、企业和社会公众的共同作用，企业作为市场经济主体，是循环经济的实践者，企业的参与程度直接决定循环经济的运行程度。完善的市场环境是企业参与循环经济的前提。由于市场经济条件下市场失灵的客观存在，这时就必须由政

府发挥其政策引导和支持作用来承担调整市场环境的责任。我国循环经济发展还处于起步阶段,因此,政府必须有效发挥主导作用。

(一)政府要制定科学的低碳循环经济发展战略规划

我国政府有关部门应加快组织编制循环经济发展战略目标和总体规划,将提高资源利用效率、减少资源消耗量和污染产生量纳入国家发展的战略目标,由国家高度统筹规划循环经济的总体发展框架,制定循环经济的实施方案。

(二)建立规范低碳循环经济发展的法律体系

健全法制,通过法律手段引导和规范低碳循环经济的发展。加强低碳循环经济法规体系的建设,通过立法对低碳循环经济加以规范。20 世纪 90 年代以来,美国、欧洲、日本等陆续制定了各种低碳循环经济法,大致可以分为基本法、主体法和具体法三个层次,包括综合性法律和行业法规。在国际社会中,以日本和德国为例,综合性法律的主要代表是德国的《循环经济法》和日本的《推进建立循环性社会基本法》;行业法规包括日本的《家用电器回收法》和德国的《限制废车条例》。

我国低碳循环经济相关的法律以 2009 年 1 月 1 日正式实施的综合性法律《中华人民共和国循环经济促进法》为基础,主要涵盖三个部分,即资源与能源相关的法律、废弃物管理与环境保护法律,以及相关的生产消费和宏观经济领域的法律。其中,《节约能源法》和《可再生能源法》提出了发展低碳循环经济的要求;2004 年修订的《固体废物污染环境防治法》从废弃物管理的角度提出要实行减少固体废弃物的生产量和危害性,合理利用固体废弃物和无害化处置固体废弃物的原则,促进清洁生产和低碳循环经济的发展。同时,《循环经济促进法》坚持减量化优先原则、建立循环经济规划制度、建立总量调控制度、建立生产者责任延伸制度、对重点企业实行重点管理、强化产业政策的规范和引导。

(三)建立规范低碳循环经济发展的政策体系

建立和完善低碳循环经济发展的政策体系,发挥政策的激励约束作用。我国低碳循环经济发展政策包括方针性政策和工具性政策,方针性政策主要是指由中央政府颁布的纲领性目标政策,在国家维度上明确规划我国发展低碳循环经济的目标方向,反映了政府的意向与期望。这类政策包括指导性下政策文件,如国家社会经济发展“十一五”规划、《国务院关于促进循环经济发展的意见》等。工具性政策则是方针性政策的具体执行手段，国家充分发挥其强制性和引导性作用以影响市场主体的行为，促使方针性政策落到实处。它是直接管制政策、经济激励政策和自愿性政策的组合，是一系列具体的、直接影响市场经济主体行为的、可操作的政策规定。

我国低碳循环经济的实践主体主要是政府、企业和公众，一个完整的经济活动涵盖输入端、中间过程和输出端三个部分。我国低碳循环经济的政策体系是由政策作用的主体、政策手段选择和低碳循环经济的主要环节的结合体（见表3-1）。从中可提炼出发展低碳循环经济的三套机制与三种政策工具，包括现代政府—国家行政体制，企业—市场机制，非政府组织和公众—社会机制，相应的政策工具包括规制性政策、市场性政策以及参与性政策。行政机制体现政府自上而下的努力，社会机制可以促进非政府组织自下而上的努力，市场机制则可以激励营利组织横向的努力。

表3-1　低碳循环经济发展的政策体系

政策手段	输入端	中间过程	输出端
规制性政策	促进资源减耗的规制性政策，例如各种新建项目资源消耗强度指标	促进生产和消费中尽可能重复和循环利用资源的规制性政策，例如要求产品或包装以初始形式多次使用；家用电器的能耗标准等	促进污染减排的规制性政策，例如排污证的发放及排污收费制度
市场性政策	促进市场减耗的市场性政策，例如反映资源稀缺性的税收与价格机制	促进生产和消费中尽可能重复和循环利用资源的市场性政策，例如减少补贴，增加环境税；保证金制度；能源合同管理制度	促进污染减排的市场性政策，例如建立排污权交易制度
参与性政策	促进资源减耗参与性政策，例如各种资源信息的公开	促进生产和消费中尽可能重复和循环利用资源的参与性政策，例如绿色能源标识制度，绿色家庭、企业、社区、城市评比制度	促进污染减排的参与性政策，例如污染排放信息公开制度

重庆是西部地区重要的工业基地，经济发展受国家的宏观政策影响较大，重庆每一次大的跨越发展都与国家的战略决策密切相关。清末的开埠通商是近现代工业的发端，战时作为国民政府的陪都丰富了工业门类，新中国成立后的三线建设加大了重工业的比重，直辖和西部大开发又为新时期的重庆发展提供了更多的机遇。2007 年中央为重庆市发展战略做了总体部署，要努力把重庆加快建设成为西部地区的重要增长极、长江上游的经济中心、城乡统筹的直辖市，在西部地区率先实现全面建设小康社会的目标，因此重庆市必须立足现实，合理调整经济结构，协调工业布局，承担起西部地区应有的城市功能。

(四)制定低碳循环产业规划和区域规划

近代以来，重庆市区空间布局的变迁受到城市规划的深远影响。1946 年的《陪都十年建设计划草案》是现代重庆的第一个城市规划，提出了疏散市区人口，降低人口密度，发展卫星城镇的设想。

1952 年《重庆城市总体规划》根据重庆特有的地形、历史等条件，确立“大分散、小集中”的布局原则，规划了市中区、大杨区、大渡口区、沙磁区、中梁山区、江北工业区、弹子石工业区、南坪工业区、李家沱—道角工业区等 9 个片区为重点发展区域，及外围北碚、歇马、西彭和南桐 4 个卫星城，强调将工业在更大范围内分散，对工业空间结构的形成起到宏观调控作用。

1982 年新的城市总体规划首次对中心城采用“有机疏散、分片集中”的多中心组团式城市布局结构，中心城周围建设北碚、长寿、西彭、两路、鱼洞、鱼嘴等 10 多个小城镇和 20 多个工业点，构成以中心城为核心的星座状城镇体系。相关企业和科研单位开始向城区集聚，重庆的工业空间结构趋向合理。

1998 年的城市总体规划继续沿用“多中心组团式”的布局结构，提出组团与组团之间以河流、绿化带和山体相分隔，既相对独立，又彼此联系，确保每个组团内基础设施完善，居住、休闲、绿化用地大致平衡。

进入新世纪，重庆工业化城市化进程加快，为此制定了《重庆市城乡总体规划(2007—2020 年)》。该规划明确了重庆的五大定位：中国重要的中心城市之一、国家历史文化名城、长江上游地区经济中心、国家重要的现代制造业基地、西南地区综合交通枢纽。为符合城市功能要求，对都市区实行“退二进三”和“退工还绿”的政策，现有工业企业“退城进园”。与“退城进园”相结合，中心城区发展工业设计、服装设计及加工、包装设计及加工、电子信息等都市型产业；在内环快速公路和绕城高速以路之间重点布局全国同类行业具有竞争力的装备制造业，以及以长安、嘉陵、建设等大型企业为核心的汽车摩托车产业；依托原北部新区（高新园、经开园），发展高新技术产业；依托西铝集团，发展铝加工业。

就重庆本身而言，它有一定的历史因素和自身特点。正是这些因素和特点，为重庆发展低碳循环经济提供了良好优势，并把发展低碳循环经济作为编制有关规划的重要指导原则，使低碳循环经济从规划阶段就全面纳入社会经济发展的全过程中；制定和实施低碳循环经济推进计划，尤其要研究制定矿产资源集约利用、能源和水资源节约利用、清洁生产，以及重点行业、重点领域、产业园区和城市发展低碳循环经济的推进计划；加快经济结构调整和优化区域布局，根据资源环境条件和区域特点，用低碳循环经济的发展理念指导区域发展、产业转型和老工业基地改造。

五、国内外低碳循环经济发展的经验借鉴

（一）英国

英国政府于 2003 年正式提出低碳经济的概念，低碳经济首次以政府文件形式出现，可以看出英国政府在充分认识到碳排放的危害之后想要解决国内相关问题的决心。英国在治理碳排放问题上充分发挥了政府的影响力和号召力，把发展低碳经济置于国家战略高度。作为实力雄厚的发达国家，英国在低碳技术研发推广、政策法规建设以及国民认知程度等诸多方面，都处于世界领先水平。这一举措的成功不仅能够解决其国内的减排与转型问题，更能积极推动世界范围的低碳经济。

英国在治理碳排放问题上具有国际先导作用。英国是世界上第一个将温室气体减排目标列入法律的国家。2008 年，英国正式颁布《气候变化法案》，按照该法律，英国政府必须大力发展低碳经济，到 2050 年达到减排 80％的目标。英国也是首个征收气体变化税的国家。从 2001 年开始，所有工业、商业和公共部门都要缴纳气候税，依据其煤炭、油气及电能等高碳能源的使用量来计征。

英国政府一方面在抵制高排放高污染的行为，另一方面也在积极鼓励企业研发和推广低碳创新技术。例如，英国知识产权局推出向低碳技术发明在专利体系中提供优先权的举措。

此外，英国致力于开发新的清洁能源以替代现有的高污染资源，决心从根源上减少碳排放。作为一个拥有丰富自然资源的海岛国家，英国利用其自然优势，注重对海洋资源的研发与利用，在发展海上风能、海藻能源等低碳能源方面居于全球领先水平。

(二)日本

日本是较早重视和发展低碳循环经济的国家之一,并且在低碳循环经济的发展过程中取得了不俗的成绩,它的一些政策法规对我们有重要的借鉴意义。总体说来,日本建立循环社会的实践模式可以总结为三句话:环保产业化,即发展“静脉”产业;产业环境化,即发展环境友好型“动脉”产业;“动脉”与“静脉”结合或联通,并趋向物质流动平衡。

日本政府在推进低碳循环经济发展的进程中起到了很好的引导作用。例如,日本政府在2008年和2009年先后公布了“低碳社会行动计划”和《绿色经济与社会变革》政策草案。其中,“低碳社会行动计划”强调开发新能源,《绿色经济与社会变革》则制定了一系列减少温室气体排放的政策。此外,日本政府推出低碳政策措施,通过直接影响公众的行为推动能源和环境技术发展。第一,限制措施。例如日本《建筑循环利用法》规定改建房屋时有义务循环利用所有建筑材料,使得日本由此发明了世界先进的混凝土再利用技术。第二,提供补助金。为了鼓励公众用太阳能发电设备代替不可再生能源,日本政府有意向向家庭和企业提供购买补助。另外,为推动环保车辆的普及,日本已开始向购买清洁柴油车的企业和个人支付补助金。

这一系列的法规构成了日本低碳循环经济发展的法律保障,具有覆盖面广、操作性强和各方责任明确的特点。同时,日本政府采取的指标评价体系和数值目标也为其低碳循环经济的发展提供了很好的指导作用。正是有了政府的大力支持,日本的低碳循环经济才在不到10年的时间里进入了良性发展时期,不少废弃物的循环利用率已经达到或是超过法定目标(见表3-2)。

表3-2 日本各低碳循环经济法律的目标及实施状况

<table>
<tr><td rowspan="9">资源有效利用促进法</td><td>实施对象品种</td><td>2002年</td><td>法定目标</td><td rowspan="4">建筑材料再生利用法</td><td>实施对象品种</td><td>2000年</td><td>2010年</td></tr>
<tr><td>台式计算机</td><td>75.1%</td><td>50%</td><td>水泥</td><td>96%</td><td>95%</td></tr>
<tr><td>笔记本计算机</td><td>43.8%</td><td>20%</td><td>木材</td><td>83%</td><td>95%</td></tr>
<tr><td>显像管显示器</td><td>66.7%</td><td>55%</td><td>沥青水泥</td><td>98%</td><td>95%</td></tr>
<tr><td>液晶显示器</td><td>63%</td><td>55%</td><td rowspan="5">家电再生利用法</td><td>实施对象品种</td><td>2002年</td><td>法定目标</td></tr>
<tr><td>小型电池</td><td>50%</td><td>50%</td><td>空调</td><td>78%</td><td>60%</td></tr>
<tr><td>镍氢电池</td><td>79%</td><td>55%</td><td>电视</td><td>75%</td><td>55%</td></tr>
<tr><td>电池</td><td>72%</td><td>60%</td><td>电冰箱</td><td>61%</td><td>50%</td></tr>
<tr><td>锂电池</td><td>64%</td><td>30%</td><td>洗衣机</td><td>60%</td><td>50%</td></tr>
</table>

续表

<table>
<tr><td rowspan="4">汽车再生利用法</td><td>实施对象品种</td><td>2002 年</td><td>2015 年</td><td rowspan="2">食品再生利用法</td><td>实施对象品种</td><td>2001 年</td><td>目标(2006 年)</td></tr>
<tr><td>汽车</td><td>80%以上</td><td>95%</td><td>饮食业垃圾的再生率</td><td>37%</td><td>46%</td></tr>
<tr><td rowspan="2">ASE</td><td rowspan="2"></td><td rowspan="2">70%以上</td><td rowspan="2">容器包装再生利用法</td><td>实施对象品种</td><td colspan="2">2002 年回收率</td></tr>
<tr><td>塑料瓶</td><td colspan="2">53.4%</td></tr>
</table>

完善的低碳循环经济法律制度是发展低碳循环经济的基本依据和保障。日本在基本法、综合法、专门法三个层面上建立了一套完善的法律法规体系，值得我们借鉴学习。虽然我国的基本法《中华人民共和国循环经济促进法》已于 2009 年开始实施，但是总体上来看，我国的相关立法还是处于初步发展阶段，还有诸多盲点和空白。所以，我国应该加快构建低碳循环经济法律体系，使我国低碳循环经济的发展有法可依，并与现有资源、环境法律相协调。

(三)欧盟

2007 年 3 月，欧盟各国领导人通过了欧盟委员会提出的一揽子能源计划，从而带动欧盟经济向高能效、低排放的方向转型，并以此引领全球进入“后工业革命”时代。同年年底，欧盟委员会通过了欧盟能源技术战略计划，明确提出鼓励推广“低碳能源”技术，促进欧盟未来能源可持续利用机制的建立和发展。欧盟国家利用其在可再生能源和温室气体减排技术等方面的优势，积极推动应对气候变化和温室气体减排的国际合作，力图通过技术转让为欧盟企业进入发展中国家能源环保市场创造条件。

(四)天津泰达生态工业园

天津泰达生态工业园是国家发展低碳循环经济的试点园区。2005 年被确定为试点，2006 年 10 月通过国家验收，园区已由规划准备阶段转向全面建设阶段。试点工作实施方案提出了 7 大类 17 个项目，涉及水污染防治及水资源化、固体废物资源化、能源、绿化、交通、中空纤维膜组件及系统产业化、服务支援体系等方面，其中的绝大部分重点项目对工业园实现低碳循环经济发展目标有支撑作用。工业园在创造“仿真的国际环境”服务国际跨国公司的过程中，投入大量人力物力，自觉开展清洁生产、生态工业园建设等符合低碳循环经济理念的工作，在体制、机制建设、招商引资、集约利用资源、基础设施建设以及宣传教育等方面进行了大量实践并积累了一定的经验，基本上形成了"政府推动、企业主体、全民参与"的低碳循环经济发展格局。

至此，该园区已经形成了比较完善的低碳循环经济产业网络（见图 3-1），产生了巨大的经济效益、社会效益和环境效益。根据商务部公布的国家级开发区 2005 年度投资环境评价结果，天津开发区以指数分值 758.9 分继续位居榜首，商务部自开展该项评比以来的"九连冠"。2005 年底，天津开发区完成 GDP 642.29 亿元，增长 25.2%；工业总产值累计完成 2305.19 亿元，增长 26.5%；财政收入实现 141.33 亿元，增长 23.5%；出口 139.71 亿美元，增长 25%；固定资产投资完成 180.3 亿元，增长 15%。这些数据均在全国 53 个国家级经济技术开发区中领先（见表 3-3）。在环境效益方面，2004 年，开发区内万元 GDP 消耗新鲜水 8.79 吨，远远低于全国平均水平的 55～57 吨；万元 GDP 耗能 323.16 千克标准煤，远低于全国 2.14 吨标准煤的水平。开发区确立了在未来 10～15 年间建成以工业共生、物质循环为特征的新型高新技术产品生产基地的目标。

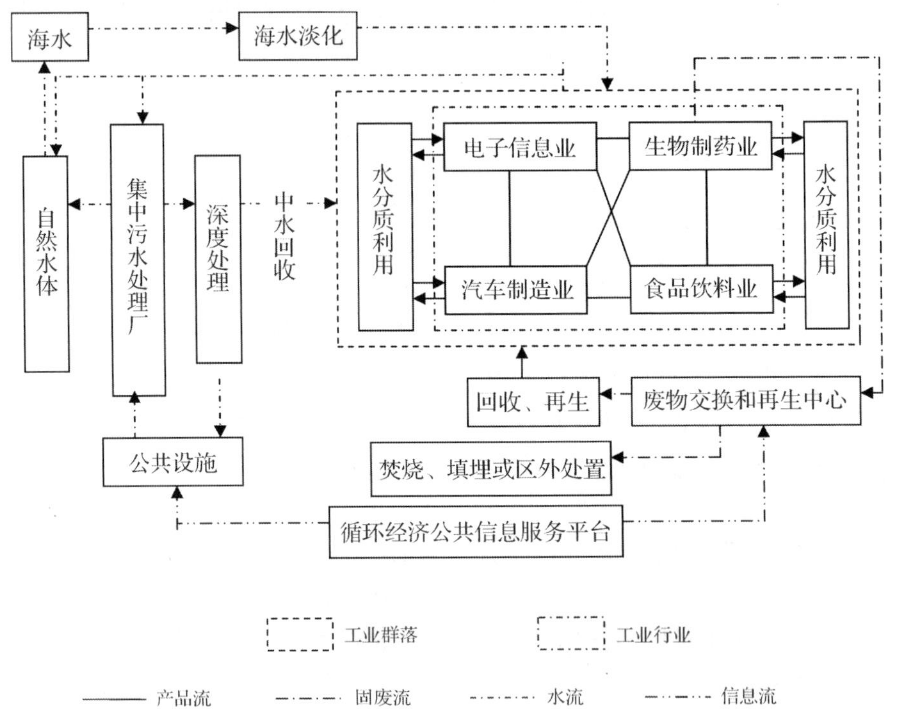

图 3-1 天津达泰生态工业园区生产网络示意图

表 3-3　天津泰达生态工业园区 2005 年部分经济数据

项目	2005 年	增长率
GDP	642.29(亿元)	25.2%
工业总产值累积	2305.19(亿元)	26.5%
财政收入	141.33(亿元)	23.5%
出口	139.71(亿美元)	25%
固定资产投资	180.32(亿元)	15%

从天津泰达工业园区的成功运行我们可以看出,因为在发展中国家发展低碳循环经济面临着观念、技术和市场化不足等制约,所以在发展低碳循环经济的过程中不仅需要市场发挥基础性的资源配置作用,更需要政府的适时适度干预,特别是在发展的初期阶段,可以说,这种干预的主导作用显得尤为重要,天津泰达成功实践的经验可以归纳为以下几点:

第一,为园区内的企业信息沟通和关系融洽提供便利。由工业园环保局和欧盟"工业固体废物管理系统"项目合作成立的"废物最小化俱乐部"为区内企业的废弃物在利用方面提供了充分的便利,企业可以通过俱乐部的聚会寻找合作对象和原料供应商,有效地减少了人力、时间等资源浪费。

第二,加强循环经济公共基础设施建设。工业园斥资 2 亿多元人民币,实施了海水淡化、垃圾发电、区域水循环及固体废物循环等工程,进行污水综合利用,研究新型能源材料,这些都是政府建设的资源循环利用基础设施。

第三,为园区企业提供人和技术服务。园区成立了全国第一家循环经济技术服务机构"达泰循环经济促进中心",由天津开发区管委会和南开大学共同组建,为园区提供人才和技术服务。一方面,它可以为政府提供决策支持;另一方面,它为企业提供有偿服务。根据市场机制原则,利用价格杠杆,鼓励资源节约型生产、遏制资源浪费、减少废物排放,促进生态链建设。

第四,注意弥补市场不足并辅助市场发挥作用。政府在发挥公共服务职能的同时注意充分调动企业的积极性,尤其是在网络和产业链条的建设中主要采取市场的手段。通过"群簇招商""链条招商"等办法把一个产业的生产企业及废弃物处理企业从招商阶段就全部引进。

第五,加强信息建设,构筑循环经济公共信息平台。信息流建设是生态工业园建设的重要内容。公共信息服务也是政府的重要职能,它有助于企业降低信息成本,加快资源周转速度和利用效率。

与天津泰达工业园区的循环经济相比，重庆市发展循环经济相关政策也有所发展，并在短短几年地发展中取得较大成就。

据重庆市经济和信息化委员会相关数据，“十二五”以来，重庆市单位GDP能耗逐年下降，万元GDP能耗由2010年的0.991吨标准煤下降到2014年底的0.81吨标准煤，低于全国平均值，4年累计下降18.26%，提前一年完成“十二五”下降16%的总体目标。另据重庆市商务委员会相关介绍，“十二五”期间共建成“七统一、一规范”的再生资源回收站(点)9190个、分拣中心37个、在建和已建再生资源交易市场6个、再生资源基地或产业(工业)园区5个、旧货市场13个。至2015年底，重庆市共建成生活垃圾无害化处理场(厂)62个，全年无害化处理生活垃圾620余万吨，城市生活垃圾无害化处理率达99%，城镇生活垃圾无害化处理率达到90%；一般工业固体废物综合利用量2423.85万吨，利用率达97.78%。此外，重庆市有33个区县实施生态家园富民工程。新增的农村户用沼气13万座，累计已达94万座，这类工程年产沼气3.6亿立方米，折合标煤25.7万吨。有关部门还投资1.5亿元建设存栏3000头猪以上的大中型沼气工程114处。在进一步强调循环经济发展的重要性的同时，重庆市已将其列入年度科技计划，并在制定的《重庆市中长期科技发展规划》和《重庆市“十一五”科技发展规划》中占据重要位置。2013年，重庆市还就发展循环经济制定了《重庆市循环经济发展战略及近期行动计划》，并提出了实施循环经济十大示范工程：资源综合利用示范工程、工业园区循环化改造示范工程、再生资源回收体系示范工程、“城市矿产”基地建设示范工程、餐厨废弃物资源化利用和无害处理工程、节能示范工程、节水示范工程、农业循环经济示范工程、循环型服务业示范工程以及资源循环利用技术产业化示范推广工程。

发展低碳循环经济具有较好的社会和环境效益，但其短期利益表现不突出。这主要是由于对低碳循环经济的资金投入动力不足，而发展低碳循环经济的企业也面临严重的投资不足、融资困难等问题。故而需要从规划、投资、产业、价格、信贷等方面提出支持循环经济发展的具体政策措施。

第二节　重庆市循环经济低碳化发展的诱致性制度变迁

一、诱致性制度变迁

诱致性制度变迁是指当由于外部利润的存在引发现有制度不平衡时，变迁主体自发地更变或替代现行制度安排以获取利润。诱致性制度变迁的主体是一群人或是一个团体，我们已有的认知是：人往往是存在有限理性的。因此，具有不同经验和在结构中具有不同作用的个人，其对制度不均衡的程度和原因的认知也是不同的。此外，为了追求有益于自身的制度变迁收益，在这种情况下要使一套新的行为规则被接受和使用，不同利益群体之间就需要通过讨价还价的谈判达成一致意见。所以，在诱致性制度变迁的过程中，谈判成本是一个重要的因素，谈判成本过高会阻碍诱致性制度变迁的发生。总体来说，诱致性制度变迁是否发生，主要取决于个别创新者的预期收益和预期成本的比较。如果预期收益高于预期成本，那么从个人利益出发创新者往往会致力于推动新旧制度的交替；反之，预期收益低于预期成本，那么创新者往往会屈从于现有制度下的利益分割。

诱致性制度变迁不同于强制性制度变迁，它没有国家强制力的保障实施，往往是部分创新者出于自身利益的考虑，投身于现行制度的改善，这样的变迁是符合一致同意原则和经济原则的，所以诱致性制度变迁可以算是制度变迁中最有效率的形式之一。诱致性制度变迁具有 3 个明显的特点：(1)盈利性。即只有当制度变迁的预期收益大于预期成本时，诱致性制度变迁才会发生。(2)自发性。与盈利性特点相关，当存在外部利润导致制度不均衡时，诱致性制度变迁会自发进行，无需其他主体的推动。(3)渐进性。诱致性制度变迁是一种自上而下、从局部到整体的制度变迁过程，制度的转换、替代、扩散都需要时间，从外在利润的发现到外在利润的内在化，其间要经过许多复杂的环节。因此，从全局观念出发的诱致性制度变迁是一个冗长复杂的过程。

二、低碳循环经济中的生产者行为

随着技术进步和资源稀缺性问题的日益加剧，生态竞争日趋激烈，因此低碳循环经济的理念成为众多企业的首要选择，发展低碳循环经济要求企业将生态经营理念融入其经济决策和日常管理活动中，在追求经济效益的同时兼顾生态效益，大大提升了企业的生态竞争力。

(一)企业推行低碳循环经济的背景和动因

宏观背景：在新的经济环境下，不懂创新、墨守成规的企业只会被市场所淘汰，在当前国际形势下，低碳循环经济是大势所趋。为响应低碳循环经济，我国中央政府提出科学发展观，制定了节能降耗的长远规划和近期目标并进行落实和监控。企业推进低碳循环经济是社会发展的必然要求。新时期的企业强调再生产过程中对人的价值的关注，强调对消费者、环境和社会的贡献。

微观动机：一方面，企业既是物质产品的直接提供者，又是绝大多数废弃物和污染物的直接生产者，企业行为的转变在整个经济发展模式中具有基础作用；另一方面，在市场需求中绿色消费的引力和环保压力驱动下，循环型企业的声誉价值是巨大的，而且，节能降耗本身就是降低成本的一种途径。另外，在资源价格日益上升的趋势和环境成本内部化程度加深的背景下，发展低碳循环经济也可以从根源上节约企业的成本。

(二)循环型企业的特点

循环型企业是节约型企业。节约型企业具有能耗低、技术强、效益好等特点，建设节约型企业的关键是要加强成本管理。成本管理并不是一味地追求降低成本，而是要控制生产领域对资源的浪费，做到用更少的资源创造更大的价值，才能在节约型社会建设中占据了主动位置。

循环型企业是生态型企业。生态型企业即是在不违背生态经济规律的前提下，通过先进的生态工程技术对自然资源充分合理利用、对生态环境无污染或是少污染的现代化企业。生态型企业具有高效率、能耗低、污染小等特点。通过采用"自然资源—清洁生产—绿色产品—再生资源深加工—绿色产品"的循环生产过程生产出更多的绿色产品，是一种先进的企业形态。

循环型企业的经济行为具有双重性。与传统企业相比，循环型企业不只是单一的追求利润最大化，还要注重生态效益；生产决策要同时兼顾市场经济规律和自然生态规律；企业行为受到成本和生态的双重约束。因此企业管理"要从纯粹的经济型管理向经济型管理与生态型管理结合转变，体现出生态与经济的双重性，实施生态化管理"。

(三)企业推进低碳循环经济的实践路径

1.走新型工业化道路。用低碳循环经济的发展模式改造传统产业,提高企业经济运行质量,结合企业产业结构特点、发展规模和水平,将清洁生产、废弃物的资源化、生态工业等确定为发展低碳循环经济的重点领域。

2.推动企业低碳循环经济发展的技术创新。先进的生态循环技术和设备是发展低碳循环经济的基础条件。加大对资源节约和循环利用关键技术的攻关力度,加强对具有共性特点的技术攻关,解决企业低碳循环经济发展的技术瓶颈。

3.将低碳循环经济理念引入企业设计、管理、生产的全过程,以资源循环利用为主线,延伸产业链。企业应积极探索"资源—产品—再生资源—再生产品"的低碳循环经济发展模式,积极发挥资源深加工,延伸产品产业链;发展再生资源产业,建立城乡废旧物资和再生资源回收利用体系,形成资源开发、加工和废弃物回收利用的良性循环。

4.建立低碳循环经济发展的咨询服务体系。积极支持建立低碳循环经济信息系统和技术咨询服务体系,加强重点行业、重点企业经济运行的监测和预警,科学调度水、电、气、运等资源配置。及时向社会发布有关低碳循环经济技术、管理和政策等方面的信息。充分利用现有的环境科研、服务机构和社会团体的力量,开展低碳循环经济信息咨询、技术推广、宣传培训等工作。

三、国外循环经济发展的典型经验借鉴

(一)丹麦卡伦堡产业生态系统

清洁生产被普遍认为是在企业层面上发展低碳循环经济的具体实践形式,但是单个企业的清洁生产和内部循环具有一定的局限性,因为生产过程中必然会产生企业内部无法消解的废弃物来组织物料循环。生态工业园区就是要在更大的范围内实施低碳循环经济的法则,把不同的工厂连接起来形成共享资源和互换副产品的产业共生组合,使得这家的工厂的废气、废热、废水、废物成为另一家工厂的原料和能源。自 1990 年以来,生态工业园区开始成为世界工业园区发展领域的主题,并在各国的具体实践中积累了丰富的经验。其中,丹麦卡伦堡是目前世界上工业生态系统运行最为典型的代表。整个卡伦堡的产业共生模式中的物质流和能量流包括发电厂燃烧排放的、炼油厂排放出来的废气,发电

厂和炼油厂的冷却水，发电厂煤燃烧后的煤粉灰，发电厂产生的余热，制药厂所产生富含养分的淤泥。基于这样的资源基础，该产业共生系统可以确定5个“锚定成员”。

①阿斯纳伊斯火力发电厂：丹麦最大的燃煤火力发电厂，有15百万瓦特发电量。

②斯塔托伊尔炼油厂：丹麦最大炼油厂，每年3.2百万吨容量（正增加至每年4.8百万吨）。

③吉普罗克石膏板工厂：每年平均生产1400万平方米的石膏墙板（粗略计算足以建造六个卡伦堡大小般城镇的所有房子）。

④诺夫诺迪斯克制药厂：每年销售额超过20亿美元的国际生物科技集团，在卡伦堡的工厂是其最大规模且生产制药（包括在全世界四成的胰岛素供应量）及工业酵素的工厂。

⑤卡伦堡市：供应地方19000名居民热能，同时供水给家庭与产业用。

系统内成员间形成复杂的副产品交换网络，随着成员的增加和经济规模的扩大，该系统成员之间副产品的交易数量、交易频率随之增加。交易关系越来越复杂，交易信息量越来越大，就形成了一个错综复杂、互为需求的交换网络。

在这个生态工业园区中，发电厂、炼油厂、制药厂和石膏板生产厂这四个主体企业凭借先进的低碳循环技术和设备通过贸易方式利用对方生产过程中产生的废弃物和副产品，不仅减少了废物产生量和处置费用，还产生了较好的经济效益，形成了经济发展和环境保护的良性循环。

1976年，诺夫诺迪斯克制药厂开始发展物质流模式，并与逐渐演化中的能量流在卡伦堡展开配对。这一循环利用网络为各参与企业创造了新的收入来源并节省原材料和能源成本，同时减少了该地区的废气、废水和废渣的排放，经济活动对生态扰动和环境影响并没有随着产业的扩展和物质消费的增加而加大。据1993年统计该地区在基础设施（运输能源及材料）投资6000万美元，在年末却获利1.2亿美元。

卡伦堡的能量流主要依靠一家火力发电厂与炼油厂为核心厂商，带动整个产业生态系统的能量交换网络。其中阿斯纳伊斯发电厂的煤燃烧，以约40%的热效率运转。斯塔托伊尔炼油厂则是一家能源需求大户。从20世纪70年代起，双方开始进行系列副产品交易。

整个卡伦堡的信息流是以一种非正式的社会网络支持着共生技术、资源等信息交换网。虽然整个产业体系包括卡伦堡政府部门，但它仅限于负责城市的水、电、热输送等基础设施，并未介入企业间的合作共生协调事务；同时，该地区也没有工业区常见的管理（服务）中心角色，虽然有一个“共生协会”，但其角色较偏向对外“公关”而非管理中心的功能。

根据有关报道，在过去20多年间，卡伦堡镇共投资16个废料交换工程，投资总额为

6000 万美元，投资平均折旧时间不超过 5 年，环境效益和经济效益是非常显著的。

卡伦堡诺夫诺迪斯克生物制药厂前副总裁克里斯坦森认为，理想的副产品交换网络应具备如下发展条件：

第一，产业必须是不同的，但彼此有所需求的产业。

第二，合作企业须是基于商业目的，最好是可以获利的。在卡伦堡共生体系中，如果某环境减废技术与机会存在，然而不是相关厂商的核心事业，厂商并不会去利用它。

第三，发展必须出于自愿，并与环保机构密切配合。政府法规的激励和约束均促使厂商利用区内副产品衍生新技术。

第四，上下游企业之间的空间距离要短，才会经济可行。

第五，卡伦堡各工厂的经理人彼此熟悉。

总之，丹麦卡伦堡生态产业园区的发展为世界各国发展低碳循环经济提供了很好的参考。政府对建立生态产业园区具有一定的促成作用，但是一个成功的生态产业园区往往是由市场竞争中相关企业各方面长期磨合形成的。生态园区的规划发展必须上下结合，内外结合，长短结合，通过工艺改革、产品创新、功能革新和系统更新等，通过渐进式的修改和完善逐渐形成，这是其发展的关键。

第三节　重庆市循环经济低碳化发展变迁中的六大管理机制体系

循环经济涉及经济、社会、环境、资源等领域，是一种新型的经济发展模式和发展理念。严格的管理是保障系统有效运行的重要条件。因此，建立健全规范化、程序化、系统化的管理机制，是循环经济良性发展的重要保障。下面着重从微观层面的循环经济发展的管理机制创新方面进行探讨、思考。

重庆的可持续发展需要大力发展低碳循环经济，而低碳循环经济的实现需要有物质流、能量流、信息流、技术流、人力流和价值流管理机制的支撑。从上述国内外循环经济的实践过程中可以把握分析循环经济制度变迁的轨迹，为重庆市发展低碳循环经济提供良好的制度借鉴。重庆市低碳循环经济的发展也必然将是一个制度变迁的过程，无论是强制性制度变迁还是诱致性制度变迁，这个过程的顺利实现，必然需要健全的低碳循环经济发展的物质流、能量流、信息流、技术流、人力流和价值流管理机制体系的支撑。

基于上述分析，结合众多国内外企业成功开展低碳循环经济的经验，我们可以从以下几个方面来分析重庆市低碳循环经济的发展管理机制体系（见图 3-2）。从图中可以看出，对于重庆市低碳循环经济的发展管理机制体系我们可以从物质流管理、能量流管理、信息流管理、技术流管理、人力流管理和价值流管理六个方面来探讨。

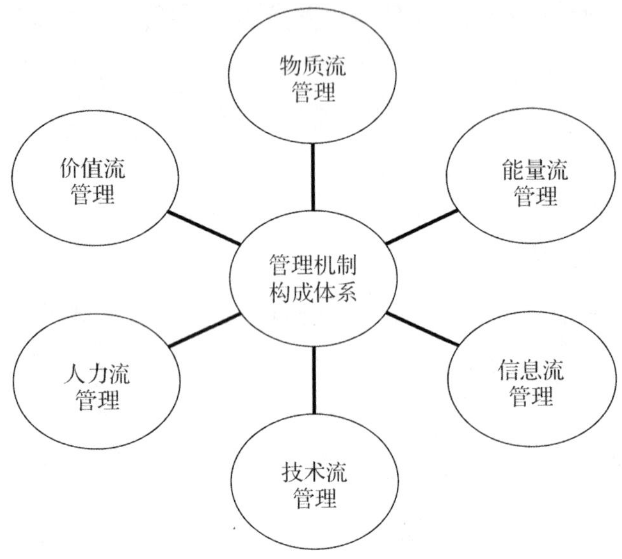

图 3-2 重庆市低碳循环经济的发展管理机制构成体系

一、物质流管理机制

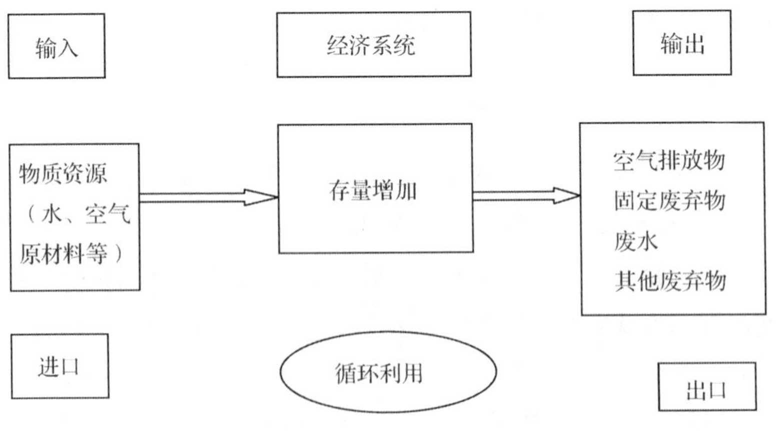

图 3-3 物质流管理分析的基本原理图

物质流分析(如图 3-3 所示)主要是通过对社会经济系统中物质流进行定量分析,了解其规模和流动路径。物质流分析的最终目的是通过对经济系统内物质流流动路径的调控行为,进行经济系统内物质流的管理和规划,以提高经济系统的资源和能源利用效率,缓解经济系统对自然生态系统的压力。低碳循环经济的本质与物质流分析的核心是相同的。低碳循环经济力图以最小的环境资源成本获取最大的社会经济和环境效益,并以此来解决长期以来生态环境保护与经济发展之间的尖锐矛盾。可见,物质流分析管理是低碳循环经济发展的重要技术支撑,物质流分析和管理是低碳循环经济的核心调控手段。

二、能量流管理机制

重庆市要走低碳循环经济的发展道路,完备的能量流动管理机制是必不可少的前提条件。不论重庆市低碳循环经济的建设是以什么产业作为主导产业,但是其对于基础能源,如电力、水力、燃气、油料等的需求都是必要的。所以,基础能源的顺利流通也是建设低碳循环经济的保障条件之一,我们要努力健全管理,完善整个产业生态系统的能量交换网络以促进重庆市低碳循环经济的建设。

三、信息流管理机制

有效的信息流管理可以畅通信息渠道和丰富信息资源,可以降低发展循环经济的总体成本,使相关的理论、技术和观念意识得到广泛的传播。因此,可以建立循环经济技术信息网络、废弃物资源供求信息网络、咨询服务网络以及信息发布制度等,充分发挥信息系统的发布、咨询、统计、交易等功能。另外,还要将内部信息交流公开化(尤其是循环经济进展情况),以便能及时协调和监控。

坚持以信息化带动生态工业化,逐步建立综合信息系统、安全生产调度监控系统、办公自动化系统、人力资源信息网、资金管理信息网、产品销售信息网、物资管理信息网等,提高企业低碳循环经济的水平;同时,建立相应的综合性的数据统计和信息系统,在企业建立基本物质流量表,企业之间实现物质流、能量流和信息流的关联和交换,逐步形成生态型企业网络。它要求从物质和能源的整个流通过程即从开采、加工、运输、使用、再生循环、最终处置六个环节对系统的资源消耗和污染排放进行分析,从而得到全过程系统的物质流情况和环境影响信息,共享和高效管理可以促进低碳循环经济系统中环境和经济的良性循环。

四、技术流管理机制

高效管理可以使技术应用效率最大化。科学技术是解决日益严重的环境和能源问题的根本出路。低碳循环经济发展的减量化技术管理、再利用技术管理和再循环技术管理是高效管理的重要支撑。低碳循环经济的目的就是要降低经济发展过程中的能源消耗和污染物排放。在低碳循环经济的发展管理机制体系中，对经济系统进行物质流和能量流分析是基础，技术流管理则是低碳循环经济发展的关键，先进的技术是发展的支撑。

企业要强化低碳循环经济领域有关技术研发管理工作，把重点放在降低生产过程的资源、能源消耗，减少污染物的产生和排放，废弃物再利用的资源化，生产过程无废、少废，绿色产品的清洁生产等科技项目管理方面，尽可能实现对资源最大限度地利用并将环境污染物的排放消除在生产过程之中。

五、人力流管理机制

低碳循环经济可以概括为追求人、自然资源和科学技术之间的不断磨合，最终达到三者之间的协调发展的理想型经济模式。人作为低碳循环经济的运行过程中的一个重要因素，有着不可替代的地位和作用。因此我们在建设重庆市低碳循环经济的过程中应加强相关人力资源的规划开发和管理，以人为本，充分发挥人力资源的主观能动性，保障员工的合法权益和应享有的利益，建立一套科学的人力资源管理体制，加快整合产业链，形成人力资源的合理有效利用机制。

六、价值流管理机制

企业低碳循环经济的核心内容就是资源的有效利用，企业发展低碳循环经济实际就是一项资源的管理活动。价值流分析为这项管理活动提供了数据支持：第一，价值流分析模型可以将低碳循环经济的3R原则与企业生产经营的各个阶段有效地结合起来。价值流分析将企业的经营过程分为资源投入、资源利用和产品输出三个阶段，价值流分析涵盖了企业经营三个阶段资源的全部情况。通过价值流分析流转图（见图3-4）企业可以清晰地看到完整的资源流和价值流，毫无遗漏地掌握进入生产的所有资源流转情况。第二，价值流分析在企业生产经营的各个阶段从成本的角度分解资源的流量，形成价值流。企业在生产经营中形成的这些成本不仅直接计入企业的损益，与企业的经济业绩直接相关，而且也是企业造成环境负荷的根本原因。因此价值流分析方法更有利于综合评价企业发展低碳循环经济的状况和目标。

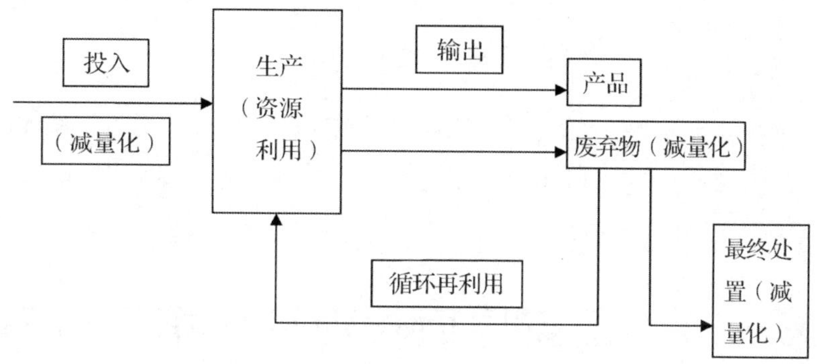

图 3-4　3R 原则与价值流管理过程模型

通过价值流分析模型不仅可以考查评估企业各环节和整体的低碳循环经济运行情况，还可以找到问题发生的具体位置，发现改善业绩的契机。可见，价值流管理分析是建立和评价企业低碳循环经济重要的技术支柱，是企业进行低碳循环经济管理调控的有效手段。

第四章
重庆市循环经济低碳化发展管理的评价指标体系

第一节 国家层面管理评价指标体系

低碳循环经济要求以尽可能少的资源消耗实现最大的经济效益,把经济社会活动对自然资源的需求和生态环境的影响降到最低。目前,我国从宏观层面建立了一套科学的、具有可操作性的低碳循环经济评价指标体系,该评价体系要求将低碳循环经济的基本特征与国家宏观经济管理相结合,充分利用现有的数据信息基础,为发展低碳循环经济提供优质服务。

低碳循环经济评价指标体系的构建有几个需要注意的地方:第一,根据经济活动和资源环境之间的关系,在评价体系中设置相对比较指标,以体现出低碳循环经济的基本特征。第二,经济活动的执行策略要兼顾宏观与微观层面,设置指标时,要体现出宏观与微观的衔接,在宏观综合指数的基础上考查微观层面的分类指标。第三,设置指标时,体现调整产业结构对发展低碳循环经济的影响。第四,综合评价指标体系要全面地反映出低碳循环经济的成果。第五,低碳循环经济评价指标体系要与我国基本国情相契合,在强调指标体系科学性的同时,注重数据资料的可获得性和可操作性。低碳循环经济评价指标体系的基本框架(见图 4-1)。

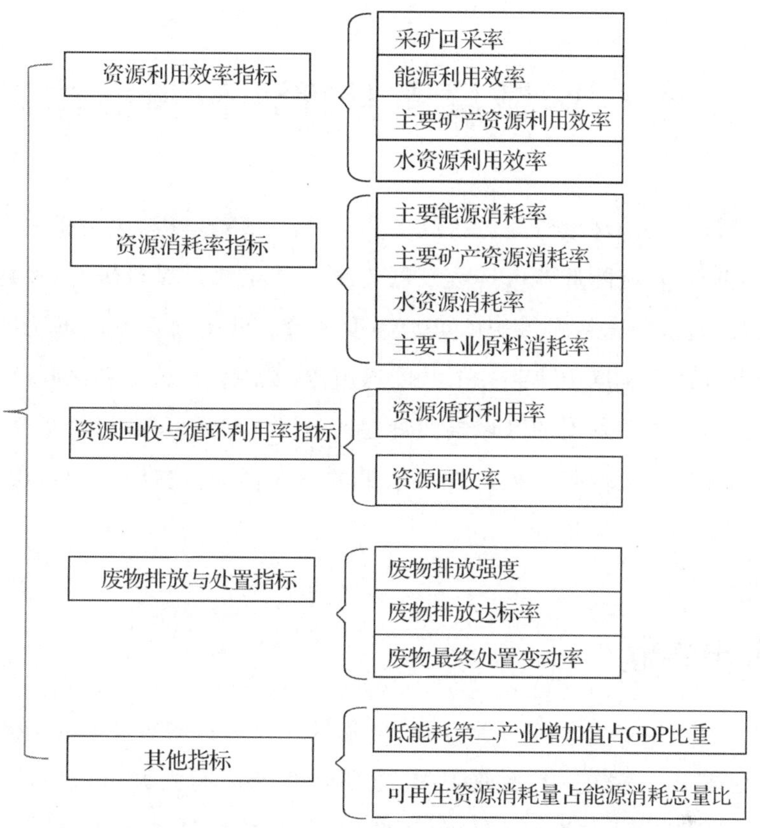

图 4-1　低碳循环经济评价指标体系基本框架图

从低碳循环经济评价指标体系基本框架图可知，该体系由五个部分组成，其中，资源利用效率指标包括采矿回采率、能源综合利用产出率、主要矿产资源综合利用产出率和水资源利用产出率；资源消耗率指标包括能源消耗率、主要矿产资源消耗率、水资源消耗率和主要工业原材料消耗率；资源回收和循环利用率指标包括资源回收率和资源循环利用率；废物排放与处置指标包括废物排放强度、废物排放达标率和废物最终处置变动率。除此之外，还包括低能耗第三产业增加值占 GDP 的比重和可再生能源消费量占能源消费总量比重两项指标。

第二节 区域层面管理评价指标体系

低碳循环经济发展的理论研究包括经济学、社会学、管理学和生态学四个方向。中国科学院研究人员通过对国际低碳可持续发展连续十几年的跟踪与研究,独立地开创了系统学这一新的方向,得到国际同行的认可与高度评价。低碳循环发展理论的系统学方向主张在时间和空间两个维度中找到一个共同均衡点,实现代际公平和区际公平的结合。

通过循环经济低碳化发展的区域层面管理评价指标体系可知,社会进步、环境保护和能源利用是衡量城市区域低碳化循环发展水平的三大标准。参照中国城市发展的现状,可在相应的基准下确定具体指标。

一、社会进步基准

社会进步是城市发展的首要目标,同时也是低碳化进程的重要衡量标准。具体方法是在某个衡量区间内,选择一个基准年限,逐年计算该区间内城市就业吸纳能力、人均GDP和城市居民人均收入与全社会人均收入比这三项指标的具体情况,通过这三个指标的变化趋势衡量社会进步情况。这三项指标的具体说明如下:

(1)城市就业吸纳能力。城市就业吸纳能力反映城市产业结构发展和就业率状况。该指标越高则说明第三产业比重越大,相应的城市就业率越高。其表达式为:城市就业吸纳能力=该市第a年实际就业人数/该市第a年适龄就业人数。

(2)城市人均GDP。城市人均GDP是最重要的一个宏观经济指标之一,衡量了一个城市的居民收入水平,城市人均GDP的变化情况则反映了该市居民生活变化情况。其表达式为:城市人均GDP=该市第a年GDP总量/该市第a年人口数。

(3)城市居民人均收入与全社会人均收入比(下文简称人均收入比)。这个指标通过对居民和社会两个层次的比较说明城市的整体发展水平。此外,历年人均收入比可以预测城市的发展前景,比值越高城市发展越快。表达式为:人均收入比=该市第a年人均收入/全国第a年人均收入。

二、能源利用基准

能源的高效合理利用是城市低碳化发展的关键。目前,衡量一个城市能源消耗情况有三个指标,分别是GDP的能源消耗强度、能源消耗的碳排放强度和人均碳排放。通过这三个指标变量,可以计算出城市能源消耗碳排放总量、GDP的CO_2排放强度(即碳密度——单位产出的碳排放量)等量化指标。

(1)GDP的能源消耗强度。GDP能源消耗强度反映了每单位GDP能源的利用效率,该指标越高,说明这座城市的发展对能源的消耗越大,也说明在能源的生产、利用、循环等技术水平越低。其表达式为:GDP的能源消耗强度=第a年能源消耗总量/第a年GDP总量。

(2)能源消耗的碳排放强度。能源消耗的碳排放强度=第a年二氧化碳排放总量/第a年能源消耗总量;用数字公式表示为:Iec=ΣiCi/ΣiEi(i=1,2,3…);其中Iec表示能源消耗的碳排放强度,Ci表示一次能源i第a年的碳排放量,Ei表示一次能源i第a年的能源消耗量。

(3)人均碳排放。需要区分人均碳排放和人均碳足迹,这是两个有区别的概念。人均碳排放是指一次能源消耗所排放的CO_2人均量。而人均碳足迹描述的是人类自身或与人类有关的所有生产与生活活动所排放出来的以CO_2为主的温室气体人均量。从概念可以看出,人均碳足迹比人居碳排放更具综合性,会受到更多因素的影响,其计算公式为:人均碳排放=第a年碳排放总量/第a年的人口总量。

三、保护环境基准

衡量一个城市或地区经济发展的环境承载力可以从单位GDP的废水、废物、废气排放量三个方面制定环境保护指标。通过对这三方面指标的研究,可以提出城市低碳化可持续发展指标体系框架(见图4-2)。

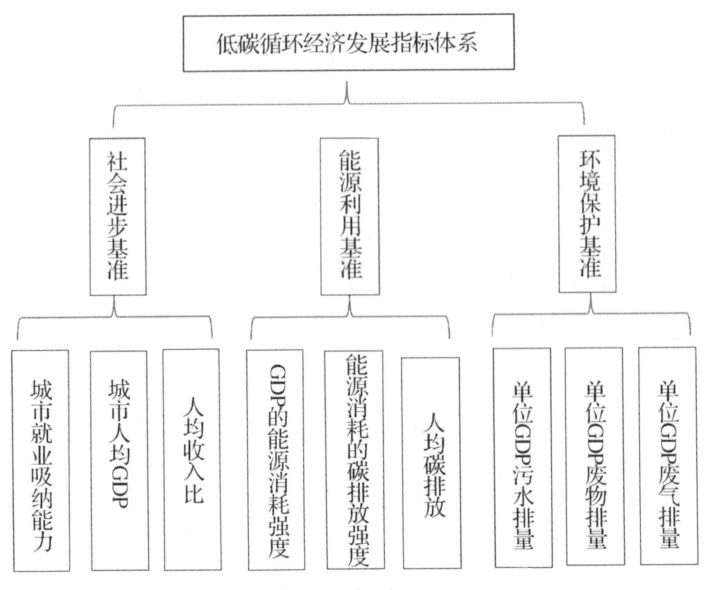

图 4-2 低碳循环经济发展指标体系框架

第三节 重庆市循环经济低碳化发展管理的评价指标体系的构建原则

低碳循环经济评价指标体系的构建是城市低碳循环经济发展的重要阶段，是城市低碳循环经济由理论转变为实践的中心环节。在建立评价指标体系之前，应该确定指标选择原则。

一、科学性原则

评价指标体系要建立在科学分析的基础上，才能客观地反映出城市低碳循环经济的本质和实际发展水平。为保证体系评价结果真实客观，每一个指标的建立都必须概念清晰，内涵明确，有利于对城市低碳循环经济发展状态进行动态评价和分析研究。

二、系统性原则

指标体系评价的是一座城市，面对这样的宏观对象，该体系必须能够全面地反映其评价对象的低碳循环经济发展特征和状态，反映社会—经济—自然复合系统的主要属性及其相互关系，将评价目标和评价指标联系成一个有机整体，同时又要避免各指标之间相互重叠。

三、层次性原则

城市低碳循环经济体系中包含了若干个子系统，每个子系统之间既相互独立又相互关联，整体看来，其本身是一个纷繁复杂的巨系统。所以，要充分发挥城市低碳循环经济评价指标体系的作用，就有必要将这个复杂的系统中的各个要素分门别类，划分层次。

四、稳定性与动态性相结合原则

城市低碳循环经济的评价指标选择既要考虑相对稳定性，又要把握不同时期、不同领域、不同层次的动态变化，以便准确地描述、刻画与度量城市低碳低碳循环经济的状态，综合反映出城市低碳循环经济的现状和发展趋势。

五、简明性和可操作性原则

指标概念明确，易测易得。评价指标的选择要考虑现有的人力、物力和技术水平，在现实生活中可以被测量或通过科学方法聚合生成。指标也要具有可比性、可取性，且易于被理解和接受。

第四节　重庆市循环经济低碳化发展管理的评价指标体系

通过对前人理论和实践研究成果的总结和分析，考虑到目前低碳循环经济的发展水平和数据可获性，重庆市循环经济低碳化发展管理的评价指标体系可分为目标层、准则层和指标层三个层次（见表 4-1）。

表 4-1 重庆市循环经济低碳化发展管理的评价指标体系

目标层	准则层	指标层
低碳循环经济评价指标体系	经济发展指标	人均 GDP、GDP 增长率、第三产业比重、城镇居民人均可支配收入、农民人均纯收入等
	能耗、排放指标	万元 GDP 能耗、万元 GDP 耗水量、万元 GDP 烟尘排放强度、万元 GDP 的 COD、万元 GDP CO_2 排放强度、万元 GDP SO_2 排放强度、每公顷耕地农药使用量、每公顷耕地化肥使用量等
	技术发展指标	低碳技术 R&D 经费占 GDP 比重、CO_2 捕获与埋存技术、新型动力汽车比例、低能耗建筑比例、环境污染治理投资占 GDP 比重、资源回收利用产值占 GDP 比重、工业重复用水率、工业固体废弃物综合利用率、工业“三废”综合利用率、工业“三废”排放达标率、机动车尾气排放达标率、生活垃圾无害化处理率、城市生活污水处理等
	低碳产业指标	传统产业低碳改造率、高新技术产业 GDP 比重、现代服务业 GDP 比重、再生能源产业 GDP 比重等
	社会发展指标	城市化率、人口密度、人口自然增长率、万人拥有公交车数、居民消费价格指数、恩格尔系数、基尼系数、社会矛盾冲突数、社会保障覆盖率等
	低碳资源环境发展指标	人均森林面积、人均绿地面积、森林覆盖率、森林蓄积量、建成区绿化覆盖率、自然保护区面积比重等
	低碳科教普及指标	低碳教育普及率、环保教育普及率、绿色出行居民比率、节能消费习惯等

第五章

重庆市循环经济低碳化发展的信息流管理机制分析

第一节　低碳循环经济信息流管理机制的内容

一、低碳循环经济信息产品制造管理机制

低碳循环经济要求运用生态学规律来知道人类的生产经济活动，其本质属于生态经济。低碳循环经济的最终目标是实现资源、环境和社会三者之间的可持续发展，在生态学规律的基础上，把资源节约和循环利用理念贯穿于“资源—产品—再生资源”整个循环过程中，是以低能耗、低排放、低污染为基础的经济模式。低碳循环经济的核心内涵是3R原则，即减量化、再使用、再循环。低碳循环经济致力于通过技术创新和制度创新提高能源利用效率和创建清洁能源结构，是人类社会继农业文明、工业文明之后的又一次重大进步。

随着城市的快速发展，提高城市低碳循环和改善城市生产生活环境需要改变原有经济发展方式，转而运用现代管理方法和信息化手段实施精细化管理，通过创造低碳循环生态化的社会氛围，倡导生态、节约型的生活方式。在我国，在政府和相关部门的引导下，全国已有包括重庆在内的100多个城市提出了创建低碳循环生态城市的目标。东部、中部、西部和东北四大经济区中的各地区纷纷开始探索符合本地区经济发展特色的低碳发展模式，低碳循环生态城市建设在我国扩展开来。但由于我国幅员辽阔，各地区经济发展水平不同，发达地区和不发达地区的低碳循环生态城市建设情况相差很多，一些城市已经做出了低碳发展规划，但更多城市还处于尝试阶段。总体来看，我国城市低碳发展规划滞后。这就需要我们在发展低碳循环经济时健全信息产品制造管理机制。从系统论的角度看，

低碳循环经济系统的健康发展依赖于各方面信息的协调，信息的协调对低碳循环经济的发展和生态环境的保护至关重要。由此可见，发展低碳循环经济的一个重要前提条件就是信息资源的共享，在这一前提下，力图在时间、空间和数量三个维度上合理地开发利用整个社会的物质、信息和能量，实现社会资源的低开采、高利用和低排放。这一新型发展模式可以有效地降低发展成本，维持生态效益。

从前面的章节中可以了解到，低碳循环经济的具体模式可以总结为信息流的优化引导的物质循环闭合流动，建设低碳循环经济的信息产品制造管理机制以物质的交换为基础打造循环经济产业链。实现物质的有效循环，需要合理有效的信息搜索和信息交换手段以应对现实市场中存在的信息不完全和信息不对称问题。在低碳循环经济信息产品建设中，产业链良性运转的关键是对低碳循环经济信息平台的建设，低碳循环经济信息平台包括电子政务大厅、废弃物交易平台和公众虚拟社区三个部分。

首先，公众虚拟社区代表的虚拟政务平台拥有许多优势性功能，包括：(1)实现上下级和各部门之间数据共享的数据库功能；(2)向社会公众和企业发布信息以获取反馈意见的发布于反馈功能；(3)提供社会各部门的政策法规、技术和数据便于公众查找的信息查询功能；(4)利用先进的低碳管理技术，在各污染物的直接排放口放置监测传感器，并将主机与传感器相连，直接获取各企业的实时污染排放数据，并以此制定政策指令的管理与监测功能；(5)为公众的日常费用提供更便捷的缴纳方式，例如常见的水费、电费、燃气费等可在线上完成支付，减少公众不必要的出行。这就是虚拟政务平台的公众服务功能。

其次，废弃物交易平台具有提高交易安全保障和效率，推动低碳循环经济产业链的功能。在这个平台上，政府主导的第三方网络交易平台利用废弃物检测系统，可获得废弃物供需双方的最新数据，合理安排废弃物交易。

最后，公众虚拟社区因为其用户基数大，具有可快速有效地传播低碳循环经济理念的功能。在公众虚拟社区中，新闻发布者利用其号召力，在虚拟社交软件中，例如聊天室、讨论组、电子公告牌等途径，向用户宣讲低碳循环经济理念，再加上信息的二次传播，能够使低碳循环经济理念迅速扩散，起到更好的宣传作用。由此可见，只有建立了信息化发展平台才能使信息得到更好的搜集和发布，从而更好地发展低碳循环经济。

二、低碳循环经济信息服务管理机制

低碳循环经济能在现实中得以实现，关键在于国民经济和社会各部门对信息技术的掌握与广泛应用，以及信息技术、清洁生产技术与能源综合利用技术的相互运用和促进。

而信息技术将更多地以服务的形式促进低碳循环经济发展，其包括以下 5 大着力点：

(1)在全社会范围内建立环境监测和管理体系，提高环境与发展的综合决策能力、提升环境监管的现代化水平、加强政府的公共服务能力。我国的环境保护信息化工作已初步建立了国家、省(直辖市、自治区)、(地级)市三级环境信息管理体系，开展了多项环境信息应用项目建设，积累了大量环境信息资源；为政府部门和社会公众提供了多种技术支持和信息服务，国家环境数据中心建设已初具规模，环境统计、环境质量和生态遥感调查等专项数据已整理入库。

(2)各行业的应用信息系统。我国在应用信息技术进行灾害预测预报与农业估产方面已取得显著效果，有效提高了各行业的工作效率，既减少了自然资源的浪费，又降低了政府和企业的管理和执行成本。信息技术的合理利用和快速发展使得社会多方受益。

(3)用于开发各类(含自然、社会、人文等)资源的设计研发系统。通过建立各类基础数据库优化数据管理，可以极大地节约资源、经费、时间，有效地达到"减量化"的原则。

(4)企业管理信息系统对企业的生产、包装、销售流通等各环节进行"精细化"管理。这就要求管理者监控整个生产过程，从产品的生产、包装、销售等各个环节中逐一入手，找到浪费资源和产生污染的原因，做到从源头控制问题的产生，可见，企业管理信息系统能够大幅度提高企业的计划执行力和核心竞争力。

(5)搭建信息交换平台可以有效解决资源的再利用问题。"垃圾是放错了地方的资源"这一说法完全适用于社会经济生产，某一行业的生产废物完全可以成为另一行业的生产资源。通过信息交换平台，例如最常用的网络平台，可以有效沟通各行业和地区的经济活动，不同的地区、行业和系统之间的资源互利，使低碳循环经济行为成为规模经济、效率经济的行为就是再利用原则的直观体现。

三、低碳循环经济信息化管理机制

发达国家经验表明，信息化加快低碳循环经济发展的作用明显，信息技术是实现低碳循环经济的重要手段之一。相较于传统工业化发展，利用信息化推动工业化会增加企业成本，但其社会收益十分可观。一方面，依靠信息化推动可以提高产品质量，增加产品竞争力；另一方面，可以节约生产能源，获得更高的经济效益。信息技术具有高度的创新性、渗透性、倍增性和带动性等特点，发展低碳循环经济需要加强行政措施和采用相应的经济手段，也需要先进适用的技术作为支撑。

先进的技术水平是发展低碳循环经济的关键手段。只有大力推进信息化建设，使包括信息技术在内的有关高新技术发展或提高了，低碳循环经济的3R原则才可以得到贯彻落实。要想大力推进低碳循环经济信息化管理机制，就要建立信息化管理数据库。

建立信息管理数据库有以下功能：(1)有助于形成更标准规范的城市低碳循环管理信息平台；(2)为政府制定低碳循环经济政策提供科学的数据支撑，其中，最具代表性的就是有助于政府对再生资源利用行业做出科学合理的发展规划；(3)推动城市资源回收利用体系在地区或全国范围内的建设，并确保该体系建立的科学性、前瞻性与联动性；(4)有助于形成低碳循环经济发展从项目、规模到技术有机配套结合的规模化产业链群；(5)政府及相关部门通过信息管理数据库可以查询各类碳排放的最新统计信息，协助相关部门明确再生资源的重点领域，便于政府实时的调控和管理；(6)有助于现有再生资源企业掌控关键数据，为企业提升加工利用水平、改造升级、吸引具有投资实力的企业建设规模化的处理和再生利用工程以及城市废弃物回收等相关产业的投资决策提供基础的数据支持；(7)学者和公众访问低碳循环信息化管理数据库，便于公众的参与监督，促进低碳循环经济更好更快地发展。

第二节　重庆市循环经济低碳化发展的信息传递管理机制分析

随着重庆市经济的发展，特别是1997年直辖以来，由于当地经济的迅速发展，其能源的消耗量也急剧增加。2014年重庆市主要能源如煤炭、石油和天然气的消费量分别达到了4508.09万吨、1034.39万吨和1085.68万吨，随之产生了大量的碳排放。因此，对重庆能源消费的碳排放结构进行分解，分析现阶段能源消费碳排放的主要影响因素，提出有针对性的节能减排措施，努力发展重庆低碳循环经济，缓解碳排放对区域气候变化的影响具有重要的现实意义。重庆拥有西部唯一直辖市和全国首批城乡统筹发展试验区的双重身份，同样面临着保持经济高速发展和减少资源消耗的双重重任。重庆作为以工业为经济发展主要推动产业的城市，如何利用信息传递管理机制实现重庆经济循环发展和降低能源消耗，减少温室气体的排放，是重庆在发展中面临的一个亟待解决的现实问题。

信息传递通过加快信息资源的交流和共享，提高其使用价值。本书所述的信息传递，是指为应对危害环境事件做出相关决策的信息在实现其支持功能的过程中所采取的途径。低碳循环经济理论以生态经济理论为理论依据，根据生态经济理论，生态系统和生态环境相互制约，相互依存。生态系统通过生产者、消费者、分解者与周围环境进行永无休止的物质循环、能量转换和信息传递，形成自然生产力为经济活动提供各种物质、能量同时分解各种废弃物。生态经济将自然界与人类视作一个统一的整体，目前，人类经济社会发展与生态环境之间存在的一个问题就是如何权衡经济发展与环境保护的关系，即如何在利用自然资源获取社会经济效益的同时维护生态平衡以保证环境生态效益得到满足。因此，可持续发展就是要在生态学原理的基础上利用经济学原理，将经济系统与生态系统相结合，实现生态系统中的社会经济平衡。结合重庆市的经济发展实际情况，将社会、经济和生态环境看作一个复合系统，按照低碳循环经济的目标和原则，用系统工程理论方法，以尽可能小的资源消耗换取最大的经济效益，为重庆市低碳循环经济又好又快地发展提供必要的理论支持。

一、重庆市低碳循环经济发展的技术经济“生态位”

“生态位”是一个生态学概念，具体是指生态系统中的一个生物群落在时间空间上所占据的位置及其具体功能，生态系统中各物种或种群之间优胜劣汰的生存模式就是“生态位”竞争的具体表现。从技术经济角度看重庆市在发展其低碳循环经济时要有自己的“生态位”。如在生产流程和消费过程中，哪个环节产生废弃物，这些废弃物可以加工成什么产品，技术是否可行，需要什么其他资源，市场是否需求，成本效益分析是否经济合理等。低碳循环经济中对生产和消费过程中所产生的废弃物的再利用实质上就是为废弃资源寻找更有效率的技术经济“生态位”。

二、构建重庆市低碳循环经济产品链和产品网

生态系统通过食物链实现能量流动、物质循环和信息传递进行资源循环，各种食物链彼此交错联结，形成复杂的食物网。生态系统的物质和能量沿着食物链逐级循环和转化。借鉴生态系统中的食物链，在社会产品生产系统中，则表现为产品链的发展。例如，为重庆市日常生产和消费过程中所产生的大量废弃物寻找一个更具效率的技术经济“生态位”，对这些废弃物进行再利用，可以加工成一种或几种新产品，形成一个产品链。同样地，在加工新产品的过程中又会产生新的废弃物，以同样的工序进行下去，就形成了一条低碳循环经济的产品链。在重庆市的整个生产系统中，存在无数条这样的产品链，这些产品链与生态系统中的食物链一样，相互交织影响，最终形成重庆市低碳低碳循环经济的产品网。

三、协调重庆市低碳循环经济发展过程中的经济、社会和生态环境关系

生态系统具有自我调节的能力。生态系统的构成越复杂,其自我调节能力与抵抗外界影响的能力就越强。生态平衡就是生态系统在应对环境变化进行自我调节和外部推动的作用下逐渐成熟稳定,其结构及功能都处于相对稳定的状态。从生态平衡理论的角度来看,重庆市低碳循环经济发展注重整个社会物质循环的应用,资源的再利用很大程度上减少了自然生态资源的消耗。在低碳循环经济产品网中,用效益较大的产品收益来弥补收益小甚至没有净收益项目,整体上能够取得良好的社会、环境和经济效益。信息得到整合,取得了能量有效使用、碳排放减量化、物质循环利用经济效益和生态环境效益协调一致的效果。

第三节　重庆市循环经济低碳化发展的信息流管理制度创新

目前,我国学者对低碳循环经济发展的研究内容主要是探讨在企业、园区和社会三个层面上打造微观产业链和低碳循环经济的宏观社会影响。而关于低碳循环经济系统中的社会认知以及现代信息技术,尤其是互联网技术对低碳循环经济作用的研究还相对缺乏。据此,重庆市现有公众、企业、政府三个层面低碳循环经济运行中应引入现代互联网信息技术,设计低碳循环经济信息平台,构建在其导引作用下的产业链和企业间的低碳物质流动模式。

信息流在重庆市低碳循环经济发展中的引导作用概括如下:(1)增强作用。削弱了供需双方的空间摩擦,延长了产业链条,提高了物质循环的效率和速度。(2)替代作用。通过虚拟交易部分替代现实空间的物质、资金的流动和人员出行;减少中间环节,合理运输路径,减少了无效物流和冗余物流。(3)衍生作用。降低了个体交易的仓储成本;通过信息可以随时调用其备选方案,产业链更具弹性和自我调节能力;减弱部门间的体制障碍,有助于培养企业的社会责任,形成笼罩整个社会的低碳循环经济发展氛围。(4)协同作用。在信息流的作用下,减少了直接排放自然环境的碳排量,增加了系统的经济效益,改善了自然环境质量,提高了公众的收入水平,促进了低碳循环经济系统的总体健康发展。信息流通过对低碳循环经济系统的增强、替代、协同和衍生四种作用,降低了废弃物的排

放，提高了经济效益，降低了环境的压力，提升了区域经济社会发展水平，同时低碳循环经济的发展要求更加完善的信息服务系统建设(见图 5-1)。因此，低碳循环经济物质流动的关键因素不是运输，而是信息。

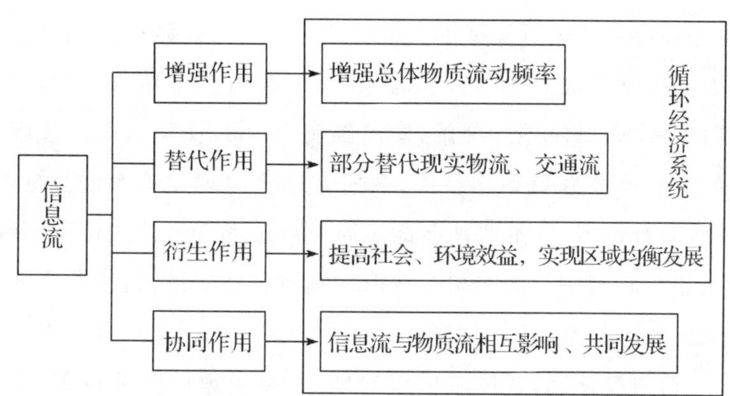

图 5-1　低碳循环经济信息平台作用下的物质流动模式

表 5-1　重庆市关于政府、企业和公众三方面对低碳循环经济建设的感受

视角	对象	感受
政府视角	其他政府部门	低碳循环经济信息沟通不畅，政出多门，数据难以共享
	企业	无法实时获取企业废弃物排放信息，对废弃物排放难以监管
	公众	无法及时发布低碳循环经济政策法规和宣传材料，难以获得公众的有效支持
企业视角	政府	无法及时获取相应的低碳循环经济、低碳化发展政策法规动向，增加了企业运行的政策风险；现有的废弃物排放数据不能及时提交，增加了企业的负担，导致对低碳循环经济监管的抵触情绪
	其他企业	企业间废弃物供给信息沟通不足，废弃物信息发布和搜索成本大
	公众	不能及时感知公众对低碳循环经济低碳化产品的需求；企业节能减排和低碳循环经济工作没有能够及时让公众感知，不利于树立负责任企业的正面形象，进而调动企业的进一步建设的积极性
公众视角	政府	不能及时获取相关政策法规文件，感觉政府信息不透明，公众的良好建议和不满意见无法表达
	企业	难以及时了解企业的低碳循环经济低碳化发展动向和努力，感觉部分企业缺乏责任感和社会意识
	其他公众	公众间的意见不能及时地交流和沟通，缺乏低碳循环经济建设的社会氛围

一、重庆市发展低碳循环经济政府的信息流管理制度创新

政府对低碳循环经济的运行发挥了关键性作用，一方面，政府为社会公众提供了信息平台，并且由政府直接管理这个平台的运作；另一方面，作为直接管理者，该平台的所有信息都是由政府提供并由政府使用。因此，政府拥有足够的权利和资源来调节和运行低碳循环经济。然而，在低碳生态城市建设中，政府常常会出现监管者角色越位错位的问题，监管缺乏有效的约束性。例如，某些地区的政府对低碳循环经济的认识不够，依然保有先污染、后治理的思想。政府相关部门与企业形成利益合作关系，对这些企业的危害环境生产行为处理得不公正透明，追求经济发展而不顾生态效益。因此迫切需要通过信息监管来完善低碳生态城市管理体制，提高政府管理能力，培养超前防范意识，以达到维护城市的生态系统和确保城市实现生态平衡目的。

信息平台的建立使重庆市受益良多，一方面，政府在信息平台上可以获取企业废弃物的实时排放数据，实现各部门的数据实时共享，结合数据库系统可以跟踪历年的废弃物排放情况，进而预测未来排放的状况，为环境管理和相关政策法规的制定提供依据，降低低碳循环经济知识宣传的成本，及时获取公众和企业的反馈信息；另一方面，在低碳循环经济发展的过程中规范行业企业监管标准，增强政府部门的系统解决能力，并从全局规划出发，按低碳生态城市的评估新标准体系整合在建的各类与低碳生态城市建设（如建筑节能、企业节能减排、交通运输等）相关监管系统，在政府的调节推动下，重庆市可以实现在建项目各部门间的协同管理，加快低碳循环经济建设效率，提高低碳建设质量，不仅为其他低碳生态城市建设起到示范作用，而且有助于重庆市建设高效透明的政府。

二、重庆市发展低碳循环经济企业的信息流管理制度创新

重庆市低碳循环经济信息平台的主要服务对象之一是企业，政府通过信息平台获得企业废弃物排放的具体数据，通过对这些数据的整合与研究，政府不仅可以向企业告知相关政策法规信息，而且可以提供一定技术支持，大大降低企业的运行风险。

为推动低碳循环经济的有效运行，应该倡导重庆市内的企业及时把握城市循环低碳转型机遇，创新低碳生态城市信息监管体系。重庆市从低碳生态城市规划建设、低碳生态城市生活方式、低碳生态城市运行系统之间的耦合关系和城市可持续发展理论出发，根据创新的低碳城市价值链发展战略目标，将低碳评价纳入城市企业低碳循环经济发展的价

值活动和价值流，引入重庆市企业价值链理论，界定监管的内涵及主要内容。建立具有生态山城企业特色的节能、减排、发展“三合一”低碳城市监管体系。通过动态监管，优化、重组和整合资源要素，促进和带动相关产业发展，提升城市企业竞争力。

三、重庆市发展低碳循环经济公民的信息流管理制度创新

重庆市环境质量能够长久维持下去必须依靠公众参与，公众参与同时也是监督政府和企业履行环境管理与保护义务的社会力量。目前，重庆市发展低碳循环经济的公众参与度相对还不高，重庆对社会公众开展生态教育的覆盖面还比较小，多数人对城市的生态状况还不甚了解，对低碳循环经济的认识度也不够，因此，大多数人并不清楚自己拥有信息监管的责任，承担意识尤其淡薄。人们了解最多的就是经济发展的表面状况而忽视了影响经济与社会发展的生态环境基础，生态意识有待普及与提高。

因此，重庆市政府应大力培养重庆公众绿色低碳责任意识，完善信息平台的数据库系统，及时向社会公众公布项目监管信息，让更多的公众明确自己所拥有的权利与应当承担的责任，加快普及“低碳建设，人人有责”的意识，培育良好的公众氛围，推动重庆市低碳循环生态城市建设的有序进行。

第六章

重庆市循环经济低碳化发展的技术流管理机制分析

第一节　低碳循环经济技术流管理机制的内容

一、低碳循环经济技术开发管理机制

低碳循环经济技术开发的原则是："以企业为主体，以政府为主导。"根据这个开发原则，在低碳循环经济技术开发过程中，企业的作用是建立在政府主导作用的基础上的。在我国，政府的作用应该是完善市场体系与激励机制，弥补市场缺陷与不足，营造有利于企业开展技术创新的土壤和环境，引导并且保护好企业技术创新的积极性。

事实上，国内企业技术创新活动开展较好的区域，比如深圳、青岛等地，都离不开当地政府的帮助和扶持。创新型企业通过企业自主技术的开发逐渐形成一批有国际竞争力的企业群，支撑了本区域内的整个技术创新活动。这其中既包括规模上百亿元的大企业，也有大量的科技型中小企业，有力地带动了技术密集、知识密集等行业的发展，使区域经济增长方式和产业结构发生了深刻变化。因此，在开发低碳循环经济技术的过程中，政府的主导作用必须先行。结合我国目前发展循环经济的实际情况，笔者认为，政府的当务之急是建立以下三大支持体系。

(一)创造市场空间，推进低碳循环经济产业化

从企业的角度来说，只有循环经济技术开发具有很大的市场空间和较高的经济效益，才能充分调动企业的积极性和主动性，这就需要发挥政府的职能，通过明确的产业政策导向，为企业从事循环经济技术开发创造必要的市场空间。首先，应该由政府制定能耗标准、排放

标准和准入标准。这三个标准的制定对企业起到有效的引导作用。在市场经济条件下,政府应主要依靠经济手段、法律手段调控企业行为,尽量减少行政手段的运用。对高耗能、高污染新建项目,政府应该合理提高其产业准入标准;完善重点行业能耗和排放标准、重点耗能产品及新建建筑能效标准;建立和完善企业生态恢复、破坏修复责任制度,依法加大执法和监督检查力度,提高对违法、违规企业的处罚力度,使节能减排成为企业的自觉行为。其次,发挥价格、税收杠杆作用。企业能耗和排放居高不下,与现行资源价格偏低、税收机制扭曲有很大关系,政府管制下仍然存在土地、能源、水价格低廉,资源开采收费低、污染环境不收费等问题。针对这种情况,政府应该通过价格、税收等手段改变价格信号,从而调节市场供需,造成的扭曲比较小,也减少了寻租的机会,产生的税收收入还能进一步补贴环保或支持新能源开发等。最后,应加快推进资源性产品价格的市场化改革进程,建立能够反映能源资源稀缺程度、市场供求关系和环境成本等完全成本的价格形成机制,将低成本使用能源的鼓励政策改为高成本使用能源的约束政策,对排污坚决收费,加大差别电价、水价政策实施力度,增加实行差别电价、水价的产品。将现行消费税征收范围扩大到煤炭、石油等不可再生能源,逐步调高税率,尽快开征燃油税,并逐步完善资源税制,最终达到提高企业用能成本,促进市场主体自觉采取循环经济技术,在制造生产的过程中节能减排。

(二)构建激励机制

目前国内政府所实行的政府采购和知识产权保护政策并没有很好地提高企业的技术创新水平,其主要因素是缺乏有效的激励机制,对于任何一个理性经济人或理性经济群体来说,追逐利益的本质在很大程度上可以促使行为主体对自己不断进行完善。要改善这一问题,这需要从完善政府采购制度和加强知识产权保护两方面入手。政府采购制度是一种非关税贸易壁垒,一直是世界各国保护本国产业、促进技术创新的有效手段。政府采购包括政府的投资行为和消费行为,规模巨大,目前在发达国家占年度 GDP 的比重为15%左右。作为国际贸易领域中为数不多甚至是唯一的保护本国经济安全的合理合法手段,正在为大多数国家所采用,其中以国家安全、保护国内产业、保护环境等为正当理由,禁止或限制外国供应商进入本国政府采购市场,并对国内产品采取优先购买的政策,已是国际上通行的惯例。如美国《联邦采购法》明确规定联邦政府采购必须优先购买本国产品,只有当产品的国内最低报价比海外厂商高出一定比例时(大型企业高出 6%,小型企业高出 12%,国防类产品高出 50%)才被视为可以豁免。即使参加了政府采购协定(GPA)等国际规则的国家,在政府采购中采购外国产品的数量也是极为有限的。即使在对政府采购已做出国民待遇承诺的国家，仍然通过各种保护措施大量采购本国产品。当前，政府采购在我国国民经济和社会发展中也正扮演着越来越重要的角色，其中很重要的一个作用就是可以有效激励企业的技术创新活动，我国自主创新产品的研发、应用和推广迫切需要政府采购市场的大力扶持，甚至可以毫不夸张地说，其初期生存的机会近乎完全依赖于政府的采购和订购。

对国产创新产品进行大规模政府采购，从本质上讲是打破市场自然竞争的周期和规律，用经济手段对落后技术、落后产品、落后企业进行强制性和快速淘汰，让高科技产品在最短的时间里提高市场占有率，从根本上建立起创新带动型的发展模式。因此，要建立财政性资金采购自主创新产品制度、认定标准和评价体系，确定政府采购自主创新产品目录。用财政性资金进行采购的，必须优先购买列入目录的产品，并根据科技含量和市场竞争程度等因素，对自主创新产品给予一定幅度的价格折扣。建立激励自主创新的政府采购和订购制度，国内企业或科研机构生产或开发的试制品和首次投向市场的产品，只要符合国民经济的发展要求和先进技术的发展方向，具有较大市场潜力并需要重点扶持，经认定后，由政府进行采购。影响企业创新积极性的另一个原因是知识产权保护不到位。企业可以通过仿冒产品进入市场，大量仿冒产品的存在不仅导致市场过度竞争，而且还使真正的技术创新者利益得不到保障，直接影响企业创新的积极性。我国企业普遍不重视技术开发和拥有自主知识产权，改革开放以来，中国大量引进国外先进技术和管理经验，促进了经济发展，但缺少自主知识产权的问题却日益突出。随着知识经济时代到来，专利、商标、版权等知识产权的战略性地位日益凸显。近年来，我国不断推进知识产权战略，知识产权事业发展取得显著成效：2016 年，中国商标注册申请量达 369 万件，占全球申请总量的 1/3；通过专利合作协定（PCT）途径提交的国际专利申请量增长 44.7%。然而，数据增长的同时，知识产权滥用多发，以及企业快速发展与知识产权储备不足的矛盾成为我国经济发展的阻力。目前中国企业中拥有自主知识产权的仅有 2000 多家，仅占企业总数的 0.3‰，99%的企业没有申请专利。在制造技术领域，中国的专利发明数只有美国、日本的 1/30，只有韩国的 1/40。中国制造业经济总量占全球的 6%，但研发投入只占全球的 0.3%。加强知识产权保护，一是需要制定完善适合我国国情的知识产权政策和法律体系，通过完整的法律体系来保障创新者的利益，通过良好的法律环境来倡导人们树立尊重和保护知识产权的公德心。二是要把获得自主知识产权作为科技评价体系的基础性要求，融入科技评价体系，建立起有利于促进技术创新与发展的激励机制。三是要把自主知识产权作为发展所必需的国家战略来推行，主动建立知识产权体系，包括重视研究开发，重视知识产权积累，重视知识产权转化，重视知识产权保护。

（三）确立扶持重点

政府重点扶持的研究项目应当是公共性强、“溢出”效应大、边际社会效益高的研究项目，循环经济技术正是这样的项目。循环经济技术开发过程大致可以分为三个阶段：基础性研究、应用研究、产品和工艺技术开发，这三个不同阶段研究开发成果的公共性和外部性不同，政府的支持重点也应该有所不同。前两个阶段的研究开发具有风险大、应用面广、共用性强的特点，企业往往没有实力进行这样的研究开发，即使有企业愿意开发，也很容易造成技术、市场垄断。很明显，从政府职能和公共财政的性质出发，基础性研究和共用性强的产业技术研究开发应当成为政府支持的重点。第三个阶段是与某一特定市场需求紧密相关，以盈利为目的的产品和工艺技术研究开发，应当以企业为主，政府主要依靠政府采购、税收优惠、专利保护等政策鼓励企业增加投入，这方面国外有许多成功的经验。日本政府规定，民间企业研究开发高技术可获得低息贷款，如果研究开发成功，则按照优惠条件还本付息；一旦失败，则按无息贷款还本。韩国规定对于直接关系国家利益的项目，全部由政府资助，并由公立研究机构承担；对于具有商业价值的项目，由企业提供部分资金，合作进行研究；私营企业研究机构承担或参与核心技术开发、基础技术开发、产业技术开发、替代能源开发的国家研究开发项目任务的，韩国政府给予研究开发经费50%的补贴。对于个人或小企业从事新技术商业化的，韩国政府提供总经费80%～90%的资助。

二、低碳循环经济技术转让管理机制

建立这样一种技术转让机制，政府主导，企业参与，按照市场化的方式运作。让低碳循环经济技术从发达国家转移到发展中国家，从技术发达地区转移到欠发达地区。以造成温室效应的气体排放为例，发展中国家在工业化、城市化的过程当中，人民生活水平不断提高，追求更高的生活质量，出行方式也发生了很大转变。截至2017年3月底，我国机动车保有量已经超过3亿辆，汽车保有量首次超2亿辆，占机动车总量的66.67%，49个城市超过百万辆。我国一直是全球应对气候变化事业的积极参与者，在五大发展理念支持下，我国制定了“形成人与自然和谐发展现代化建设新格局”的目标并为之努力，目前中国已经成为世界节能和利用新能源、可再生能源第一大国。如果能够采用现在发达国家已经有的节能环保技术，就实现了节能和减排，不仅降低了成本，节约了资源，并减少了温室气体的排放，整个人类都会为之受益。因此，技术的转让是非常重要的。改革开放以来，中国经济经过40年的高速发展之后开始进入中高速发展时期，在这个过程中，我国在经济建设上取得了巨大的成功，但是同时也付出了很大的代价，如环境污染、能源消耗等。为了实现中国经济的可持续发展，国家和社会开始思考转变经济发展模式，从劳动密集型转向知识密集型，从资本密集型转向技术密集型。但是由于我国经济起步较国外发达国家晚，在技术的研发和应用方面还有所不足，需要向他们学习，比如发展可再生能源，这是减少温室气体排放一个非常有效的措施，但是现在我国在大力发展风能的同时，其中缺少两项关键的技术，一是变频器、二是轴承，这就增加了发展风能的成本，如果我国能够获得这两个技术，那么会大大地降低成本，风能的发展会更快。再比如，新能源汽车的开发，近年来受到国家的高度重视，出台了一系列政策给予扶持，但是由于技术上的限制，大多国内汽车厂商所生产的新能源汽车在国内、国际市场上并不具有竞争力，在这方面各大汽车厂商应该向比亚迪学习，在努力提高自身技术研发实力的同时与国外优秀厂商达成战略合作，取长补短，融合国外先进技术，加强自身竞争力。并且可以把重点高排放行业确定下来，对现在这些行业减排技术进行技术改造。

三、低碳循环经济技术咨询管理机制

现代咨询制度兴起于20世纪40年代的美国，从20世纪60年代开始，咨询制度逐渐开始在各个领域运用，非官方咨询机构的地位也开始得到认可，涌现出一批在政策制定过程中发挥重要作用的咨询机构。政府在建立低碳循环经济技术咨询机制的过程中，首先应强化咨询意识，其次应健全咨询制度，最后要完善咨询机构。

通过对一些发达国家的循环经济咨询机构的了解，笔者发现，虽然低碳循环经济技术开发的行为最终落实在政府层面，但是在开发过程中，不同国家的一致的选择，却是通过尽可能地向不同群体进行咨询，让各种利益群体参与到咨询过程之中。就我国目前的咨询机构而言，主要包括3种类型：(1)国家专设的一些研究机构。例如，以往承担循环经济咨询的机构。(2)各地高等院校以及地方研究院。以往这类机构的主要功能是专家、学者通过自己的理论研究，为政府决策提供间接的指导。(3)各类学术团体。在低碳循环经济咨询的过程中，除了以上的途径以外，我国还应该进一步拓宽咨询的范围，力求保证低碳循环经济技术咨询的权威性、民主性和现实性。

四、低碳循环经济技术服务管理机制

对于循环经济技术进行服务，归根结底就是利用低碳循环经济的技术，向企业和社会提供技术支持，协助解决生产运行中的难题，进行故障或事故分析与处理，进行技术攻关和技术改造，借以提高低碳循环经济企业的安全、经济运行水平、增进效益为目的一种服务。因此，为了发展低碳循环经济，政府应该建立起长效的技术服务机制，有必要对于技术服务的模式加以探讨。技术服务的机制中，应该首先落实责任制，其次建立并执行合同的奖惩制度。将技术服务与推广新技术应用结合起来，加速新技术推广应用的步伐，要靠广大的技术人员，必须通过教育培训，提高企业员工、技术人员，特别是创新人才的素质。技术培训，也是一种技术服务方式，所以，各级科研机构应进一步地把技术培训纳入技术服务范围中来，各专业部门都应该有计划地对低碳循环经济企业技术人员开展技术培训，办新技术、新标准、新试验方法以及基础知识、生产技能等方面的培训班，为建设低碳循环经济创新人才队伍贡献力量。

重庆市节能技术服务中心是重庆市经济和信息化委员会直管的科研事业单位，经过二十年的发展，现已建成技术力量雄厚、技术装备先进、跨地区、跨行业的中型骨干综合设计研究院。中心现持有电力行业乙级、跨行业建筑工程设计资质、热力工程资质、环境污染防治乙级、环境污染防治临甲等资质；现有教授级高级工程师 2 人，二级注册建筑师 5 人，一级注册结构工程师 2 人，注册公用设备工程师 4 人。在册职工 50 余人(工程技术人员 49 人，其中高级工程师 38 人，工程师 11 人)。全院共有 5 个设计室，10 余个专业，业务范围遍及重庆市及相邻的四川省。中心近二十年来共完成各类工程 100 余项，其中自备电厂20 余座，供热锅炉房 30 余座，其余各类工程近 40 余项。目前正在承担方盛电力公司 1×55MW机组、天富电力公司 1×55MW 机组、巫山供电公司 1×55MW 机组和润新电力公司 1×25MW 机组、水江电力公司 1×25MW 机组、攀枝花 1×25MW 机组以及永福煤矿、开县电力公司等单位的机组设计工作。同时也正在筹备申办火办电力设计甲级资质。经过二十年的经验积累和新技术、新工艺的应用，其设计水平在重庆同行业领先，亦得到各行业的好评。

五、低碳循环经济技术推广管理机制

在低碳循环经济的技术推广上，第一，政府应当以产业化经营模式为载体，建立完善科技推广利益联结机制。产业化经营模式具有覆盖面大、普及速度快、即时性强的特点，是加快科技成果转化的有效手段之一。第二，以多元化的投资渠道为载体，建立完善科技推广资金保障机制。通过政府投入、龙头企业投入、招商引资、利用政策引导等手段，加大对技术流开发，服务等的资金投入。第三，以产学研相结合为载体，政府应创造条件，积极推进节能环保产业技术合作。(1)推进企业与高校、科研院所建立长期合作关系。(2)推进与外部区域的合作，由政府出面，与国际上节能环保技术先进的国家、企业商讨合作空间，追求共同发展、优势互补。(3)加强与外部领先企业和相关企业之间的合作。提倡以多种形式引进技术，提高技术软件在引进项目中的比重，控制进口成套设备，建立完善科技推广上下联动机制，加强低碳循环经济科学技术研究。第四，以技术合作经济组织为载体，建立完善利益驱动机制。第五，以建设科技示范园区为载体，建立完善科技推广示范带动机制。目前全国已有不少地方相继建立了工业、生态农业科技示范园区，对当地的工农业发展起了良好的带头作用。第六，以落实奖惩政策为载体，建立完善科技推广激励机制。一是政府要制定宏观激励政策；二是各有关部门、单位要制定具体的激励措施；三是要采取措施，解决基层科技推广人员的后顾之忧。

第二节　重庆市循环经济低碳化发展的技术流管理制度创新

一、政府管理制度创新——积极推动低碳循环经济技术的发展

(一)完善激励约束政策

为增加循环经济技术的供给提供条件，政府需要从宏观上完善激励和约束政策。改变现有政策中，一方面，要强调经济的高速增长而大力发展重污染行业；另一方面，要求减少资源消耗、减少污染排放的矛盾格局。

1.激励政策

根据《中华人民共和国国民经济和社会发展第十三个五年规划纲要》第四十八章发展绿色环保产业，指出：节能环保产业的发展壮大依赖于服务主体的壮大、节能环保产品的研发推广、技术设备的支持、服务模式的创新以及政策机制的完善。

(1)要扩大环保产品和服务供给

完善企业资质管理制度，鼓励发展节能环保技术咨询、系统设计、设备制造、工程施工、运营管理等专业化服务。推行合同能源管理、合同节水管理和环境污染第三方治理。鼓励社会资本进入环境基础设施领域，开展小城镇、园区环境综合治理托管服务试点。发展一批具有国际竞争力的大型节能环保企业，推动先进适用节能环保技术产品走出去。统筹推行绿色标识、认证和政府绿色采购制度。建立绿色金融体系，发展绿色信贷、绿色债券，设立绿色发展基金。完善煤矸石、余热余压、垃圾和沼气等发电上网政策。加快构建绿色供应链产业体系。

(2)发展环保技术装备

提高节能环保工程技术和设备制造能力，研发推广一批节能环保先进技术装备。加快低品位余热发电、小型燃气轮机、细颗粒物治理、汽车尾气净化、垃圾渗滤液处理、污泥资源化、多污染协同处理、土壤修复治理等新型技术装备研发和产业化。推广高效烟气除尘和余热回收一体化、高效热泵、半导体照明、废弃物循环利用等成熟适用技术。

市级政府根据国家规划和当地实际情况制定有利于企业推行清洁生产技术、延长产业链、提高资源效率、减少废弃物的各项循环经济技术和激励政策，包括政府奖励、政府优先购买、直接投资、贷款贴息、税收优惠等。

大力促进产业的发展。一是要制定各项经济政策，鼓励技术创新，尤其是能够把各种技术性废弃物还原为再生性资源的资源再利用技术；二是政府拿出一定的财政支出，通过自然化的生态手段修复各种被人类活动大大干扰了的城市自然空间。

2.约束政策

根据《中华人民共和国国民经济和社会发展第十三个五年规划纲要》第四十四章加大环境综合治理力度，其中关于环保的部分指出：创新环境治理理念和方式，实行最严格的环境保护制度，强化排污者主体责任，形成政府、企业、公众共治的环境治理体系，实现环境质量总体改善。

(1)深入实施污染防治行动计划

制订城市空气质量达标计划，严格落实约束性指标，地级及以上城市重污染天数减少25%，加大重点地区细颗粒物污染治理力度。构建机动车船和燃料油环保达标监管体系。提高城市燃气化率。强化道路、施工等扬尘监管，禁止秸秆露天焚烧。加强重点流域、海域综合治理，严格保护良好水体和饮用水水源，加强水质较差湖泊综合治理与改善。推进水功能区分区管理，主要江河湖泊水功能区水质达标率达到80%以上。开展地下水污染调查和综合防治。实施土壤污染分类分级防治，优先保护农用地土壤环境质量安全，切实加强建设用地土壤环境监管。

(2)大力推进污染物达标排放和总量减排

实施工业污染源全面达标排放计划。完善污染物排放标准体系,加强工业污染源监督性监测,公布未达标企业名单,实施限期整改。城市建成区内污染严重企业实施有序搬迁改造或依法关闭。开展全国第二次污染源普查。改革主要污染物总量控制制度,扩大污染物总量控制范围。在重点区域、重点行业推进挥发性有机物排放总量控制,全国排放总量下降10%以上。对中小型燃煤设施、城中村和城乡结合区域等实施清洁能源替代工程。沿海和汇入富营养化湖库的河流沿线所有地级及以上城市实施总氮排放总量控制。实施重点行业清洁生产改造。

(3)加强环境基础设施建设

加快城镇垃圾处理设施建设,完善收运系统,提高垃圾焚烧处理率,做好垃圾渗滤液处理处臵;加快城镇污水处理设施和管网建设改造,推进污泥无害化处理和资源化利用,实现城镇生活污水、垃圾处理设施全覆盖和稳定达标运行,城市、县城污水集中处理率分别达到95%和85%。建立全国统一、全面覆盖的实时在线环境监测监控系统,推进环境保护大数据建设。

(4)改革环境治理基础制度

切实落实地方政府环境责任,开展环保督察巡视,建立环境质量目标责任制和评价考核机制。实行省(直辖市)以下环保机构监测监察执法垂直管理制度,探索建立跨地区环保机构,推行全流域、跨区域联防联控和城乡协同治理模式。推进多污染物综合防治和统一监管,建立覆盖所有固定污染源的企业排放许可制,实行排污许可"一证式"管理。建立健全排污权有偿使用和交易制度。严格环保执法,开展跨区域联合执法,强化执法监督和责任追究。建立企业环境信用记录和违法排污黑名单制度,强化企业污染物排放自行监测和环境信息公开,畅通公众参与渠道,完善环境公益诉讼制度。实行领导干部环境保护责任离任审计。

实际落实中,应该严格限制甚至适当淘汰一批高能耗、高污染的产业,要加强低耗能、低排放产业的发展,抓紧制定重点行业的产业政策和准入标准。

制定建立生态园区的评价标准。通过科学的监督评价机制,选择合适的企业进入园区,避免企业在短期利益的驱动下,维持以环境为代价的传统生产方式,也避免盲目地将不适合进入生态园区的企业纳入规划。

通过收取原生材料税、建立押金返还制度、制定再生含量标准等方式,促进再生资源的回收再利用,同时改革现有垃圾收费制度,制定有利于城市生活垃圾减量化的垃圾收费制度。另外,通过制定生产者责任延伸制度,使企业对所生产产品的整个生命周期负责,即不仅负责产品生产,而且负责产品废弃后的回收利用。

(二)建立有效的科技服务体系

市各级政府应努力完善各地的循环经济技术咨询服务体系。完善循环经济技术咨询服务体系包括健全科研服务体系、建立技术咨询信息系统、发挥社会中介组织的作用 3 方面的内容。

1.将循环经济纳入科技攻关计划。鼓励和引导大专院校开展循环经济基础理论和实用技术的研究,依托高校建立有关循环经济技术的重点实验室。建立各研发中心,发挥技术开发的核心骨干作用。建立产学研基地,与高校、科研单位广泛开展产学研联合攻关,推动循环经济技术的产业化。加强国际合作,追踪先进理论和科技。加强与国际组织和政府、金融、科研机构等在循环经济领域的交流与合作,引进国外先进技术、设备和资金。

2.建立循环经济方面的专家咨询库,对循环经济发展的核心技术进行咨询论证和技术指导。通过建立循环经济产业信息平台,利用信息网络,公布企业间、产业间、部门间、地区间的再生资源和社会废旧物资供求信息,开发物质、能量和水集成软件及技术集成方法库,建立循环经济信息平台,向社会定期公布环境友好技术目录和投资指南。

3.鼓励中介机构参与循环经济政策研究、法规制定和技术推广,协助政府开展技术咨询,社会宣传,组织社区群众和志愿者参与垃圾分类、废旧物资回收等社会公益活动。

(三)加强对循环经济技术市场的培育

当一个企业因为可以将污染转嫁到企业外部而不需要进行相应补偿并获得额外收益时,它是不愿去增加投资、改进技术工艺和设备水平的。针对这种“市场的失效”,为加大企业对循环经济技术的内在需求,保证循环经济技术的需求和供给的平衡,政府应致力于培育循环经济技术市场,逐步完善市场的职能,减少市场的缺位,使实施循环经济技术的企业、单位能够在市场上取得由于其行为带来社会效益所应得到的承认和经济刺激,并愿意将这一行为继续下去。而且只有市场不断扩展,企业的环保行为才能不断得到社会的、经济的刺激,使企业对新技术开发的投入能够一直维持下去。为此,政府应提高对企业环保设施引进的投入力度,并积极探索设立循环经济发展基金,用于支持企业的循环经济技术改造。改变政府作为防治污染主体的地位,实施“谁污染、谁治理,谁治理、谁受益”的政策,推动企业自身自觉进行污染防治的技术开发和产品升级。创造公平竞争的市场秩序、引导社会尤其是民间私人资本进入环境市场。建立股票债券融资、金融信贷、招商引资等多元化筹融资体系,为企业的循环经济技术发展提供良好的投资和融资环境。与此同时,政府应积极探索在全市范围内建立一些较大的、有序的循环经济技术交易市场，设立、完善排污证（权）交易市场，积极寻求通过产权交易达到促进企业发展循环经济技术的有效途径。

（四）增加循环技术研发的资金投入渠道，加大对技术开发的支持力度

当前，我国节能环保产业内的主体大多为中小型企业，这些企业由于受到资金和技术水平的限制，新产品开发和技术创新能力落后于其他更具优势的大型企业。解决这类中小型企业发展困境的办法有：(1)为了保障中小型企业开展技术创新活动拥有充足的资金，政府应继续深化金融体系改革，尤其是国有商业银行改革，构建和完善中小企业融资机制；(2)政府应建立中小企业良性贷款融资机制，组织设立中小企业贷款担保机构，发展中小企业信用担保；(3)政府应加快投资管理体制改革、增加企业筹资渠道、降低市场准入，为有想法、有创意的中小企业提供一个更优质的平台；(4)政府应该加大对企业技术创新的投资，包括资本金的投入或者进行直接拨款资助等发放，充分发挥“技术创新基金”的作用，使真正需要这笔资金的企业能够得到实际的帮助，引导和扶持中小企业进行技术创新，促进科技成果转化。

（五）改变政府主导型的技术开发模式，建立以企业和市场为主导的技术研发模式

现阶段，我国的节能环保企业技术研发投入不足、政府研发资金有限。在此情况下，政府应制定相应措施，集聚社会技术研发资源，把有限的资金投入关键技术和重大公共技术项目中，让企业能够低风险、低成本地公平享用这些技术研发成果，并能进一步进行二次创新，提升自身的技术创新力和竞争力。

二、企业管理制度创新——全面发展低碳循环经济技术

无论是从我国国情出发，还是从企业自身发展需要以及技术开发的特性来看，企业都应当成为技术创新的主体。从国情来说，原先我国粗放型增长模式面临越来越严峻的挑战，资源紧张、环境污染、技术落后、劳动力成本上升都要求转变增长模式，加强自主创新能力建设；从企业自身发展需要来看，我国企业普遍缺乏核心技术、居于产业链的末端，只能赚取微薄的加工费。以最典型的苹果公司为例，苹果公司每卖出一台苹果手机，就独占58.5％的利润，原物料供应国占21.9％，屏幕、电子元件等主要供应商分得4.7％利润，而

中国内地劳工只能从中拿到1.8%的利润。一些跨国企业已在研发10年以后的产品，没有研发、没有创新的企业永远只能跟随别的企业；从技术开发的特性来看，任何技术开发，如果不经过企业运作，是无法形成规模产业、取得经济效益和社会效益的，不可能完成从投入转变成新的知识和技术，再从知识转变为更大的物质财富这一价值循环。所以必须意识到创新的主体是企业而不是国家。

（一）加强环保意识

企业的行为体现了企业领导者的意识。企业领导者应当转变传统观念，明确认识到企业是发展循环经济技术的核心主体，推行循环经济技术不仅是为了应对严峻的环境挑战，也是企业新的发展机遇。领导者在制定开发绿色产品的企业发展战略的同时，还应注意向企业员工宣传循环经济相关的科学技术知识，鼓励员工对产品进行改造，从设计制造生产等各个方面节约原材料，减少或消除污染。

（二）增加研发投入

在产品设计阶段，企业要充分利用对环境压力较小的原材料，尽量不制造和销售一次性产品、推广绿色包装、生产耐用产品和开展资源的再生利用等。为了在资源采集、制造、流通、消耗、废弃等各阶段减轻环境负荷，企业要在产品开发中将产品的整个生命周期对环境的压力考虑进去，普及绿色产品和服务，研究一切低成本、高质量且受消费者欢迎的产品。

在产品生产阶段，企业应当尽量使用再生资源作为生产原料，开发各类废旧产品的再制造技术，使得废弃物成为资源，发挥新的价值。另外，企业应当自觉发展产业链的延伸及耦合技术，通过企业间或产业间的循环，把不同的工厂联结起来，形成共享资源和互换副产品的产业共生组合，使本企业产生的废气、废热、废水、废渣在自身循环利用的同时，成为另一企业的能源和原料，大力发展系统化技术、信息集成技术、水的集成技术、能量集成技术和物质集成技术等循环经济技术。

在排污方面，企业应当主动实现生产废弃物的排放达到国家制定的污染排放标准，并积极探索废弃物的综合利用技术，在实现经济效益的同时，有效利用资源及能源，减少生产活动对环境造成的冲击。

（三）引进专业人才

专业的技术人才是企业循环经济技术创新的动力所在，企业应当完善自身薪酬体系，制订系统的培训计划，在加大引进专业技术人才力度的同时，对在职员工进行培训，使员工有意识、有能力在产品的设计、生产、物流、销售等环节进行生态设计、清洁生产、工艺改进，并进行绿色物流管理和清洁服务。

(四)从实际出发

重庆是四大“火炉”城市之一，夏季是用水用电的高峰期，又以用电表现尤为突出。企业应从重庆的实际出发，大力发展高新节电节水技术。重庆用电峰谷差相对较大，因此可以采用蓄冰空调技术。一方面可以减少高峰用电，减少外购电力需要；另一方面可以开发低谷市场，使得本地发电资源得到较好利用。此外电机调速节能技术也可加以利用，电机调速节能技术是集电力电子、自动控制、微电子、电机等技术的一项全新技术。该技术可以用于各类高精度、快响应的高性能指标的调速控制，具有显著的社会效益与经济效益。

三、公民管理制度创新——自觉促进低碳循环经济技术的发展

(一)树立参与意识

公民循环经济参与意识的形成以及自觉性、主动性的建立，对于循环经济技术的发展、对于提高政府和企业发展循环经济技术的积极性至关重要。公民对于低碳循环经济的认识来自教育，各教育机构、科研机构通过相关课程和实践活动、媒体报道、环保人士宣传呼吁、国家相关法律法规的制定等，在这个过程中逐步向公民灌输低碳循环经济理念，吸引公民的注意力，然后意识到循环经济发展的必要性，意识到它与日常生活息息相关，意识到自己是循环经济发展的主体，激发对节能环保的热情。随着循环经济相关的各个领域的技术发展，节能减排的效果会逐步显现，人们的生活环境会变得更加美好，更加符合可持续发展理论。因此，公民首先应当发挥主人翁意识，提高参与、监督循环经济的积极性；其次要提高节能、节水的意识，积极了解环保、生态、清洁生产等相关方面的准确信息，积极参与到循环经济建设中来。

(二)进行绿色消费

中国消费者协会对绿色消费界定为：倡导消费者在消费时选择未被污染或有助于公众健康的产品；在消费过程中注重对垃圾的处理，不造成污染；引导消费者转移消费观念，

崇尚自然，追求健康，在追求生活舒适的同时，注重环保，节约资源和能源，实现可持续消费。

公民是环境质量改善的最直接受益者。在政府的宣传教育、经济引导、法律强调下，公民将成为社会消费领域发展循环经济技术的驱动力和建设生态城市的关键力量。

在产品的使用阶段，响应国家号召，《"十三五"规划纲要》指出："倡导勤俭节约的生活方式，倡导合理消费，力戒奢侈消费，制止奢靡之风。在生产、流通、仓储、消费各环节落实全面节约要求。管住公款消费，深入开展反过度包装、反食品浪费、反过度消费行动，推动形成勤俭节约的社会风尚。推广城市自行车和公共交通等绿色出行服务系统。限制一次性用品使用。"公民应尽量减少一次性产品的使用，减少购物袋的使用，优先购买再生用品或可重复使用产品，消费资源节约型产品，进行多次性、耐用性消费。应当在公民中提倡一种与自然生态相平衡的、节约型的低消耗物质资料、产品、劳务和注重保健、环保的消费模式，一种对环境不构成破坏或威胁的持续消费方式和消费习惯。在废弃物产生和回收阶段，公民应当自觉对生活垃圾进行分类，对可回收利用的废弃物进行回收利用，以减少日常生活给环境造成的压力。

第七章

重庆市循环经济低碳化发展的人力流管理机制分析

重庆市发展低碳循环经济需要健全的人力流管理机制支撑。发展低碳循环经济和知识经济是21世纪国际社会的大趋势。低碳循环经济的思想在全社会的推行，包括在企业的经营和管理中加以实施，它涉及企业管理的各个层次、各个领域、各个方面、各个过程，要求在企业管理中时时处处考虑环保、体现绿色，最大限度地节约资源、保护环境。显而易见这些过程都需要人力去实施，可以说人力资源是实施低碳循环经济的源泉和保证。低碳循环发展需要的人力资源需要有健全的人力流管理机制来保障。

第一节　低碳循环经济人力流管理机制的内容

一、低碳循环经济人力培养管理机制

作为一种完全不同于以往传统经济的新型经济模式，循环经济的发展依托先进的技术，包括技术的研发和技术的应用，都需要高素质的人才，因此，要使循环经济发展能够长期持续下去必须不断提高人力资源质量。为了实现人才的可持续发展，需要培养以下高素质人才。

(1)循环经济的相关理论研究人才，包括循环经济的管理学、经济学和法学人才。加强对实现循环经济相关的税收、财政、金融、工商、物价、计量、标准等方面人才的培养。加强世界各国循环经济立法的研究，并在此基础上制定中国循环经济的相关法律法规，从法律上给予循环经济相应的地位和足够的保障。实施循环经济还需具有绿色生产、包装、资源利用、污染排放等知识的综合性法律人才。重庆市人才培养主要状况如表7-1至表7-7、图7-1、图7-2所示。

表 7-1　重庆市各级各类学校概况图

单位：所

年份	普通高等学校	普通中学	小学	特殊教育学校	幼儿园
2010 年	53	1273	5544	36	4105
2011 年	59	1259	5248	36	4114
2012 年	60	1231	4810	36	4401
2013 年	63	1200	4728	36	4547
2014 年	63	1179	4586	36	4669
2015 年	63	1167	4170	36	4816

注：资料来源《重庆市统计年鉴 2015》。

(2)研究和技术创新人才。一方面，通过加强节能、节材、节水、可再生能源、资源综合利用等方面的技术研究，建立政府研究机构、企业研发中心、民办科研单位等不同层次的科研开发平台，形成一批具有自主知识产权和可形成产业化的科技成果，促进循环经济的发展；另一方面，由于循环经济需要绿色生产、绿色消费，也必须培养大量高素质的发展循环经济的生产工人。

表 7-2　重庆市规模以上工业企业研究与实验发展(R&D)活动情况

年份	规模以上工业企业 R&D 人员全时当量(人·年)	规模以上工业企业 R&D 经费(万元)	规模以上工业企业 R&D 项目数(项)
2011 年	27652	943975	4524
2012 年	31577	1171045	5113
2013 年	36605	1388199	5794
2014 年	43797	1664720	7879
2015 年	45129	1996609	6544

表 7-3　重庆市规模以上工业企业新产品开发及生产情况

年份	规模以上工业企业新产品项目数(项)	规模以上工业企业开发新产品经费(万元)	规模以上工业企业新产品产值(万元)	规模以上工业企业新产品销售收入(万元)	规模以上工业企业新产品出口销售收入(万元)
2011 年	4612	1073308	31697481	30280328	3928448
2012 年	5693	1266058	—	24299198	1561072
2013 年	6820	1438649	—	26961130	1344651
2014 年	8580	1863801	—	36107819	3873757
2015 年	7352	2388537	—	45351174	10731971

表 7-4 重庆市规模以上工业企业专利情况

单位：件

年份	规模以上工业企业专利申请数	规模以上工业企业发明专利申请数	规模以上工业企业有效发明专利数
2011 年	8121	2089	2532
2012 年	9784	2460	3714
2013 年	12221	2509	4792
2014 年	12908	3696	6272
2015 年	20239	6758	6328

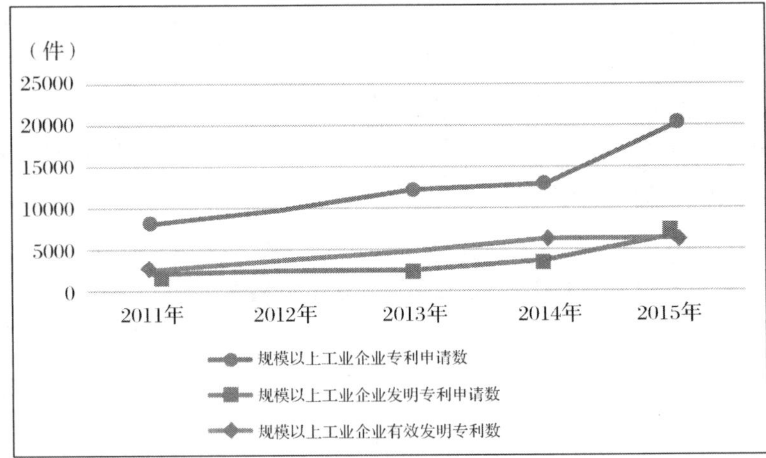

图 7-1 重庆市规模以上工业企业专利情况

表 7-5 重庆市技术市场成交额

单位：亿元

年份	技术市场成交额
2011 年	68.15
2012 年	54.02
2013 年	90.28
2014 年	156.2
2015 年	57.24

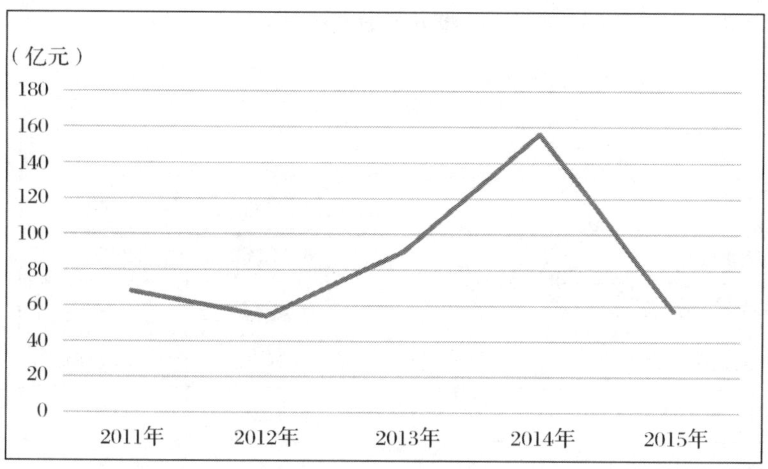

图 7-2　重庆市技术市场成交额

表 7-6　重庆市普通高等学校(机构)教职工情况

指标 \ 年份	2011 年	2012 年	2013 年	2014 年	2015 年
普通高等学校数(所)	59	60	63	63	64
普通高等学校招生数(万人)	17.76	19.29	18.49	19.72	20.55
普通高等学校本科招生数(万人)	10.17	11.04	10.52	10.61	11
普通高等学校专科招生数(万人)	7.59	8.25	7.97	9.11	9.54
普通高等学校在校学生数(万人)	56.78	62.36	65.94	69.16	71.66
普通高等学校本科在校学生数(万人)	36.15	39.72	42.01	43.36	44.34
普通高等学校专科在校学生数(万人)	20.63	22.64	23.93	25.8	27.32
普通高等学校预计毕业生数(万人)	14.17	15.28	17.04	18.76	19.59
普通高等学校本科预计毕业生数(万人)	7.76	6.78	9.54	10.44	11.39
普通高等学校专科预计毕业生数(万人)	6.41	8.5	7.5	8.31	8.21
普通高等学校毕(结)业生数(万人)	13.07	13.76	14.87	16.58	18.11
普通高等学校本科毕(结)业生数(万人)	7	7.5	8.25	9.24	9.97
普通高等学校专科毕(结)业生数(万人)	6.07	6.26	6.62	7.34	8.13
普通高等学校本专科授予学位数(万人)	6.6	7.2	7.94	8.84	9.59

表 7-7 重庆市教育经费情况

单位:万元

指标 \ 年份	2011 年	2013 年	2014 年
教育经费	5039550	6565622	6979973
国家财政性教育经费	3832059	5228011	5538929
国家财政预算内教育经费	3590885	—	—
民办学校办学经费	24470	32148	27691
教育经费社会捐赠经费	45121	17731	24460
教育经费事业收入	926746	1088175	1216958
教育经费学杂费	679350	852831	948085
其他教育经费	211154	199557	171934

数据来源:中华人民共和国国家统计局。

(3)循环经济的企业管理人才。管理人员是企业战略目标的实践者和传递者,在正确落实企业的循环经济发展理念上,起到一个管理和监督的作用。要在企业相关管理人员的管理下,促使活劳动在推动物化劳动时实现清洁生产、再循环和再利用。

二、低碳循环经济人力配置管理机制

我国循环经济企业在人力资源管理上,最主要的问题除了人力资源的数量不足和质量有待提高以外,更重要的是我国循环经济企业存在严重的人力资源大量闲置和浪费的问题,而这从根本上讲是由人力资源配置不合理造成的,所以加强对人力资源配置制度的创新和研究,对我国循环经济组织中的人力资源优化有着重大的意义。对循环经济人力资源流动配置产生制约作用,造成其配置不合理的因素主要是由于我国现在还处在经济体制的转轨时期,一方面,受过去计划经济体制的影响,我国经济体制尚未完全突破高度集中、统分统配、底薪资、高就业的传统制度框架,这严重限制了人力资源在行业和地域之间的合理流动;另一方面,由于我国尚未建立起完善的适应市场需求的人力资源制度,随着我国循环经济企业的逐步发展,将使得原来已经存在的循环经济人力资源供求矛盾和结构性偏差越发明显。要为人力资源的配置打造一个适宜的生存环境,必须加强对人力资源配置机制的改革。

1.合理配置的前提是实现我国劳动力产权制度创新

以劳动力产权制度为基础，通过劳动力产权交易实现人力资源的合理配置，构建完善的劳动力和人才市场，促进人力资源的合理流动。首先，必须承认和推动人力资源的商品化、市场化、社会化和价值化，在市场经济条件下，人力资源市场化和社会化的核心是劳动力产权的明晰化和劳动行为的主体化。劳动力产权是劳动者的“私有财产”，劳动者的流动是寻求“私有财产”投资的行为。所以，人力资源流动制度必须要以保护这种投资行为为出发点，使其通过市场这个中介得以寻找最佳归宿，达到人才合理流动、资源有效配置的效果。

2.合理配置的关键是收入分配制度创新

从收入制度来说，要按照人力资源市场的要求，形成主要由市场人力资源供求双方的相互作用多次博弈共同决定收入生成的制度，要改变国家原有的集中、统一的工资生成和管理体制，改变单一的工资决策主体和工资标准。一般说来，由市场生成收入制度适用于人力资源市场内部的非公共部门，按照国际惯例，市场经济国家非公共部门的工资生成采用集体谈判工资制，由供求双方（具体表现为工会代表与企业）追求各自利益目标的相互牵制和制衡，决定人力资源工资率的形成，我国目前的情况是，由于市场经济体制发展不够完善，工会力量较企业力量处于绝对劣势地位，导致在与企业进行工资、福利等的博弈过程中缺少话语权。政策方面，国家及各地区出台的最低工资政策，在一定程度上维护了劳动者的权益，但是想要达到发达国家的水平，还任重而道远。公共部门性质不同，其工资市场生成的制度也不同。公共部门雇员的工资一般是通过对各类人力资源进行比较，以“滞后跟进”的方式确立的。

3.合理配置的主体是完善适应人力资源配置流动的市场机制，强化市场功能

市场经济的资源配置要求人力资源市场是一个相对独立、相对稳定、相对职能的社会机构。人力资源市场既不能是一种完全的政府行为，更不能是一种纯粹的商业行为，而是一种需要遵守市场经济的规律或规则的行为。同时，要不断拓展人力资源市场的职能（如服务、培训等），发展市场配置的社会效能。要树立市场化的理念，强调以市场为导向和杠杆，调节人力资源的流向、配置和供需变化。同时，构建劳动力和人才市场的服务体系。一方面，应建立和完善市场中介机构，加快对劳动力和人才市场服务体系的建设，提高服务水平，完善服务功能；另一方面，要加强市场信息功能的建设，努力减少或消除信息不对称现象，广开就业渠道，完善就业服务体系，保证每个人都有充分使用人力资本的机会和权利，在此基础上，进一步开放市场，建立和完善全国统一、公平竞争、规范有序的市场体系。

4.合理配置的条件是构建有效的市场配置制度配套体系

第一,要加大户籍制度改革力度。要采用循序渐进的方式推进户籍改革进程,以适应我国户籍管理制度改革的复杂性。对于大城市的某一些重要产业领域,可以选择适度放开的政策,建立身份证、居住证和从业资格证“三证合一”的审批制度,让居民办事更加便利。对于中等城市的户籍管理,可以选择大幅放开的政策,减少农民进城落户的限制,建立常住、暂住和寄住三种地方户口的管理制度。对于乡镇和中小城市的户籍,实行弹性化的管理制度,让户口实现随走随迁随落。对于农村小城镇户口,采取全面放宽的政策,在农村范围实行居民身份证登记制度。最终逐步推开,过渡到建立全国统一、平等的户籍制度。

第二,是深化身份制度改革。确立在新型的契约型人力资源管理制度下,国家不再充当国有领域雇佣关系的主体,而是以授权主体资格委托社会中介机构与职工签订雇佣契约,将劳动雇佣权真正交给市场。变国家与职工间的制度性雇佣为就业单位与就业职工之间的契约性雇佣,推行新的劳动用工制度,企业应当坚持面向社会、公开招收、全面考核、择优录用的原则招录人员,并在平等自愿、协商一致的基础上依法签订劳动合同。最后是改革和完善社会保障制度,为人力资源的优化配置提供良好的社会保障环境。随着社会主义市场经济体系的逐渐完善,要适时制定和完善与人力资源相配套的劳动法律法规,如《劳动合同法》《劳动保护法》《社会保险法》《促进就业法》《劳动监察法》《劳动争议处理法》等。

5.人力资源服务产业发展推动人力资源合理配置

随着我国近年经济的快速发展,我国人力资源服务业也发展迅猛,并初步形成了多元化、多层次的人力资源服务体系。截至 2016 年底,全国共设立各类人力资源服务机构 2.67万家,从业人员 55.3 万人,全行业营业总收入 11850 亿元,这对人力资源的优化配置起到了极大的推动作用。2017 年 5 月 31 日国家质监总局、国家标准委发布 2017 年第 13 号《中国国家标准公告》,批准发布《人力资源服务机构能力指数》国家标准。《人力资源服务机构能力指数》国家标准为推荐性国家标准,由全国人力资源服务标准化技术委员会归口,于 2017 年 12 月 1 日正式实施。该标准的颁布实施,有利于形成各级人力资源服务机构统一的能力指数,推动人力资源服务机构实现服务的标准化、规范化、科学化,提升服务质量、服务水平和服务效率;对规范人力资源服务机构及从业人员行为,加强窗口服务建设,促进行业自律与和谐有序发展有着重要作用;有利于推动人力资源服务领域规模化发展,增强国际竞争力,更好地推动人才强国战略和就业优先战略的实施。

三、低碳循环经济人力资质更新管理机制

在循环经济企业中，企业的发展更多地寄托于其员工具备的胜任该企业发展需要的能力，企业对员工胜任力的培养和管理是其他任何企业都无法复制的核心竞争力。所以，基于资质的人力资本更新备受关注。人力资质更新的实现，依赖于管理机制的良好构建及运作。一般来说，必须建立以下4个机制。

1.资质评估机制

建立资质评估机制，是建立人力资源管理机制中的基础，目的是通过系统的方法和原理来评定和测量员工的资质及其工作绩效。首先要成立资质测评中心。确定项目实施的负责人以及相关工作人员，并且明确他们的权利和责任；拟订项目进展的计划，核算整个项目的各项成本，确定使用怎样的工具和技术，构建必要的信息系统。其次要确定评估标准，构建科学的资质模型。对员工核心能力进行不同层次的定义，辨别杰出者和基本胜任者在关键绩效领域中的知识技能、态度和行为等方面的差异并进行量化，从而形成可以用来对照判断资质及相应层次的可操作的体系。再次要建立员工资质分析报告。根据资质模型和组织本身的特点，选择适当的测评方法，如工作能力测试、案例分析、会议讨论等，对相关人员的资质水平进行测量，整理写出测评对象的资质分析报告。最后要正确对待和运用评估结果，使其与组织结构、薪酬、绩效管理、培训等各个环节紧密结合。

2.资质使用机制

坚持以资质、胜任力特征为基础，建立以资质等级为中心的科学的职位体系，做到以岗定能，量才录用，人尽其能，能岗两宜，能者上、平者让、庸者下。一是以岗定能、量才录用。企业应根据岗位实际需要对各层次、各岗位、各工种的人员应具备的知识结构、劳动技能、创造能力、心理素质、行为规范等进行认真细致的研究，制订出相应的标准和考核测试方法，严格按照岗位需求和员工资质来选择使用人才，杜绝随意用人。二是人尽其能、因人定岗。充分用人之长，将最具有挑战性的工作由资质、绩效最好的人来承担，力求形成一种最佳的管理结构。三是要公平合理用人，做到资质等级与职级配置相适应，给每一位员工创造发挥才能的条件和公平竞争的环境，做到竞争上岗，各尽其能。

3.资质激励机制

基于资质分析而设计的激励，要求企业必须与员工建立以劳动契约和心灵契约为双重纽带的战略和伙伴关系，让员工与企业共同成长和发展，形成企业与员工双赢的局面。建立资质激励机制，关键要做好两点：一是价值评价。企业对员工的资质、业绩和贡献进

行客观的评价，使员工对企业的贡献得到承认，让具有企业需要的能力素质的优秀员工脱颖而出。企业还应对员工的资质潜能进行评价，为员工提供面向未来的人力资源开发内容与手段，帮助员工开展生涯规划。二是价值分配。企业要在资质评估和价值评价的基础上，通过设计多元的价值分配形式，如工资、职权、机会、奖金、福利、附加社会保险、股权等，回报员工对企业的贡献，满足员工的需要。

4.资质开发机制

资质开发，是指按照组织长远发展需要，采取各种有效措施促使组织成员将潜在资质转化为现实资质，促使组织成员不断提高已有资质的系统活动。建立资质开发机制，关键建立基于资质分析设计的培训，对员工进行特定职位所需的关键胜任特征的培养，以增强员工取得高绩效的能力、适应未来环境的能力和能力素质发展潜能。企业在确定某一职位的资质特征时，必须从上往下进行分解，即根据企业核心战略能力以及业务发展需要确定职位需要的资质，将资质概念置于“人—职—组织”匹配的框架中。根据各特定职位需要的资质，找出其中共同的胜任特征，然后进行归类，据之确定培训内容和培训方法，开发培训课程，对员工进行有计划、有重点的资质开发，为组织储备必需的能量。

第二节　重庆市循环经济低碳化发展的人力资源配置管理机制分析

企业对人力资源的态度经历了从“经济人”到“社会人”的转变。“经济人”的概念来自亚当·斯密《国富论》中的一段话：“每天所需要的食物和饮料，不是出自屠户、酿酒家和面包师的恩惠，而是出于他们自利的打算。不说唤起他们利他心的话，而说唤起他们利己心的话，不说自己需要，而说对他们有好处。”之后，西尼尔定量地确立了个人经济利益最大化公理，约翰·穆勒在此基础上总结出“经济人假设”，后来帕累托将“经济人”这个专有名词引入经济学。

不过，因为“经济人”假设一切从利润最大化出发，忽略了“人”的因素，广大劳动人民受到残酷的压榨和剥削，生活在水深火热之中，从而奋起反抗，出现大规模罢工的现象。由此应运而生一门研究“人”的行为的科学，被称为“行为科学”。其代表人物是梅奥，他设计了著名的霍桑试验，并根据实验结果提出“社会人”假设，由此，企业逐步开始重视“人”的因素。

要实现高效的管理就必须坚持“以人为本”，尤其是当下我国已经失去了人口红利的优势，低劳动力成本的时代已经过去，我们必须重新认识我国的人力资源现状，从数量上看，我国无疑是一个人口大国，是一个人力资源大国，但仅仅是数量上庞大，在当前以高科技和创新为主导的国际市场上并不具备优势，企业和社会必须充分重视人力资源的质量提升，通过学校教育和企业培训，培养高素质人才，使中国成为一个人才大国。

从可持续发展来看，企业应该给予人力资源管理足够的重视，从战略的高度来建立和完善企业的人力资源管理体制，包括人力资源规划、招聘与甄选、培训与开发、绩效管理、薪酬管理和员工关系，帮助员工实现全面发展。具体包括以下 6 个方面。

一、人本管理

简而言之，就是要做到“以人为本”，这要求管理者从员工的角度出发考虑问题，以马斯洛的需求层次理论、赫兹伯格的双因素理论等为基础，通过问卷调查法、访谈法等深入了解员工的需求，“对症下药”，使员工有更高的积极性投入到工作中去；企业对员工的激励和约束机制的构建要做到多样化和分层次；重视企业文化建设，强化员工对企业的认同感和归属感，引导员工个人目标和企业目标相一致。

二、能本管理

“能本管理”是一种以能力为本的管理，是人本管理进一步发展的新阶段。“能本管理”的本质就是要尊重人性的特征和规律，遵从符合能力发展的顺序性与阶段性去开发人力资源的潜力，使人的能力得到最大的发挥，以更好地实现社会、组织和个人的目标。

三、心本管理

心本管理要求抓住人心，获取民心。上级或领导要注重从情感上而并非仅从物质上进行奖罚和鼓励。通过教育、沟通和激励触及人的思想与内心，使人产生心灵的自觉、自发和主动，建立起与组织相同的价值观和目标，把组织目标当作自身目标来实现。自觉地把自己当成集团中有责任的成员，充分发挥出人的主观能动性、积极性和创造性，从而实现个人与集体的共赢和全面发展。

四、柔性管理

柔性化管理模式是一种在较高科学文化素质平台上的反应灵敏、灵活快捷、多变的崭新的人力资源管理模式，是从行为管理过渡到心理管理的新趋势。基本原则是：内在重于外在，直接重于间接，个体重于群体，肯定重于否定，身教重于言教，务实重于务虚，执教重于执纪。管理的柔性化，又带来组织结构的扁平化。整个组织管理的柔性化、扁平化，必然地也使人力资源管理趋于柔性化、扁平化。组织结构的扁平化将慢慢成为组织发展的大趋势，过去组织管理中上级向下级的命令式管理与传递信息将逐渐被取代。

五、生态管理

和谐是生态管理的本质含义，实施生态人力资源管理有利于企业的可持续发展，有利于企业环境的优化，有利于职工的主体性建设。生态人力资源管理主张满足人的合理而正当的需求，满足人更高层次的发展需要；造就一种尊重人、人际和谐、有利于人发展的工作环境；引导员工增强主体意识，自我成长，自我管理。生态人力资源管理这种新的管理理念把握了新形势下社会发展趋势，顺应人的主体性的发展要求，有利于人的主体性建设。

六、经营服务管理

经营服务管理即“从理性管理到经营服务”。管理是激励更是服务。人力资源管理要把员工视为客户，像经营客户一样经营员工，通过为员工服务，向员工持续提供客户化的人力资源产品与服务，为员工创造价值，从而实现为企业创造绩效。在这方面沃尔玛做出了企业模范，它首先让本公司的员工得到满意，然后再向客户提供满意的服务，这一做法无疑极大地调动了员工的工作积极性。

第三节　重庆市循环经济低碳化发展的人力流管理制度创新

一、政府

第一，进一步促进重庆市低碳循环经济相关法律法规的颁布和实施，鼓励和引导公民使用节能、节水、节材和有利于保护生态环境的产品及再生产品，减少废物的产生量和排放量。

第二，要与循环经济发展特点相适应，以政府部门和行业协会为投资主体，通过区域性人力资本投资提高循环经济实施区域内具有专用性特征的人力资源的存量。提高实施区域内社会公众的资源节约意识、环境保护以及可持续发展意识，为企业引进专门的发展循环经济的企业管理和技术创新人才奠定基础。

第三，依托国家相关循环经济鼓励政策，在重庆市低碳循环经济实施区域内，逐步形成与完善关于循环经济技术创新的人力资源激励机制，加大对以低碳循环经济为中心的技术改造与开发项目的支持力度。

第四，加强对人力资源服务产业的支持力度。2011 年 7 月，国家人社部批准重庆筹建中国(重庆)人力资源服务产业园，产业园于 2013 年 3 月正式开工建设，2013 年底投入使用，是集人力资源信息提供、现场招聘、培训测评、档案托管、信息查询和大学生就业指导、就业见习、创业实训等功能于一体的人力资源要素市场。

二、企业

第一，制定与循环经济相适应的人力资源发展战略。以在循环经济系统中获得竞争优势为目的，安排专项资金用于循环经济型人力资本投资，同时不断探索和完善企业创新机制，鼓励提高企业资源循环和清洁生产方面的技术创新，提高企业人力资源从事资源循环利用和清洁生产方面的技术能力和管理水准。定期对进行员工循环经济专业化培训，提高员工对于循环经济的认识水平，提升管理者驾驭循环经济的管理能力，完善组织员工关于循环经济的知识结构，培养员工对循环经济的创新意识和创新能力。

第二，制定合理的公司政策和制度以保证循环经济的有效实施。要提高企业战略实施效果，保持企业政策与环境特点的一致性是一个重要环节，所以需要构建畅通的循环经济沟通渠道，以及时了解国家、行业关于循环经济的政策、法规、条例，及时把握循环经济技术创新的动向，及时收集组织内外关于循环经济创新的最新信息，及时将组织内外的隐性知识转化为显性知识，从而制订出科学合理的公司政策。注重与企业外循环经济宣传教育相适应，致力于循环经济文化建设，努力培养员工社会责任感、资源节约意识、环境保护意识以及创新精神；以循环经济发展战略为导向，调整原有组织结构，设置以循环经济下企业经营和管理职能为中心的专职的管理或协调部门，其部门领导直接受总经理领导，有权管理和协调组织内外影响循环经济效果的个人或组织行为；组建以团队为单位的循环经济技术创新组织。鼓励和支持这些组织在循环经济方面的技术创新，并致力于将创新成果快速转化为组织生产力。

第三，细化企业循环经济实施效果的指标体系与绩效考评制度。企业是构成社会经济系统的基本单位，一个复杂社会系统的循环经济的有效实施，依赖于企业作为一个微观系统的实际运行效率与效益。因此，与循环经济型城市或社会评价指标体系相适应，需要将循环经济型社会的评价指标转化为评价企业绩效的相关指标，并量化这些指标体系，从而构架一种新的评价循环经济型企业的基本框架。注重构建与区域范围内循环经济评价指标相对应的指标体系。不同的地区和行业循环经济具有不同的指标体系，企业可以因地制宜构建与循环经济实施区域内评价指标相对应的指标体系，并以此作为制定企业发展规划和公司政策以及评价企业营运效果的重要指标；系统设计以循环经济为主线的绩效考评指标体系。在制定总的企业循环经济指标体系之后，采用目标管理，逐层分解总的指标体系，并将各指标纳入原有的部门和个人的绩效考评体系之中，通过构建系统的循环经济绩效考评指标，提高企业循环经济发展战略的实施效果。

第四，以循环经济绩效考评体系为依据设计全面的薪酬制度。为了对企业内从事循环经济研究的人力资源进行有效的激励，确保企业循环经济发展战略能够可持续运行，需要设计全面的企业循环经济薪酬制度，提高薪酬制度在促进循环经济发展过程中对企业人力资源的激励、协调和配置职能。注重将发展循环经济的指标体系纳入企业薪酬管理的目标之中，鼓励技术创新、资源节约和保护环境。综合运用多种动力机制提高企业循环经济的运行效率与效益，包括物质激励机制和精神激励机制，激励员工为提高循环经济效益做贡献；建立与系统的绩效考评指标相对应的全面薪酬管理制度，通过“立体”的薪酬设计，提高薪酬制度的激励、协调和配置人力资源的效果。要多方位、多层次地调动员工参加循环经济建设的积极性，对直接推动循环经济发展的员工，不仅要在物质上进行奖励，还要在精神上进行进一步鼓励；不仅要提供外在的报酬，还要提供内在的报酬。

三、公众的创新

(一)有效培养全社会公众的低碳循环经济意识，建立节约型社会

勤俭节约是中华民族的优良生活习惯和美德，中华民族几千年生产和生活均是选择成本最低的方式。当然，这也是中国经济在长期短缺经济条件下的必然选择。然而，当中国在过去近三十年的经济持续增长、经济实力增强、资本实力不断增加、科技水平不断提高、个人资产不断扩充的新背景下，加上 1997 年发生东南亚金融危机，中国经济内需不足，投资乏力，于是国家将扩大、刺激和鼓励消费及扩大内需作为短期政策目标，以抵御世界经济萎缩的负面影响，这样就形成了在生产上忽视成本控制尤其是资源利用的大量浪

费、利用率低；在生活方面追求高消费、超前消费的方式；在经济运行中形成了资源无限供给条件下的经济运行方式。据统计，我国的能源利用效率目前仅为34%，比发达国家落后20年，相差10个百分点，能源消费强度大大高于发达国家及世界平均水平，约为美国的3倍，日本的7.2倍。所以，公民节约能源意识的培养尤其关键。

(二)提高低碳循环经济中公众的参与度和作用

1.公众参与是对低碳循环经济的有力促进

公众参与首先能够扩大影响，引起重视，加快循环经济的实施进度。公众对循环经济的积极态度，将影响到政府决策，从而对循环经济产生积极作用。随着社会的不断进步和政治民主的进程加快，公众意见对政府决策越来越具有影响力。如果公众积极参与，大力呼吁，那么，政府将不得不更多地考虑群众的意见与呼声。公众的参与对循环经济的促进还反映在公众对开展循环经济的企业的支持和循环型城市、循环型社区的建设上。在企业方面，实施循环经济，需要更多投入，需要占用更多资金，也需要当地公众的大力支持。在城市方面，循环型城市和循环型社区的建设与公众参与关系极大，涉及公众的因素更多，公众参与对建设循环型城市和循环型社区也有更大影响。从城市生活资源如能源、水资源等的节约，到城市生活垃圾的分类处理，无不与公众有关。

2.公众参与循环经济的途径与形式

公众参与循环经济的形式多种多样，包括立法过程、循环型城市和循环型社区建设中的资源节约、垃圾减量化、废弃物的分类回收、循环利用与无害化处理等众多方面。立法过程中的公众参与有两种形式：一是选取公众代表参与立法的过程，二是进行立法的公众听证。前者主要是通过人大代表的形式和专家形式参与，专业程度较高；后者则更直接，参与人数也更多。立法过程中的公众参与十分重要，公众参与的程度和范围对法律的公正性以及法律的执行都有很大影响。在循环型城市和循环型社区的建设中，公众参与的面比较广，作用也比较大。首先，水、能源等城市资源的减量化即节约使用，直接涉及千家万户，是公众参与的主要方面。其次，垃圾减量化和分类回收也是公众参与面较广的方面。城市垃圾中包装垃圾所占比重不小，特别是生活物质的包装所占比重较大。如果公众选择大量使用可重复使用、无污染的竹篮子和布袋等取代塑料袋进行日常蔬菜、食品采购的包装，可以极大地减少垃圾的数量，实现垃圾减量目标。公众直接参与分类过程，也是垃圾回收利用十分重要的一个环节。

3.通过宣传提高公众对低碳循环经济的参与度

推进低碳循环经济是一项系统工程，需要政府、企业和社会各界共同努力。而循环经济理念能否深入人心，能否被公众所普遍认同和接受，并逐步变成每个公民的自觉行为，是能否有效发展循环经济最为至关重要的一环。政府应尽其劝告、说服的规制手段，大力开展形式多样的节约资源和保护环境的宣传活动，提高全社会对发展循环经济重大意义的认识，把节约资源、保护环境变成公众的自觉行为；通过加大宣传力度，公开环境和资源信息，使公众明确自己具有的环境和资源权益，使公众在维护自身权益的实践中，彻底转变环境行为，并树立牢固的循环经济意识；可以通过立法确立公众在循环经济中的法律主体地位，使公众对损害循环经济的行为能够用法律手段加以制止；可以建立有效的激励制度，对循环经济提出合理建议、依据事实举报环境污染线索的公众给予物质奖励。

第八章

基于熵值法的重庆市循环型农业发展管理评价分析

循环型农业有利于实现农业经济、社会高效与环境友好的三赢目的。我们基于循环型农业的理论视角，构建循环型农业的评价指标体系，运用熵值法及 Matlab 分析工具，对重庆市 2003—2012 年农业发展水平进行综合评价，并以 2012 年重庆市农业循环经济发展为例进行障碍因素的诊断分析。

循环型农业是一种结合了循环经济理论与可持续发展理论的新型农业发展模式，能够实现人口与自然资源环境相协调的农业经济增长新方式。循环型农业的发展坚持农业资源减量化、再循环、再利用原则(3R 原则)，把经济系统纳入自然生态系统的物质循环过程，对于解决传统农业发展中存在的资源浪费、产业化程度低等问题具有关键作用。

重庆市以低山丘陵为主，平均海拔为 400 米，地处我国西南部。年降雨量 1000～1450 毫米，域内水系丰富；年均气温 15℃左右，属亚热带季风气候，自然条件较为优越。但是农业水平较低，经济效益差，污染和浪费严重，农业发展与生态矛盾突出，与其他 3 个直辖市差距较大。重庆市属于大城市、大农村的格局，是全国城乡统筹示范区，因此，本书选择重庆市为实证研究对象，通过文献研究、模型评价、统计分析等方法，构建重庆市循环农业指标体系，研究重庆市循环农业经济发展问题，并以此为逻辑起点提出促进循环农业发展的主要路径，以期为做好重庆市低碳循环农业提供思考和借鉴。

第一节　重庆市循环型农业评价指标体系的构建

一、循环型农业评价指标体系的设计

文章关于农业循环经济发展的评价，参考马其芳等人的 Bpeir 概念模型，认为主要涉

及以下4个方面：一是经济与社会发展指标；二是资源减量投入指标；三是资源循环利用评价指标；四是资源环境安全评价指标。根据3R原则，并结合重庆市农业生产的实际情况，主要选取了15个参评因素作为评价指标。通过数据的整理分析，以期全面了解重庆市农业发展现状，并为低碳循环型农业的发展提供参考意见（见表8-1）。

表8-1 重庆市循环型农业评价指标体系

	分类指标	因素编号	单项指标	指标权重	指标释义
重庆市循环型农业评价指标体系	经济与社会发展指标	B1	单位面积农业GDP产值（元/hm^2）	0.1197	农业GDP产值/农作物播种面积
		B2	农民人均纯收入（元/人）	0.0719	农民人均总收入－农民人均各项费用性支出
		B3	人均粮食产量（kg/人）	0.0609	粮食总产量/总人口数
		B4	粮食单产（kg/hm^2）	0.0720	粮食产量/耕地面积
		B5	牧业商品率（元/t）	0.0607	牧业产值/肉类总产量
		B6	农机总动力（10^4kw）	0.0629	农业机械动力＋林业机械动力＋牧渔业机械动力
		B7	农林牧渔业商品率（%）	0.0607	农林牧渔商品价值/农林牧渔产品总产值
	资源减量投入指标	B8	化肥施用强度（kg/hm^2）	0.0610	化肥施用折纯量/总耕地
		B9	农药使用水平（kg/hm^2）	0.0609	农药使用量/农作物播种面积
		B10	农膜使用水平（kg/hm^2）	0.0622	农膜使用量/农作物播种面积
	资源循环利用指标	B11	化肥有效利用系数（元/kg）	0.0628	种植业产值/化肥施用折纯量
		B12	复种指数（%）	0.0608	农作物面积/耕地面积
	资源环境安全指标	B13	森林覆盖率（%）	0.0620	林地面积/土地总面积
		B14	有效灌溉系数（%）	0.0607	有效灌溉面积/耕地面积
		B15	人均耕地（hm^2/人）	0.0607	耕地面积/总人口数

二、循环型农业发展现状评估方法

(一)数据来源

本研究循环型农业发展评价指标体系建立所采用的数据主要来源于以下几方面：一是，相关经济数据来源于《重庆市国民经济和社会发展统计公报(2003—2012 年)》和《重庆市国民经济和社会发展统计年鉴(2003—2012 年)》；二是，相关政策主要来源于重庆市人民政府网站以及重庆市农业农村信息网。

1.熵值法的基本原理和计算步骤

假设有 n 个指标，m 个年份，组成原始资料矩阵 $X=(X_{ij}mn)$。对于指标 X_j，若指标值 X_{ij} 差距越大，则该指标在评价体系中的作用就越大，反之越小。信息论中，存在函数关系：$H(x)=-\sum f(X_k)lnf(X_k)$，左边 $H(x)$ 为信息熵，右边 $-\sum f(X_k)lnf(X_k)$ 为信息，两者符号相反，绝对值相等。某项指标的指标值离散程度越大，$H(x)$ 就越小，该指标所提供的信息量也就越大，故其权重也应越大；因此，根据指标间的离散程度，用信息熵来确定指标权重，能够为循环型农业发展现状的评估提供科学依据。

首先对数据进行标准化处理，采用归一化方法。

$$r_{ij}=\frac{x_{ij}}{\sum_{i=1}^{m}x_{ij}}$$

确定各个属性对决策目标的影响程度——属性权，

令属性权重为 $x_1,x_2,\cdots,x_n$ 的权向量为 $w=(w_1,w_2,\cdots,w_n)^T$，已知 $\sum_{j=1}^{n}w_j=1$。信息熵法是用来衡量不确定的指标，在多属性决策的处理中将标准化后的决策矩阵 R 的各个列向量 $(r_{1j},r_{2j}\cdots,r_{mj})^T$，$(j=1,2,\cdots,n)$ 看作信息量的分布，计算出各指标属性的 x_j 的熵为

$$E_j=-\frac{1}{lnm}\sum_{i=1}^{m}r_{ij}lnr_{ij}$$

$j=1,2,\cdots,n$。分布是一致的，并且 $r_{1j},r_{2j},\cdots,r_{mj}$ 之间相差越小，熵 E_{ij} 越大。

计算定义属性 X_j 对于评价体系的区分度 G_j，

$$G_j=1-E_j$$

计算各个属性的权重：区分度 G_j 越大，其权重 w_j 就越大，

$$w_j=\frac{X_j}{\sum_{j=1}^{m}D_j},j=1,2,\cdots,n$$

用 w_j 乘以各指标标准化以后的值 r_{ij}，得各子系统循环型农业发展水平指数 $U_i=w_j\times r_{ij}$。

计算循环型农业综合评价指标，本书选用加权函数法。

第二节　基于循环型农业评估体系的结果分析

一、综合评价结果分析

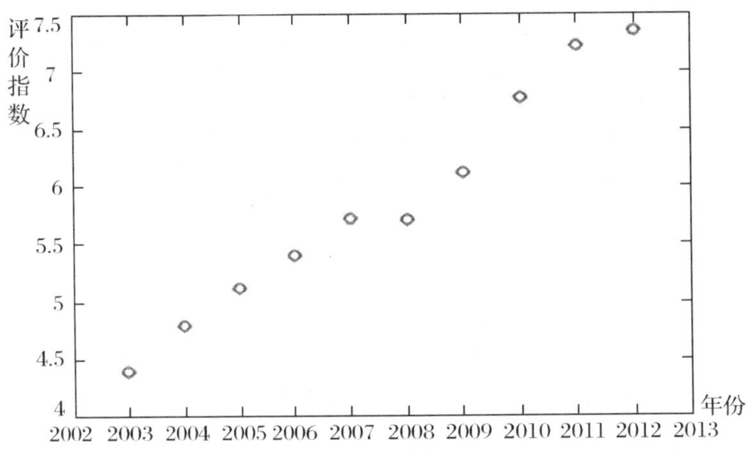

图 8-1　2003—2012 年重庆市循环型农业发展综合评价结果图

基于以上研究方法，本书对重庆市循环型农业的现状进行全面评估，并将相关数据以图表的形式展示（如图 8-1、8-2 所示）。

由图 8-1 可以看出，自 2003 年以来重庆市农业发展呈现良好势头，循环型农业发展综合水平不断提高。重庆市经过 10 年的发展，2012 年循环型农业综合评价指标为 7.36，约为 2003 年（4.40）的 1.67 倍。由图 8-1 可知，2003—2012 年重庆市循环型农业发展可以分为以下四个阶段：

2003—2007 年为迅速提升阶段，循环型农业发展成效显著。该阶段综合评价指标值均高于 2003 年，农业综合评价指数年增长率高达 5.4%。

2007—2008 年为基本平稳阶段，循环型农业发展变化较小。综合评价指数均维持在 5.7 左右的水平，2008 年略有下降为 5.696。

2008—2010 年总体上表现为迅速发展阶段，循环型农业发展较快。2008—2010 年综合评价指数基本表现为持续增长形势，增长率为 5.837%。

2010—2012 年为缓慢发展阶段，循环型农业发展速度减缓，平均年增长率为 2.774%。

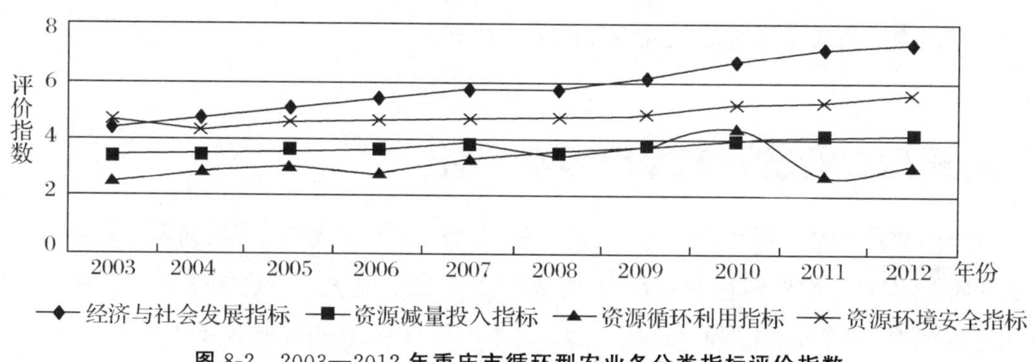

图 8-2　2003—2012 年重庆市循环型农业各分类指标评价指数

为进一步了解重庆市循环型农业的发展情况，对 2003—2012 年 10 年来四大类衡量指标的具体变化情况用折线图显示。如图 8-2，四大类指标总体呈现不断上升的发展趋势，除资源环境安全指标 2004 年的指数低于 2003 年，其余三类指标数值均高于 2003 年。

以农业循环型经济各指标数值大小为排序依据，依次为经济与社会发展指标(5.865)、资源环境安全指标(4.877)、资源减量投入指标(3.731)、资源循环利用指标(3.184)。具体从单项指标的分析可以得出：

1.经济与社会发展指标一直呈现快速增长态势。经济与社会发展指标属于正作用指标，说明 2003 年以来，重庆市循环型农业的发展主要受益于经济与社会的进步。但是由图 8-2 可以看出，该指标存在较大的波动性，说明农业发展所需的技术、政策等还有待提高和完善。

2.资源环境安全指标总体上呈上升趋势。由图 8-2 可以看出：除了 2004 年指标值略有下降，该阶段资源环境安全指标一直呈现增长态势，说明这一时期农业的发展注重环境的保护和资源的节约。

3.2003—2012 年资源减量投入指标一直保持平稳增长态势，但总体水平低于经济与社会发展指标。资源环境安全指标属于负作用指标，指标值越小，对循环型农业的限制作用就越大。该指标体系评价值较低，说明农业发展存在高投入的现象。

4.资源循环利用指标均高于 2003 年，波动性较大。图 8-2 显示可以将其分为三个阶段：一是 2003－2010 年，这一阶段变化较为平稳。2006 年与前几年相比略有下降，说明这一年资源循环利用成为制约循环型农业发展的一个重要因素。二是 2010—2011 年，该阶段指标值迅速减小，下降幅度高达 10.093%。说明这一时期资源的循环利用严重阻碍着农业的发展。三是 2011—2012 年，该阶段资源循环利用指标呈现缓慢的上升趋势，说明该指标对农业的制约作用逐步减弱。

通过分类指标变化值分析可以看出，经济与社会发展对循环型农业的影响较大，农业技术、农业产业化等因素仍然制约着重庆市循环型农业的发展；资源投入减量、资源循环利用指标也构成重庆市循环型农业发展的主要障碍。

二、循环型农业发展的障碍因素分析

对循环型农业的发展评价是一个系统工程，在综合评价的基础上，找到阻碍农业可持续发展的因素，有针对性地调整农业行为，需要对农业发展现状进行病理诊断。具体可采用"因子贡献度""指标偏离度"和"障碍度"三个指标进行判断，各指标原理及计算方法如下。

因子贡献度 U_j 表示单项指标对总目标的影响程度，即各项指标在评价体系中所占的权重。

指标偏离度 V_j 代表单项指标与总目标之间的差距，用单项指标标准化值与 100% 之差表示。

障碍度 W_j 表示单项指标和分类指标对目标总水平的影响值，该指标是农业循环经济发展障碍诊断的结果和目标。

通过对单项指标障碍度 M_j 的排序，可以确定 2012 年各障碍因素对重庆市循环型农业发展的障碍度，结果如下表：

表 8-2 2012 年重庆市循环型农业单项指标障碍度分析

次序	1	2	3	4	5	6	7	8	9	10	11	12	13	14	15
因素	B1	B4	B2	B6	B3	B5	B7	B11	B12	B9	B10	B15	B13	B14	B8
障碍度	12.35	8.64	7.2	6.74	6.67	6.62	6.61	5.92	5.72	5.65	5.61	5.60	5.58	5.56	5.53

按照单项指标障碍度大小的排序，2012 年重庆市循环型农业发展的主要障碍因素依次为单位面积农业 GDP 产值(B1)、粮食单产(B4)、农民人均纯收入(B2)、农机总动力(B6)、人均粮食产量(B3)、牧业商品率(B5)、农林牧渔业商品率(B7)、化肥有效利用系数(B11)、复种指数(B12)、农药使用水平(B9)、农膜使用水平(B10)、人均耕地(B15)、森林覆盖率(B13)、有效灌溉系数(B14)以及化肥施用强度(B8)。经过分析可以得出，2012 年重庆市循环型农业发展的主要障碍性因素主要为经济与社会发展指标、资源循环利用指标和

资源减量投入指标。尤其是排在前几位的都是经济与社会发展的单项指标，说明重庆市循环农业发展仍然主要受制于现阶段的经济与社会发展水平。

为了更加清晰地诊断出2012年重庆市农业循环经济发展过程中的主要限制因素，在单项指标障碍度计算的基础上，分别计算出四大分类指标的障碍度，计算结果如图8-3。

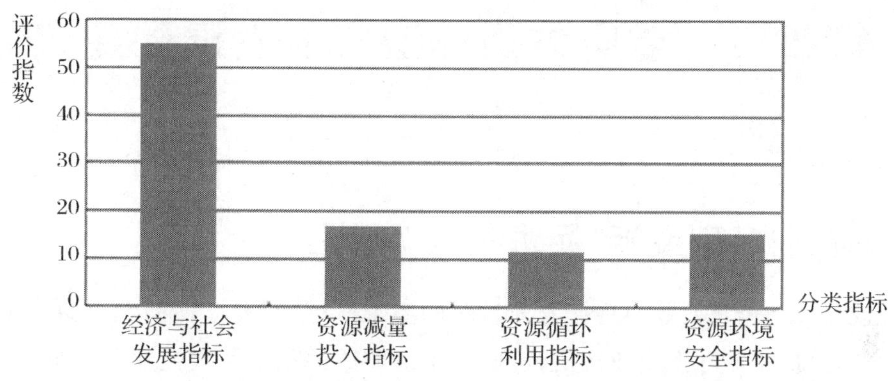

图8-3　2012年重庆市循环型农业各分类指标障碍度

由图8-3可以得出，影响2012年重庆市农业循环经济发展的主要障碍因素依次为经济与社会发展指标(54.83%)、资源减量投入指标(16.79%)、资源循环利用指标(11.64%)、资源环境安全指标(16.74%)。因此在当前农业发展条件下，如何提高农业发展水平，在同等产出的条件下减少资源的投入、降低循环利用以及维护资源环境安全的障碍度是重庆市循环型农业发展的突出问题。

第三节　重庆市循环型农业发展中存在的问题探析

通过对循环型农业综合评价及障碍度诊断，可以看出重庆市循环型农业发展存在以下问题：一是经济与社会发展指标成为主要限制因素。单位面积农业GDP产值、粮食单产、农民人均纯收入、农机总动力、牧业商品率等是主要限制因子。重庆市循环型农业的产出低，商品率不高，农业发展仍然没有完全摆脱传统农业的低产出、低收益发展模式。主要原因是农业机械化程度低，农业发展动力较弱；农业技术不发达，资源利用效率低；农业经济市场化不足，农业与工业结合程度低。二是资源减量投入指标成为制约重庆市循环型农业发展的重要因素之一。主要是化肥、农药、农膜的投入量过大，使用技术落后，施用效率低，不符合农业的集约化、绿色发展理念，增加了循环型农业发展的成本。三是资源循环利用指标也成为制约重庆市循环型农业可持续发展的一大瓶颈。化肥有效利用系数较低，对不同的土壤结构、植物类型以及施用季节的规律性缺乏研究，没有实现资源利用效应的最优化。重庆市农业的复种指数也是阻碍经济发展的一大要素，要想实现农业可持续发展就必须转变生产发展方式。

第四节 重庆市循环型农业发展的建议

一、完善农业基础设施，促进农业现代化

农业现代化是传统农业向现代农业转化的要求，更是发展循环型农业的手段。由以上分析可知，重庆市循环型农业产出较低，一个重要原因是农业现代化程度低，农业发展脆弱。为此必须完善农业基础设施，提高农业现代化水平。一是政府和大型保险公司合作，为受自然条件、人为因素影响较大的农业生产购买涉农保险险种，减少农户因灾损失，提高农业抗风险能力。二是推进农业信息化，提高农业产供销管理，完善农作物价格信息体制，促进农业生产市场化。三是加大政府对农机的补贴力度，提高农机总动力。

二、建设产业化农业，提高单位商品率

较高的商品率能够提高农业单位面积产值，增加农民收入。从以上分析可以看出，牧业商品率与农林牧渔业总体商品率指标都是重庆市循环型农业发展的主要制约因素，严重影响着农业的发展。要想提高农业商品率，必须加快农业产业化建设，为此需做好以下方面：一是建立“农户＋企业”结合的经营模式。当地部门扩大宣传，吸引更多企业加强与农业合作，形成“企业＋农户”的合作形式，生产适销对路的农产品，获得较高的商品率。二是建全农产品流通市场体系。创新农产品销售方式，加快发展网络经营模式。随着网络技术的日渐完善，网络销售正在逐步被人们接纳。重庆市农业应该抓住这一机遇，打造自己的农业网络销售平台。

三、加强科技投入，全面实现农业清洁生产

资源投入减量化符合现代农业发展的要求，是循环型农业的必然选择。由以上分析可以看出，重庆市循环型农业发展过程中存在化肥、农药、农膜等资源浪费污染问题。发

展循环农业，实现资源投入减量化必须做好以下工作：一是大力研发农业节肥技术，减少化肥的施用，提高利用效率。健全微量元素钾、磷的使用标准，满足土壤对不同养料的需求。二是严格控制农药的合理使用，保证药效，提高农药使用水平。从节约角度出发应做好以下工作：一是研发多种降低农业使用量的技术，政府及相关部门要做好对病虫害发生规律以及对虫情和防治条件的准确预报，有针对性、及时地使用农药。二是采用机械节药技术，进行精准喷雾作业，提高农药利用效率。三是解决农膜残留问题，如农膜重复利用、使用可降解膜，避免农膜的浪费与污染。

四、遵循生态系统规律，发展新型循环农业

资源循环利用是农业集约化发展的一个目标，也是发展循环型农业的目标之一。由上述分析可以看出，资源循环利用也成为重庆市循环型农业发展的一大障碍。为此必须遵循生态学原理，提高化肥有效利用系数和农业复种指数。深入对土壤成分、化肥种类以及农业气候的研究，把握不同类型肥料以及土壤的不同施用方法、不同作物的施肥季节，并熟练掌握多种混合肥料比例，提高化肥使用率，减少单位面积化肥投入。重庆市山区面积较大，应因地制宜大力发展新型循环农业及立体农业模式，如发展牛（羊、猪）—沼—果—林模式、畜—沼—稻—果—鱼加工模式等模式，将林果和养殖（牛、羊）与林草相结合，延长产业链，提高复种指数。

五、加强政府引导，激励建设低碳循环型农业

低碳循环型农业建设是一项系统工程，需要政府的引导和激励。一方面，政府应该做好引导工作，帮助农民树立低碳循环农业理念，切实引进先进技术，提供技术支持；另一方面，政府应该做好服务工作，为低碳循环型农业的发展提供激励政策支持，相关部门应该把发展低碳循环型农业纳入工作规划，出台相关激励政策，为低碳循环型农业的发展提供制度保障。

研究发现，从重庆市循环农业发展中对耕地的利用来看，在绿色发展理念指导下，耕地循环永续利用迫切需要构建完善的耕地生态保护正向激励机制体系，以解决耕地利用过程中的诸多生态危机，耕地生态保护必须发挥激励和约束并行的管理协调机制；在农业供给侧结构改革背景下，传统农业生产补贴转型为绿色农业生产补贴应该成为耕地生态保护激励机制体系中的核心内容。

第九章

主要研究结论和对策建议

在21世纪知识经济时代下，循环经济低碳化发展管理具备广泛成熟的间接相关理论基础，内容可包括：可持续发展理论、生态经济理论、清洁生产理论、绿色经济理论、“脱钩”发展理论、生态足迹理论、“过山车”发展理论。低碳视角下循环经济发展管理的直接研究理论基础可包括：生态经济管理理论、制度经济学理论、资源经济学理论、环境经济学、可持续发展管理理论等。随着低碳循环经济的理论和实践的丰富和完善，循环经济与低碳经济管理的契合研究日益重要和迫切。低碳视角下循环经济的发展管理要特别关注四个方面：低碳循环经济的规划、低碳循环经济的建设、低碳循环经济的制度、低碳循环经济的技术。

基于低碳循环经济生态系统的复杂多维性，循环经济低碳化发展管理的制约影响因素复杂广泛，包括：资源制约因素（土地资源、能源资源、水资源、大气环境）、生态环境制约因素（温室气体排放、大气污染、水污染、生态系统蜕化）、经济制约因素、技术制约因素、制度制约因素（制度变迁失衡、缺乏足够的有效制度、产权界定不明确、制度的权威性弱化）、社会制约因素、文化制约因素、生态伦理因素等。

可持续发展需要大力发展低碳循环经济，低碳循环经济系统运行包括物质流、能量流、信息流、技术流、人力流和价值流子系统。低碳循环经济的发展过程必将是一个制度变迁过程，这个过程包括强制性制度变迁和诱致性制度变迁。强制性制度主要是国家政府的规章制度，政府的命令和法律引入和实现。诱致性制度主要是新制度安排的创造，在响应获利机会时自发倡导、组织和实行，具有较大的灵活性。无论是强制性制度变迁还是诱致性制度变迁，这个过程的顺利实现，必然需要健全的低碳循环经济发展的物质流、能量流、信息流、技术流、人力流和价值流管理机制体系的支撑。从低碳循环经济的国内外制度变迁发展过程中可以发现，低碳循环经济的发展管理机制体系应该包括物质流管理、能量流管理、信息流管理、技术流管理、人力流管理和价值流管理六大管理机制体系。重庆要实现可持续发展必须大力发展低碳循环经济，健全低碳循环经济发展的管理机制体系。

低碳循环经济的基本特征是处理好经济发展与资源环境支持能力之间的关系，以尽可能少的资源消耗、尽可能小的环境代价，实现最大的经济和社会效益，力求把经济社会活动对自然资源的需求和生态环境的影响降到最低程度。根据目前我国推进低碳循环经济的基本要求，可以从宏观层面建立低碳循环经济发展综合评价指标体系，其总体目标是：按照低碳循环经济的基本特征和国家宏观经济管理的要求，充分利用现有的数据信息基础，在宏观层面建立一套科学的、具有可操作性的低碳循环经济评价指标体系。低碳循环经济发展管理评价指标体系应包括以下七方面指标体系：经济发展指标、能耗和排放指标、技术发展指标、低碳产业指标、社会发展指标、低碳资源环境发展指标、低碳科教普及指标。

从系统论的角度来讲，只有各方面信息协调好了低碳循环经济系统才能健康地发展。发展低碳循环经济就是在信息资源共享的前提下使全社会的物质、能量、信息在时间、空间、数量上能够得到最佳、最合理的运用，从而实现整个社会资源的低开采、高利用、低排放的新型低碳发展模式，有效地降低发展成本，保护生态效益。健全低碳循环经济信息流管理机制应包括：一是健全低碳循环经济信息产品制造管理机制。在低碳循环经济信息产品建设中，低碳循环经济信息平台的建设成为有效保障产业链良性运转的关键，低碳循环经济信息平台主要由电子政务大厅、废弃物交易平台、公众虚拟社区组成三个部分共同组成。二是健全低碳循环经济信息服务管理机制：全社会范围的环境监测和管理体系、各行业的应用信息系统、开发各类（含自然、社会、人文等）资源的设计研发系统、企业管理信息系统、搭建信息交换平台。三是大力建立信息化管理数据库，促进低碳循环经济信息化管理机制形成和完善，加强重庆市低碳循环经济发展信息传递管理机制，突出把控重庆市低碳循环经济发展的技术经济“生态位”，构建重庆市低碳循环经济产品链和产品网，更好地协调重庆市低碳循环经济发展过程中的经济、社会和生态环境关系。充分重视互联网技术的发展在低碳循环经济建设中的作用。重庆市现有公众、企业、政府三个层面低碳循环经济运行中应引入互联网信息流对现实地理空间的增强、替代、协同和衍生四种作用，根据信息作用下的物质信息流动特点，设计低碳循环经济信息管理平台，构建在其导引作用下的产业链和企业间的低碳循环物质流动模式。在重庆市低碳循环经济管理系统中，要充分发挥信息管理的协同导引作用，创新低碳生态城市信息监管体系。

重庆低碳循环经济的发展需要健全的技术流管理机制支撑。低碳循环经济技术流管理机制主要包括低碳循环经济技术开发管理机制、低碳循环经济技术转让管理机制、低碳循环经济技术咨询行业管理机制、低碳循环经济技术服务管理机制以及低碳循环经济技术推广管理机制等。

政府方面，要特别注重建立三大支持体系：第一，创造市场空间，推进低碳循环经济产业化。第二，构建激励机制，完善政府绿色采购和低碳循环技术知识产权保护。第三，确立研发扶持重点，重点扶持公共性强、“溢出”效应大、边际社会效益高的低碳循环经济研究和推广应用项目，政府应将低碳循环生态园区建设进行制度化规范管理。

企业方面，第一，全面推行低碳清洁生产。第二，全面推行低碳生态工业链建设。运用工业生态学和低碳循环经济理论，整合企业间的物流、能流关系，构建企业间的低碳循环产业链接关系，全面推进低碳生态工业园规模建设。第三，全面推行低碳生态农业。通过农业产业结构调整、农业产业链延伸和农业废弃物综合利用，提高农业经济与环境效益，促进农业向低碳循环型的生态友好型农业方向发展。第四，建立低碳循环经济技术研究中心。研究开发低碳清洁生产技术、农业生态技术、节能建筑技术、废物再生利用技术、污染物处理技术、废物综合利用技术，研制开发节能材料与设备，为低碳循环经济发展提供低碳技术支撑。对公民而言，要树立强烈的科学环保意识，并积极主动参与，尤其应探索绿色低碳消费大众化机制。

发展低碳循环经济依赖人的各项能力，人力是将低碳循环经济从理论变为实践的基础动力源泉，低碳循环经济人力流管理机制主要包括人力培养管理机制，人力配置管理机制，人力资质更新管理机制三方面内容。人力资源管理从本质上来说是一种制度或模式的管理。而目前重庆市低碳循环经济发展人力资源管理主要存在三个方面的问题。一是缺乏科学的人力资源管理战略，人力资源职能导向与企业战略规划不协调。二是用人机制有待进一步健全和规范。三是人力资源管理机构设置与人员配备专业化程度偏低。重庆市政府应逐步建立和完善低碳循环经济人力资源管理激励机制。

企业在发展低碳循环经济人力机制方面要做到：第一，制定合理的人力资源发展战略；第二，制定高效的绩效考评制度；第三，设立全面的薪酬制度，注重将发展低碳循环经济的指标体系纳入企业薪酬管理的目标之中，鼓励技术创新、资源节约和保护环境。对公众，应进行低碳环境保护意识普及教育，使公众潜意识里形成可持续发展的低碳循环经济文化。

大众应自觉进行舆论监督，对高碳浪费资源、破坏环境行为进行有效约束；对政府发展低碳循环经济提出意见和建议。同时，大众应积极主动参加低碳循环经济相关的知识培训，不断提高对低碳循环经济的认知水平。

从重庆现代农业产业发展来看，重庆发展低碳循环型农业有利于实现农业经济、社会高效与环境友好的三赢目的。本书基于循环型农业经济的发展理论视角，构建重庆循环型农业发展的评价指标体系，运用熵值法及 Matlab 分析工具，对重庆市 2003—2012 年农业发展水平进行综合评价，并对2012年重庆市农业循环经济发展的障碍因素进行诊断分析。通过分类指标变化值分析发现，经济与社会发展对重庆循环型农业的影响较大，农业技术、农业产业化经营等因素仍然制约着重庆市循环型农业的发展；资源投入减量、资源循环利用指标构成重庆市循环型农业经济发展的主要障碍。重庆市循环型农业经济发展应注重：完善农业基础设施，促进农业现代化；建设产业化经营农业，提高单位商品率；加强科技投入，全面实现农业清洁生产；遵循生态系统规律，发展新型低碳循环农业；强化政府引导和激励，全面规划建设低碳循环型农业。

从重庆循环农业发展中对耕地的利用来看，在绿色发展理念指导下，耕地循环永续利用迫切需要构建完善的耕地生态保护正向激励机制体系，以解决耕地利用过程中的诸多生态危机，耕地生态保护必须发挥激励和约束并行的管理协调机制；在农业供给侧结构性改革背景下，传统农业生产补贴转型为绿色农业生产补贴应该成为耕地生态保护激励机制体系中的核心内容。

主要参考文献

[1]张平."十二五"规划战略研究[M].北京:人民出版社,2010:11.

[2]刘卫东,陆大道等.我国低碳经济发展框架与科学基础[M].北京:商 务印书馆,2010:5.

[3]陶良虎.中国低碳经济[M].北京:研究出版社,2010:5.

[4]解振华.中国循环经济年鉴[M].北京:中国财政经济出版社,2008:12.

[5]杨雪锋.循环经济运行机制研究[M].北京:商务印书馆,2008:12.

[6]吉田文和.日本的循环经济[M].温宗国,译.北京:中国环境科学出版社,2008:10.

[7]曲格平.发展循环经济是21世纪的大趋势[J].当代生态农业,2002(Z1):18-20.

[8]韩宝华,李光.论低碳经济与循环经济的异同及整合[J]云南社会科学,2011 (2):67-72

[9]刘亚寅.重庆市循环经济发展研究——以重庆经济技术开发区为例[D].重庆大学,2007.

[10]陈洁.西部发展循环经济的对策研究[D].西南农业大学,2004.

[11]李喜俊.循环经济的核心调控手段是物质流分析与管理[J].中小企业管理与科技,2006(3):28-29.

[12]重庆经济技术委员会.营造政策环境、加快技术创新,促进重庆循环经济发展[J].软科学成果摘要,2009(4).

[13]左红英,王旭.信息在循环经济中的作用机理研究[J].情报科学,2006(8):1145-1147.

[14]陈骅.大力提升人力资源素质——实现循环经济的首要途径[J].沿海企业与科技,2007 (8):13-15.

[15]诸大建.从可持续发展到循环型经济[J].世界环境,2000 (3):6-12.

[16]吴季松.循环经济——全面建设小康社会的必由之路[M].北京:北京出版社,2003.

[17]中国环境科学学会编.发展循环经济·落实科学发展观——中国环境科学学会2004年学术年会论文集[C].北京:中国环境科学出版社,2004:25-67.

[18]黄贤金.循环经济:产业模式与政策体系[M].南京:南京大学出版社,2004.

［19］马传栋.按照可持续发展思想扩展财富——循环经济与知识经济结合的“五种流”理论［J］.山东社会科学，2004(5)：34-38，54.

［20］D.D.诺思.制度、制度变迁与经济绩效［M］.上海：上海人民出版社，1994.

［21］肖翠仙，唐善茂.城市低碳经济评价指标体系研究［J］.生态经济，2011(1)：45-48，57.

［22］傅海霞.低碳经济相关概念综述［J］.商业时代，2011(13)：8-9.

［23］伍国勇，段豫川.论超循环经济——兼论生态经济、循环经济、低碳经济、绿色经济的异同［J］.农业现代化研究，2014(1)：5-10.

［24］陆学，陈兴鹏.循环经济理论研究综述［J］.中国人口.资源与环境，2014(S2)：204-208.

［25］吕学都，王艳萍，黄超，孙佶.低碳经济指标体系的评价方法研究［J］.中国人口.资源与环境，2013(7)：27-33.

［26］陈跃，王文涛，范英.区域低碳经济发展评价研究综述［J］.中国人口・资源与环境，2013(4)：124-130.

［27］卢现祥，柯赞贤，张翼.论发展低碳经济中的市场失灵［J］.当代财经，2013(1)：12-22.

［28］王凯伟，毛星芝，罗鸽希.低碳经济发展的研究现状与趋势展望［J］.经济学动态，2012(9)：87-90.

［29］陈诗一.中国各地区低碳经济转型进程评估［J］.经济研究，2012(8)：32-44.

［30］刘朝，赵涛.中国低碳经济影响因素分析与情景预测［J］.资源科学，2011(5)：844-850.

［31］尹希果，霍婷.国外低碳经济研究综述［J］.中国人口・资源与环境，2010(9)：18-23.

［32］刘奇中.循环经济的技术创新体系研究［J］.学术界，2013(8)：101-113，310.

［33］王军生.循环经济技术创新与技术创新体系构建——以我国西部某城市为例［J］.经济管理，2008(16)：86-90.

［34］王利伟，马尧天，欧阳慧.我国城市群低碳化布局的基本特征及影响因素［J］.宏观经济研究，2017(5)：125-133.

［35］方创琳，王少剑，王洋.中国低碳生态新城新区：现状、问题及对策［J］.地理研究，2016 (9)：1601-1614.

[36]武静静，柴立和，赵静静.低碳生态城市发展水平评价的新模型及应用——以天津市为例[J].环境科学学报，2015(5)：1563-1570.

[37]彭斯震，孙新章.全球可持续发展报告：背景、进展与有关建议[J].中国人口.资源与环境，2014(12)：1-5.

[38]牛文元.中国可持续发展的理论与实践[J].中国科学院院刊，2012(3)：280-289.

[39]牛文元.可持续发展理论的内涵认知——纪念联合国里约环发大会 20 周年[J].中国人口.资源与环境，2012(5)：9-14.

[40]王旭东.中国实施可持续发展战略的产业选择[D].暨南大学，2001.

[41]国务院印发《"十三五"节能减排综合工作方案》[N]. 人民日报，2017-01-06(001).

[42]重庆市农业委员会.重庆农业概况[EB/OL].www.cqagri.gov.cn.2015-04-09，2017-06-19.

[43]肖序，陈翔.企业循环经济物质流－价值流原理与优化研究[J].山东社会科学，2017(5)：153-159.

[44]蓝虹.奥巴马政府绿色经济新政及其启示[J].中国地质大学学报(社会科学版)，2012，12(1)：13-18，138.

[45]傅强.试论政府在循环经济发展中的地位和作用[J].现代经济信息，2011，(21)：85-89.

[46]肖红艳.成渝经济区重庆地区重点产业发展战略生态影响评价研究[D].重庆大学，2011.

[47]董巍.循环经济企业人力资源管理战略研究[J].商场现代化，2010(24)：147-148.

[48]李宁，赵伟.我国循环经济发展存在的主要问题与对策措施研究[J].生态经济，2010 (8)：37-40，51.

[49]曹秋菊.循环经济思想渊源、演进及启示[J].湖南商学院学报，2010，17(3)：22-27.

[50]王晨.低碳经济的内涵及理论基础浅析[J].时代金融，2010(6)：58-59.

[51]吴士锋，陈兴鹏，周宾，徐保金.基于信息流导引作用的循环经济研究[J].情报杂志，2010，29(5)：191-195.

[52]徐琳.我国欠发达地区发展循环经济的探索研究[D].中央民族大学，2010.

[53]徐思源.重庆市二氧化碳排放基准初步测算研究[D].西南大学，2010.

[54]赵逖.重庆低碳经济发展对策建议[J].经营管理者，2010(6)：69-70.

[55]夏涛.西部地区循环经济发展研究[D].中南民族大学,2008.

[56]郭雅滨.以信息化建设促进循环经济发展[J].山西财经大学学报,2007(S2):45,48.

[57]王蕊,庄士成.循环经济发展的关键:公众参与和政府功能[J].经济问题探索,2007(7):8-10.

[58]洪海滨.基于资质的人力资源管理新机制构建探讨[J].商场现代化,2007(4):279.

[59]刘文强,周宏春.国外发展循环经济的做法与启示[J].经济研究参考,2006(46):9-21.

[60]诸大建,黄晓芬.循环经济的对象—主体—政策模型研究[J].南开学报,2005(4):86-93.

[61]任保平.可持续发展实现途径的制度分析[J].求是学刊,2005(3):53-59.

[62]贾晓薇,宋春艳,周晓梅.新制度经济学的基本理论述评[J].扬州大学税务学院学报,1999(1):57-60.

[63]赵明芳.可持续发展与环境保护研讨会综述[J].哲学动态,1998(3):10-12.

[64]潘勇.生态经济管理是现代经济管理发展的必然趋势——兼论现代管理的缺陷和失误[J].经济经纬,1996(3):61-64.

[65]刘素姣.当前我国循环经济发展存在的问题及对策研究[J].生态经济,2013(9):101-105.

[66]王红,齐建国,刘建翠.循环经济协同效应:背景、内涵及作用机理[J].数量经济技术经济研究,2013,30(4):138-149.

[67]黄中显.生态文明视野下地方循环经济激励机制的困境与出路[J].广西社会科学,2015(7):69-73.

[68]周苏娅.我国农业可持续发展的制约因素、动力机制及路径选择[J].学术交流,2015(4):145-149.

[69]韩克文.西部民族地区企业循环经济发展约束激励机制研究[J].贵州民族研究,2014,35(10):129-132.

[70]刘秋妹.我国发展循环经济的政策特点与完善思路——以生态文明为视角[J].生态经济,2014,30(4):177-180.

[71]严炜.优化发展循环经济的激励与约束机制[J].学习与实践,2014(3):50-55.

[72]丁金胜.循环经济主导型农业生态园的规划设计研究[J].中国农业资源与区划，2015,36(4):140-144.

[73]单忠纪,翟绪军,黄平平.基于PPC模型的我国农业循环经济综合评价[J].农业技术经济,2014(2):114-119.

[74]张凯俊,王红.我国生态文明建设需要二次改革[J].经济纵横,2013(11):16-20.

[75]邹兴全,张甲,潘明安,晏承兴,李承端.重庆市万州区"种一加一养一沼一经"循环经济发展模式研究[J].广东农业科学,2013,40(21):196-200.

[76]李铭.基于低碳经济理念的生态农业和循环农业发展研究[D].山东理工大学,2013.

[77]米松华.我国低碳现代农业发展研究——基于碳足迹核算和适用性低碳技术应用的视角[D].浙江大学,2013.

[78]刘倩.循环农业发展研究[D].河北农业大学,2011.

[79]周颖.循环农业模式分类与实证研究[D].中国农业科学院,2008.

[80]陈晓君.东北黑土区现阶段农业经济发展路径问题研究[D].吉林大学,2008.

[81]任正晓.中国西部地区生态循环经济发展研究[D].中央民族大学,2008.

[82]PB Walters.The Limits of Growth[M]. New York :A Report for the club of Rome's Project on the Predicament of Mankind Universe Books ,1974.